中國學術思想 研究輯刊

十二編

林慶彰 主編

第33冊

魏晉玄論思想之研究

劉瑞琳 著

花木蘭文化出版社

國家圖書館出版品預行編目資料

魏晉玄論思想之研究／劉瑞琳 著 — 初版 — 新北市：花木蘭
文化出版社，2011〔民 100〕
序 4+ 目 2+184 面；19×26 公分
（中國學術思想研究輯刊 十二編；第 33 冊）
ISBN：978-986-254-673-4（精裝）
1. 魏晉南北朝哲學　2. 玄學
030.8　　　　　　　　　　　　　　　　　　100016070

ISBN-978-986-254-673-4

9 789862 546734

中國學術思想研究輯刊
十二編　第三三冊　　　　　ISBN：978-986-254-673-4

魏晉玄論思想之研究

作　　者　劉瑞琳
主　　編　林慶彰
總 編 輯　杜潔祥
出　　版　花木蘭文化出版社
發 行 所　花木蘭文化出版社
發 行 人　高小娟
聯絡地址　新北市永和區中正路五九五號七樓
　　　　　電話：02-2923-1455／傳眞：02-2923-1452
網　　址　http://www.huamulan.tw 信箱 sut81518@gmail.com
印　　刷　普羅文化出版廣告事業
封面設計　劉開工作室
初　　版　2011 年 9 月
定　　價　十二編 55 冊（精裝）新台幣 90,000 元

魏晉玄論思想之研究

劉瑞琳　著

作者簡介

劉瑞琳，1960 年生，台灣新竹人。東吳大學中國文學研究所碩士班畢業。現職私立中臺科技大學通識教育中心專任助理教授，教授應用語文、論辯與思維、生命關懷、文學與人生及經典閱讀等課程，目前是逢甲大學中國文學研究所博士候選人，論文寫作方向為朱熹史學思想研究。近十年來發表過〈先秦巫醫與醫者行誼考述〉、〈黃帝內經的病理辯證與醫療思維〉、〈傳統醫學倫理的建立與實踐－論宋代儒醫文化的內涵與影響〉、〈陶淵明飲酒詩的生命態度與生活旨趣〉、〈廣東小兒歌的客家文化意涵〉等十數篇學術期刊論文，編著有《大學國文選》、《華人社會與文化》、《文學與人生》、《生命關懷》等著作。

提　　要

　　魏晉玄論思想為玄學思想的主要論述範疇，玄論思想作為思辯文化的傳統，本身實具有學術發展的承轉與啟後的意義，其論述的主體是針對兩漢以來儒家經典所產生的三大流弊－章句、讖緯與象數，進而建構一形而上的思辯論學模式，其延展的意義不僅融合儒道佛三家思想的內涵，積極展開有無、自然名教、養生、逍遙……等各類議題的討論，甚至攸關於政治傾向、禮法批判、任誕生活的意識形態，而對於文學表現與文論思想的影響，亦是不可忽視的觀察面向。

　　本論文分為緒論及七個章節。緒論部分，說明玄論與玄學之分際，以及玄論思想的內涵特色；第一章魏晉玄論思想形成之客觀背景，探討玄論思想所形成的外緣因素，與時代動亂儒學失去維繫社會基礎有密切的關連；第二章魏晉玄論思想形成之學術背景，分析玄論思想作為思辯論學的自發延展，有其潛在的發展趨勢；第三章曹魏西晉時期玄論思想之內涵，針對何晏、王弼、阮籍、嵇康、向秀、裴頠等人所提議題，考辨其思想的內涵與獨特性；第四章東晉時期玄論思想之內涵，討論釋徒格義佛理與玄論關係，並分析葛洪養生理論以及張湛列子注闡述玄論思想的時代課題；第五章魏晉玄論思想者之意識型態與生活，即從仕宦心理、禮法批判與任誕生活三個觀察面向，探討玄論思想對現實生活反映層面的終極意義；第六章魏晉玄論思想對當時文風之影響考察，探討玄論思想對當時詩風與文論思想的影響，建構其間理論思維的相關性；第七章結論，歸納六個研究心得，以彰顯魏晉玄論思想的歷史文化意義。

自 序

　　舊讀范寧〈罪王何二人論〉(《晉書》卷七十五引錄)、干寶〈晉紀總論〉
(《昭明文選》卷四十九引錄)、葛洪《抱朴子》外篇卷二十五〈疾謬篇〉，咸
以為魏晉玄風實有敗壞風教之罪責。比閱王弼《易注》、何晏《論語集解》、
阮籍嵇康諸論作、向秀郭象之《莊子注》，各家所論何其玄也，豈風教之壞固
有種因玄虛之論（玄論思想）耶？然則王何阮嵇向郭所論本非無根之學，雖
或有鄙棄名教崇向自然之說者，足以謂敗俗之徵乎？由是余常置疑其間，低
迴不已。恒以為玄論既為一時代之思潮，其影響固非一單純之現象所可概括。
今則欲窮究其間之相互關係，實不可不針對諸家玄論思想進行理論本質之分
析，庶幾以見王何諸人之初衷。

　　研究魏晉玄論思想，余以為其難有三：其一，吾國任何一學術思想之傳
承與遞變，恒涵攝一極複雜之前代思想而來，然兩漢學術實一深奧之哲理領
域，非積學深思固不易詳知其蘊涵。其二，魏晉玄論思想之論著，散佚者不
少，或略引於史書文獻，或經後人輯佚而成，體既不全，復多零碎，欲析而
論之，洵非易事。其三，魏晉玄論之思想，頗多涉於形上玄理之推衍，且又
統合他家之思想，如欲一一董理其間之微妙關係，非具有精密之哲理分析之
脩養者，多惑於所論。

　　蓋魏晉玄論思想之論著，今可考而得知者，不下數十家。而本論文於諸
家之選定，根據三項基本原則。一、開風氣之先者，如何晏、王弼之首開老
子「貴無」義旨；向秀、郭象之隱解《注莊》是也。二、為一時代風氣之代
表者，如阮籍、嵇康之反名教崇自然；裴頠之崇有反無論者是也。三、具獨
特之實質意義者，如東晉般若三宗諸釋徒（道安、支愍度、竺法溫、支道林）
及僧肇之依玄釋性空本無義；葛洪之統合道教與道家之養生義；張湛《列子

注》之括取前期玄論思想之學理，並兼攝佛學寂滅之傾向是也。由是據此三原則，遂可得魏晉玄論思想者，計有何晏、王弼、阮籍、嵇康、向秀、郭象、裴頠、道安、支愍度、竺法溫、支道林、僧肇、葛洪、張湛等十四人。

本論文全書除緒論外，分七章二十二節。緒論部分辨析玄論與玄學之涵容關係，其次簡述魏晉玄論思想之內涵四項特色。第一章說明魏晉玄論思想形成之四大客觀（政治與社會）背景。第二章就思想理路之觀點，追溯玄論思想於兩漢醞釀之學術背景，分四節次闡述之。

第三章分論曹魏西晉時期玄論思想之內涵。首節何晏，何氏乃魏正始年間玄論思想之領導者，本節述其〈道論〉、〈無名論〉與《論語集解》之玄理體系；次節王弼，王氏乃正始年間玄論之成就卓越者，其《周易注》，《老子道德經注》、《論語釋疑》均可見其玄論思想之精湛見解；三節阮籍，阮氏為魏晉間竹林七賢之傑出者，其於《莊》學逍遙觀念之闡述，為玄論思想由《易》《老》而《莊》之轉變關鍵；四節嵇康，嵇氏又較阮氏顯智者，頗能超越《莊》學逍遙之體認範疇，直探事理之極處，其玄論思想尤具多方面之特性；五節向秀、郭象，向郭氏之隱解注《莊》，實以調合儒道思想為基本信條，此於魏晉間《莊》學之研究固有特殊之時代意義；六節裴頠，裴氏本恪守禮法之士，然其所提有無之辨者，仍屬玄論之問題。第四章分論東晉時期玄論思想之內涵。首節釋徒之格義佛理，彼輩援老莊以釋佛理者，原為東晉玄論思想發展之一支，本節特舉其時般若三宗及僧肇之論述，以見玄佛融合之斑；次節葛洪，葛氏為一道教徒，其養生之理論基礎，資取於老莊形上之玄理內涵，此於魏晉間論養生者，自成一最具系統之哲理論述；三節張湛，張氏之《列子注》，頗有集前人玄論學理之大成者，其於魏晉間玄論思想之發展過程，有實質上之意義，故引而論之。

第五章茲就當時之客觀背景，析以三方面略述各玄論思想者之意識型態與生活，庶幾藉此理解魏晉間玄論者處理名教與自然之層次差異問題。第六章從當時文風之演進，探究其承受玄論思想影響之關係。末章結論，由歸納之六點，肯定玄論思想之歷史文化意義，期以說明後人徒逕以浮虛之學盡詆魏晉玄論思想，實偏誣前賢之過也。

本論文之撰作，自收集資料閱讀要書，以迄完稿結篇，歷時年餘。寫作期間，幸承　賴師明德賜予指導，始能如期告成。而論文大綱細節之擬定，研究資料之搜集，寫作格局之提示，無不經賴師每週一一為余課誨。唯以個

人質庸學淺，雖志在纘述前賢之思想內涵，常又闇昧於文字之間。以致易稿再三，亦自覺終不能盡免於斯累。此所以敬祈碩學賢達不時予以教正，縱能增損一字，糾我疵謬者，皆吾之師也。

　　論文執筆期間，多蒙　所長暨諸師友諄諄勛勉，解惑釋疑，並協助搜集資料者。謹此併誌謝忱。

　　　　中華民國七十四年清明節劉瑞琳序於東吳大學中國文學研究所

緒 論

第一節 玄論與玄學

　　夫先秦老莊之所論者，大抵以形上之虛無爲本，以逍遙物外爲適。而其中「玄」之一義，本爲老子所發展哲理概念。此概念爲何？沈一貫《老子通》云：

> 凡物遠不可見者，其色黝然，玄也。大道之妙，非意象形稱之可指，
> 深矣，尊矣，不可極矣，故名之曰玄。

據此可知玄者固爲大道微妙之所稱，則其義實與老子形上之道通。故揚雄《太玄經十三圖》所云：「夫玄也者，天道也，地理道，人道也。」即依於玄之形上義旨，直接點明玄與道間之關係。然則道者又何所指？韓非子〈解老篇〉云：

> 道者，萬物之所然也，萬理之所稽也。理者，成物之文也。道者，
> 萬物之所以成也。故曰：道，理之者也。

依此，「道」之所論，既是萬物之所然，萬物之所稽，萬物之所以成者，則其所涵蓋之意義，實爲超然物體形象之原理。因之，玄之所論者，即事物形上之哲理，而非萬有之形迹。由是，則「玄學」之一詞，乃可稍作理解矣。

　　蓋自漢末以來，論辯之風已盛，而所論之範圍亦甚爲廣泛。及至黨錮事起，天下亂興，知識分子所論內容亦多有偏於事物原理之傾向。以致玄學之論辯成爲一時代之特有風氣，然其中又尤以名理與玄論爲主要之二宗。《三國志》卷十〈荀彧傳〉注引《晉陽秋》云：

> 太和初，到京邑與傅嘏談。嘏善名理而（荀）粲尚玄遠，宗致雖同，
>
> 倉促時或有格而不相得意。裴徽通彼我之懷，爲二家騎驛，頃之，
>
> 粲與嘏善。

蓋玄學之初期即有名理與玄論之差異。雖傅荀二人或同時遵循道家思想，〔註1〕然傅嘏既善名理，則其所論必以檢覈形名爲主，而荀粲尚玄遠，其所論本爲老莊虛無體用。故前者談論之內容與形式，實爲較切近實際，其作風原保有嚴謹之法家精神；而後者乃以道家思想爲主，談論之內容，亦偏向於玄虛之問題，〔註2〕是以諸如「有無」、「得意忘言」、「執一御眾」、「養生」「聲無哀樂」……皆爲其所討論之題材。由是此兩派固有殊異，而玄學之本質原所以兼容不同之雙重內涵。

按玄學之發展，名理派之所論者，今所存資料無幾，信難詳究。〔註3〕而玄論派之所論，本以三玄爲主要內容。《顏氏家訓》中〈勉學篇〉第八云：

> 直取清淡雅論，辭鋒理窟，剖元析微，妙得入神，賓主往復，娛心
>
> 悅耳。……洎乎梁世，此風復闡《莊》、《老》、《周易》總謂之三玄。

據此，可知梁朝之談玄者仍復以三玄爲標準，實可推證老莊玄論之思想，原爲魏晉玄談者所倡言。因之，吾人若探究玄論派人士所論三玄之義旨，及其衍生之玄理，即可見玄學之大體內涵。

由是吾人既知玄論乃爲魏晉玄學早期發展之一派，其論說原不足以統攝玄學之整體內涵，且本文所討論者亦以玄論派思想爲範疇。故今仍其名爲「玄論思想」者，或可免於以偏蓋全之論。

第二節　玄論思想之內涵特色

夫古今之各類學術活動，必反映其時代之意義，並且呈現異於前代之獨有思想內涵。吾人既知魏晉玄論思想乃以老莊玄理爲主，論其內涵特色，亦可歸納數點如下：

其一，時代動亂之覺醒。蓋自漢末以迄魏晉，世亂頻仍，政治黑暗，戰爭不息，民生凋敝。前此數百年獨尊儒術之統一政局，即告式微。而其時知

〔註1〕 參見范壽康《中國哲學史綱要》頁150，台灣開明書局印行。

〔註2〕 參見劉大杰《魏晉思想論》頁185，里仁書局。

〔註3〕 按近人唐長孺之說法，此種學問雖則首先重視人物才性之考察，然其實他們的著作大抵包含儒、道、名、法各家之成分。參見《魏晉南北朝史論叢》頁320。

識分子正值此動亂之時代，既乏澄清天下之力量，且復多居於被迫害之命運。由是奮而覺醒之結果，乃極力尋求精神之慰藉，其表現於思想者，或辨有無以寄玄思，或引逍遙以求自適，或志養生以安性命，或詆名教以率其性，或倡縱欲以達樂生，是皆於玄虛之論外，反應個人不滿現實之意識形態。此原是基於時代動亂之覺醒結果，而呈現於玄論思想之內涵者。

其二，學術統合之趨勢。蓋兩漢一統之政局，章句之經學，恒爲維繫儒學不墜之精神支柱。但自漢末天下大亂之後，此精神支柱既已崩潰，傳統章句之儒學亦難以平撫知識分子之徬徨心態。如是漢末學術乃呈現一先秦諸子復興之特有現象，不唯名、法，縱橫並起，且道家思想尤爲一般知識分子所樂於接受。然而傳統之儒學仍根植人心，孔子之卓然地位，固爲時人所共同認識。故表現於前期（曹魏西晉）玄論思想之內涵，實具有揉合儒道之形質意義，而如何「會通孔老」遂爲當時玄論思想所直接面對之首要課題。再者，漢末以來道教大盛，養生神仙之學說亦頗獲得知識分子信仰，而其中表現於玄論思想之內涵者，即爲養生論統合道家「長生」與道教「不死」之基本信念。據此可知，魏晉玄論思想之內涵，雖以老莊思想爲主，然其頗有統合儒家與道教之學術趨勢。

其三，佛學玄義之理解。蓋佛教之傳入吾國，始於兩漢之際。唯以初來之佛學，譯述本不精當，辭陋意短，固多有之。如是自不爲知識分子所接納，其影響玄論思想之內涵，實爲有限。但自西晉之末，僧徒日眾，譯述遞增，佛學之研究鼎盛一時。及至東晉之初，名僧輩出，且兼習《老子》、《莊子》、《周易》之學，儼然取代玄學之態勢。而其時般若學大盛，彼輩遂每以老莊玄理以闡釋諸經「空性」義之理解者。由是此一佛經比附於老莊之格義玄理，乃玄學化之佛經。易言之，此時期之佛學，實爲玄論思想之一支。〔註4〕。

其四，生活哲學之呈顯。按魏晉玄論思想者對於現實政治其所取之態度，大致可別爲三類。一者既不滿於現實政治而思有以改造者；二者既不滿於現實政治而欲得解脫者；三者既屈身於現實政治而但求自安者。然此三者之中，一者原不涉及於個體之生活哲學，可略之不論。而二者三者既以個體爲中心，彼輩之玄論思想亦多有由其生活哲學進而呈顯不同趨向。其一既不滿於現實政治而欲得解脫者，其玄論思想之內涵自然以取向於老莊詆毀名教，順任自然爲原則。故而或企慕道家理想人物之行迹，或欲致養生以安性命，或盡棄

─────────────

〔註 4〕 此一說法尤爲近人湯用彤所強調。參見《魏晉玄學論稿》頁 136，里仁書局。

仁義禮法以順本性者，此皆從名教與自然兩不相容之矛盾關係，以伸展個體欲得解脫之生活哲學也。至若既屈身於現實政治而但求自安者，其玄論思想之內涵乃認同於莊子理想聖人之迹冥人格之本質。故而以為名教與自然非但無對立之關係，且外在之名教，原為內心自然之呈顯，二者既可統於一身，且居於名教中人亦可以棲志於現實之政治間而悠然自安矣。如是生活哲學之呈顯不同，亦可導致相互間玄論觀點之差異。

綜上所述，可知魏晉玄論實非一單純之課題，所涉及之外圍相關問題，亦至為廣泛。故吾人如欲更加探究其思想之內涵者，則不得不做各方面之觀察與分析。

第一章　魏晉玄論思想形成
之客觀背景

　　一個時期之學術思想，即反映一個時期之特殊政治與社會背景。蓋兩者同是本諸人心，姑且不論其間錯綜複雜之聯繫影響關係，證諸吾國學術發展之趨勢，原是顯而易見之事實。即就魏晉玄論思想之發展而論，亦可追溯當時或之前政治與社會形態對此一思想興起之影響。此是依外緣觀點探討一學術思想萌芽與發展之客觀條件，雖非直探學術思想之核心問題，然對於發展之成因，亦可期於較為清晰之認識。如下茲以四個節次敍述之。

第一節　東漢末期朝政之衰敝

　　如就學術思想發展之趨勢而論，魏晉玄論思想之興起，實源於東漢末期知識份子對儒學思想一次自覺性之反動成果。然依歷史事實顯示，兩漢知識份子意識型態之轉移，與朝政之興衰及執政掌權者之心態狀況，實維繫相當程度之關係。〔註1〕

　　東漢末期朝政之衰敝情勢，形成於外戚，宦官與知識份子三大集團勢力之彼此衝突。先是外戚與宦官迭繼執權，由於權勢之爭奪，屠戮風暴，接連重演，朝中幾無安寧；再則當時知識份子目睹朝政不安之局勢，紛紛樹立群黨，非詰朝政，而其中對宦官之激烈衝突，進而形成兩次黨錮事件，尤其給與知識份子莫大震撼作用，而朝政之衰敝至此已至不可收拾之地步。是故若

〔註1〕參見傅樂成《漢法與漢儒》一文。頁455～460。(《食貨月刊》《復刊》第五卷第十期)。

干知識份子便由對朝政失望之心理，轉而對儒學思想做出自覺性之檢討。有者，進而歸依道家思想，探索新的生活理念與形式。

一、外戚與宦官權勢之消長

　　東漢一朝，若就興衰觀點分析，約略以章帝爲界形成兩大不同階段。自光武至章帝崩，其間六十四年，政風淳美，蔚爲盛世；而章帝以後，則朝政漸趨衰敝矣。其中又以外戚與宦官爲朝中權勢轉移之兩大集團。

　　東漢諸帝自章帝後，多不永年，亦多復無嗣。由是權歸母后，外戚干政之集團，順勢產生。而皇室繼統大權，亦出其意決。《後漢書》卷十〈皇后紀序〉云：

> 東京皇統屢絶，權歸女主，外立者四帝〔註2〕（李賢注：謂安、質、桓、靈。），臨朝者六后（李賢注：章帝竇太后、和帝鄧太后、安思閻太后、順烈梁太后、桓思竇太后、靈思何太后也。）莫不定策帷帟，委事父兄，貪孩童以久其政，抑明賢以專其威。

可知母后援引之幼主，多非己出，係多自外藩選其年幼者入繼。如安帝由清河王子入繼，質帝由樂安王子入繼，桓帝由蠡吾侯子入繼，靈帝由解瀆亭侯入繼，至如和帝「母梁貴人，……竇后養帝以爲己子」，殤帝非鄧太后子，順帝母李氏，冲帝爲美人虞氏子。蓋母后與幼主既無骨肉親情關係，一旦欲鞏固自家政權，自然無不用心於委任父兄以爲權勢之擴張，因此自和帝起，外戚集團先後執權，母后便以父兄掌握大將軍或車騎將軍一職權。迨軍權既已掌握，更進而參問朝政，控制朝廷，典掌門禁，因而侍中，虎賁中郎將之職位，亦全爲母后父兄所兼掌。〔註3〕而外戚憑藉此等職權，亦肆無忌憚大事封賞家族中人。如《後漢書》卷五十三〈竇憲傳〉：

> 竇氏父子兄弟並居列位，充滿朝廷，叔父霸爲城門校尉，霸弟褒將作大匠，褒弟嘉少府，其爲侍中、將、大夫、郎吏十餘人。

又同書卷十六〈鄧騭傳〉云：

〔註2〕 趙翼《二十二史劄記》卷四《東漢母后臨朝外藩入繼條》：「……然安帝崩北鄉侯懿嗣位，當時稱少帝，是四帝之外，尚有一帝，而《范書》專指安、質、桓、靈四君，蓋以北鄉侯未逾年即殂，生前既未改元，殂後又無諡號，故獨遺之耳，其實外立春，共五帝也。」
〔註3〕 然事實上章帝以前即是此種慣例，如光武時后兄陰識委以禁兵，弟陰興拜衛尉，明帝時后兄馬廖爲羽林左監虎賁中郎將，明帝崩，受遺詔，典掌門禁，遂爲衛尉。

騭字昭伯，少辟大將軍竇憲府，及女弟爲貴人，騭兄弟皆除郎中。及貴人立，是爲和熹皇后。騭三遷虎賁中郎將，京、悝、弘、閶（皆騭之弟）皆黃門侍郎。京率於官。延平元年，拜騭車騎將軍，儀同三司，始自騭也。悝爲虎賁中郎將；弘、閶皆侍中。

又同書卷十〈皇后紀〉云：

建光元年，鄧太后崩，帝始親政事，（閻）顯及弟景、耀、晏並爲卿校，典禁兵。延光元年，更封顯長社侯，食邑萬三千五百戶，追尊后母宗爲滎陽君。顯、景諸子年皆童齓，並爲黃門侍郎。

又同書卷三十四〈梁冀傳〉：

建和元年，益封冀萬三千戶，增大將軍府舉高第茂才，官屬倍於三公。又封不疑爲潁陽侯，不疑弟蒙爲西平侯，冀子胤爲襄邑侯，各萬戶，和平元年重增封冀萬戶，并前所襲合三萬戶。

又同書卷六十九〈竇武傳〉：

（靈）帝即位，論定策功，更封武爲聞喜侯，子機渭陽侯，拜侍中，兄子紹鄠侯，遷步兵校尉，紹弟靖西侯，爲侍中，監羽林左騎。

如此一人專權，滿門權貴之作風，本是外戚擅用職權鞏固權勢之必然結果。甚者自樹黨羽，以爲腹心；政由己出，權傾天子，逼害朝臣，無所忌憚。而其中尤以竇憲及梁冀爲典型之代表。《後漢書》卷二十三〈竇憲傳〉：

憲既平匈奴，威名大盛，以耿夔、任尚等爲爪牙；鄧疊、郭璜爲心腹；班固、傅毅之徒皆置幕府，以典文章，刺史守令，多出其門。尚書僕射郅壽、樂恢並以忤意，相繼自殺。

和帝即位，太后臨朝，憲以侍中，內幹機密，出宣告命。

又同書卷三十四〈梁冀傳〉：

每朝會與三公絕席，十日一入，平尚書事，宣布天下，爲萬世法。冀猶以所奏禮薄，意不悅。專擅威柄，凶恣日積，機事大小，莫不諮決之。宮衛近侍，並所親樹，禁省起居，纖微必知，百官遷召，皆先到冀門牋檄謝恩，然後敢詣尚書。

遼東太守侯猛，初拜不謁，冀託以他事，乃要斬之。

延熹元年，太史令陳授因小黃門徐璜，陳災異日食之變，咎在大將軍，冀聞之，諷洛陽令收考授，死於獄。

如就事實而論，東漢外戚實亦不乏恭謹篤實之賢相、母后，如鄧太后之恭謹，

追觀前世傾覆之誡，崇節儉，罷力役，推進天下賢士；梁商自以戚屬居大位，每存謙柔，虛己進賢，京師翕然，稱為良輔；竇武多辟名士，清身疾惡，禮賂不通；鄧太后每聞人飢，或達旦不寐，而躬自減徹，以救災阨；梁太后夙夜勤勞，推心仗賢，拔用賢良，務崇節儉，此些外戚人物咸公忠體國，克盡職責。然外戚中之竇憲、梁冀，驕橫自恣之行事，本非君王所堪容忍。是故永元四年，和帝不惜聯議宦官鄭眾，徹底謀除竇氏集團；延熹二年，桓帝亦決心糾合五常侍，合謀剷除梁冀集團。至於其他外戚雖非如竇憲、梁冀之專權跋扈，然滿門權貴之作風，亦構成君權伸張之一大威脅。因此諸帝一旦年歲稍長，洞曉人事，或不堪外戚之威赫權勢，或欲收回政權，又多不得不假借宦官之力量，徹底排除外戚權勢。如此外戚與宦官自然形成權力對立之兩大集團，彼此明爭暗鬥，朝政亦已日亂。

　　至於東漢宦官權勢之興起，始於和帝時鄭眾對外戚竇氏奪權之成功。《後漢書》卷七十八〈宦者列傳〉云：

> 和帝即祚幼弱，而竇憲兄弟專總權威，內外臣僚，莫由親接，所與居者，唯閹宦而已。故鄭眾得專謀禁中，終除大憝，遂享分土之封，超登公卿之位，於是中官始盛焉。

按宦者之權勢興起，實源於天子之信賴，進而成為剷除外戚權勢之一股勁旅。自是宦官對外戚權勢之爭奪戲碼，莫不循此格式而依次演進。再者，宦官在東漢時期之職權，亦有顯著上升之趨勢。同書〈宦者列傳序〉云：

> 自明帝以後，迄乎延平，委用漸大，而其員稍增，中常侍至有十人，小黃門二十人，改以金右貂，兼領卿屬之職。鄧后以女主臨政，而萬機殷遠，朝臣國議，無由參斷帷幄，稱制下令，不出房闈之間，不得不委用刑人，寄之國命。手握王爵，口含天意，非復掖廷永巷之職，閨牖房闈之任也。其後孫程定立順之功，曹騰參建桓之策，續以五侯合謀，梁冀受鉞，迹因公正，恩固主心，故中外服從，上下屏氣。

此段資料，蔚宗尤其提示吾人兩大事實。其一：宦官於朝中之權位，日趨重要，即使外戚執權，亦不能廢棄宦官不用；[註4] 其二：宦官之權勢，自迎立順帝後，益形穩固。而此又與宦官居中常侍一職有密切關係。按：中常侍一

〔註4〕此正如靈帝時何太后所言：「中官統領禁省，自古及今，漢家故事，不可廢也。」
（《後漢書》卷六十九《何進傳》）。

職，同書〈宦者列傳〉云：

> 漢興，仍襲秦制，置中常侍官，然皆引用士人，以參其選，皆銀璫
> 左貂，給事殿省。……中興之初，宦者悉用閹人，不復雜調他士。
> 至（明帝）永平中，始置員數，中常侍四人，小黃門十人。

又同書〈志〉第二十六百官三云：

> 中常侍千石，本注曰宦者，無員，後增秩比二千名，掌侍左右，從
> 入內宮，贊導內眾事，顧問應對給事。

又《集解》引李祖楙曰：

> 西京初，惟有常侍，元成後始有中常侍之名，然皆士人，中興用宦
> 者又稍異焉。朱穆疏：舊制，侍中，中常侍各一人，省尚書事，黃
> 門侍郎一人，傳發書奏，皆用姓族，自和熹太后以女主稱制，不接
> 公卿，乃用閹人，假貂璫之飾，處常伯之任，汎濫驕溢，制愈乖矣。
> 是中興初，尚用人，後改制，則不復舊也。

由是可知東漢以宦官中常侍一職，已非西漢舊制。再者中常侍位高權重，省
尚書事，一切朝臣機宜，均必至宦官手中。且又職近天子，尤其章帝元和中
侍中郭舉事件後，自此祇留中常侍於禁中，〔註5〕因而「日在人主耳目之前，
本易窺覷笑而售讒諛，人主不覺，意爲之移。」（《廿二劄記》卷五〈東漢宦
官〉）。

　　大致而言，東漢宦官之弄權，外戚梁冀被誅之前，尚無明顯恣意妄爲之
行事。誠如鄭眾、蔡倫、孫程、良賀、曹騰諸輩雖屢蒙封賞，然多尚能盡職，
不致擅權自恣。故清人趙翼稱爲賢者，或不虛耳〔註6〕（《廿二史劄記》卷五
〈宦官亦有賢者〉）。然梁冀一旦被誅，五常侍（單超、徐璜、具瑗、左悺、
唐衡）崛起，宦官於是又獲取擴展勢力之機會。且桓帝尤禮遇宦官，誠心信
賴，下詔封五常侍爲縣侯，各萬四千戶，賜錢各千三百萬，又封小黃門劉普、
趙忠等八人爲鄉侯。如是宦官受封既多，以致有恃無恐，驕縱無法，幾與梁
冀相去無幾。甚者，侵害百姓，違反犯禁之勾當，亦層出不窮。《後漢書》卷
七十八〈宦者單超傳〉云：

> 其後四侯轉橫，（時單超病死）天下爲之語曰：『左回天，具獨坐，

〔註5〕蔡質〈漢官典職儀式選用〉：「侍中舊與中官俱止禁中。……章帝元和中，侍
　　　中郭舉與後官通，拔佩刀驚上，舉伏誅，自是侍中復出外。」
〔註6〕清人王鳴盛對曹騰人格與趙翼大有出入，參見《十七史商榷》卷三十七〈曹
　　　騰說立桓帝條〉。

徐臥虎，唐兩墮。』皆競起第宅，樓觀壯麗，窮極技巧，金銀罽眊，施於犬馬。多取良人美女以爲姬妾，皆珍飾華侈，擬則宮人，其僕從皆乘牛車而從列騎，又養其疏屬，或乞嗣異姓，或買蒼頭爲子，並以傳國襲封，兄弟姻戚，皆宰州臨郡，辜較百姓與盜賊無異。

蓋宦官黨羽遍布各州郡，侵害百姓之禍患，朝廷亦無由制裁矣。靈帝之際，宦官氣燄更盛。再者靈帝之聚斂財略，尤符合宦官之習性。同書〈宦者列傳〉云：

> 帝本侯家，宿貧，每歎桓帝不能作家居，或聚爲私藏，復寄小黃門常侍錢各數千萬。

又同書卷八〈孝靈帝紀〉云：

> （光和元年）……初開西邸賣官，自關內侯、虎賁、羽林，入錢各有差。私令左右賣公卿，公千萬，卿五百萬。

靈帝耽好聚財，不惜下詔公然賣官鬻爵，以飽私囊，朝政風氣自然更形惡化。且靈帝對宦官之寵信，不遜於桓帝。於熹平四年，下詔改平準爲中準，使宦者爲令，列於內署。如是宦官益加得志，肆無忌憚，並起宅第，擬於宮室。甚者不乏朝大臣與之勾結。同書卷六十五〈段熲傳〉：

> （段熲）曲意宦官，故得保其富貴，遂黨中常侍王甫。

又同書卷六十七〈羊陟傳〉云：

> 太尉張顥、司徒樊陵、大鴻臚郭防、太僕曹陵、大司農馮方，並與宦豎相姻私，公行貨賂。

朝中大臣與宦官公行貨賂，政風至此，又安足論？誠然若再證諸宦官其他逆行惡迹，如誣搆呂強、張鈞，與黃巾賊通，說帝令歛天下田畝稅十錢，以修宮室……種種實顯示當時朝綱之敗壞已臻於不可收拾之地步。

　　再者，東漢末期宦官與外戚之權勢爭奪，對於迎立順帝之事件，實爲兩大集團正面爲皇帝繼統權之激烈衝突。此事件之最大意義，厥爲宦官對外戚權勢之爭奪，已能趨於獨立地位，無需依仗君主之聯議。迨外戚梁冀執權跋扈已極，宦官先暫居下風，然至延熹二年，桓帝與五常侍待合謀協力誅除梁冀。自此宦官權勢日壯，其後給與外戚竇武、何進諸人形成莫大壓力，[註7] 進而迫使竇武常有翦伐宦官之意，何進「知中官天下所疾，陰規除之」，袁紹亦頗洞悉「中官親近至尊，出入號令，今不悉廢，終必爲患。」然於其後宦

〔註7〕《後漢書》卷六十七〈何進傳〉：「中官在省闥者或數十年，封侯貴寵，膠固內外，進新當重任，素敬憚之。」

官屢次反擊外戚均致成功，此又與居中常侍一職有密切關係。因而每當外戚一旦欲圖發事，宦官往往知機在先，防備未然。《後漢書》卷六十九〈竇武傳〉云：

> 使劉瑜內奏，時武出宿歸府，典中書者先以告長樂五官吏朱瑀，瑀盜發武奏，……乃夜召素所親壯健者長樂從官吏共普，張亮等十七人，煞血共盟誅武等。

同書《何進傳》云：

> 進謀積日，頗泄，中官懼而思變，……八月進入長樂白太后，請盡誅諸常侍以下，……又張讓等使人潛聽，具聞其語，乃率常侍段珪，畢嵐等數十人，持兵竊自側闥入，伏省中。

竇武欲除宦官，反為王甫矯詔攻殺，其失敗最大原因，誠然如袁紹分析：「以其言語漏泄，而五營百官服畏中人故也。」（同書〈何進傳〉）繼而何進又為尚方監渠穆斬於嘉德殿前。清趙翼《廿二史劄記》卷五〈東漢宦官條〉云：

> ……后兄何進，以大將軍輔政，已奏誅宦官蹇碩，收其所領八校尉兵，是朝權兵權，俱在進手，以此盡誅宦官，亦復何難？

誠然何進誅除宦官當是不難，然宦官已及時獲悉其密謀規畫，且又礙於太后，無法謀得協議，以致事久不決，終為宦者所害。是故外戚誅宦官歷時兩次而失利，非力不能盡，勢有不得已也。如此宦官勢力之徹底剷除，亦只待於袁紹、袁術、閔貢諸武人力量介入。而此後朝政權勢又再轉移至武人集團，則東漢皇室亦隨之名存實亡矣。

二、知識份子對時政之評議

　　兩漢知識份子好言致用，時風所趨，知識份子莫不循利祿一途，晉身政壇，參問時政。再者知識份子隨帝王大力弘獎，人數亦顯著與日提升。故吾人可知漢室朝中政權之結構，知識份子亦維繫一相當力量。是以如王莽革新時政，光武復興漢室，實已仰賴於當時知識份子之扶翼。

　　蓋東漢朝中政權之發展，中葉以前，尚能維繫大一統皇室威權之局面，知識份子之成長較為和平。而中葉以後，外戚宦官迭相執權，敗亂國典，為所欲為。知識份子目睹朝政之衰敝局勢，乃倍感自身權益受及嚴重威脅。〔註8〕由

〔註8〕 蓋外戚宦官子弟典據州郡，辟召選舉盡是親族中人，士大夫斷絕仕進之路，自然倍感本身權益受及嚴重威脅。（參閱薩孟武《中國政治思想史》頁388，三民書局）。

是轉而興起群體之共同意識，樹立群黨，評議時政。再者，外戚宦官激烈權力鬥爭之結果，益使知識份子此種意識型態轉趨成熟。故其後敢面對宦官之正面衝突，原是此種意識形態極端發展之結果。〔註9〕

《後漢書》卷六十七〈黨錮列傳序〉云：

> 逮桓靈之間，主荒政繆，國命委於閹寺，士子羞與爲伍，故匹夫抗憤，處士橫議，遂乃激揚名聲，互相題拂，品覈公卿，裁量執政，婞直之風於斯行矣。

蔚宗此論尤其強調知識份子與宦官之對立衝突，幾不可免。然事實顯示，知識份子之批評時政，亦是同樣不滿於外戚之專政。今可察知者至少在靈帝之前已是如此，如和帝永元元年至四年，名士郅壽、樂恢、袁安、任隗與外戚竇憲爭而獲罪；安帝延光二年，名士楊震與外戚閻顯爭而自殺；桓帝建和元年，名士李固、杜喬與外戚梁冀爭而被害，此都足以說明當時知識份子立場之客觀，無分於宦官與外戚。至於竇武、何進頗能招納賢士，共襄時政，知識份子原是基於共同之政治理想，相互聲援，共定計策，翦除宦醜。因此自梁冀被誅除後，知識份子與外戚之立場已漸趨一致，而共同結合以對付宦官之權勢矣。

按黨錮事件之興起，本是知識份子針對時政激烈評議之結果。近人余英時先生推溯其根源，實與知識份子結黨有關，〔註10〕謂：東漢中葉，至少在桓帝以前已盛行俗士交游結黨之風。《後漢書》〈黨錮傳序〉云：

> 初，桓帝爲蠡吾侯，受學於甘陵周福。及帝即位，擢福爲尚書。同郡河南尹房植有名當朝，鄉人爲之謠曰：『天下規矩房伯武，因師獲印周仲進。』二家賓客互相譏論，遂高樹朋徒，漸成尤隙，由是甘陵有南北部，黨人之議，自此始矣。

影響所及，太學生亦多結黨非議時政。《後漢紀》卷二十二云：

> 是時太學生三萬餘人，皆推先陳蕃、李膺被服其行，由是學生同聲，競爲商論，上議其政，下譏卿士。范旺之徒仰其風而扇之，於是天下翕然，以臧否爲談，名行善惡，託以謠言，曰：『不畏強禦陳仲舉』，『天下楷模李元禮』。

〔註 9〕 參見余英時《漢晉之際士之新自覺與新思潮》《新亞學報》第四卷第一期，頁26。

〔註10〕 同註9，見頁30。

此段資料，尤其提示吾人，知識份子樹立群黨，互相譏端，有恃無恐，蔑視法典之風氣，尤與黨錮事件有直接關係。一旦證諸兩次黨錮事件之導因，又何其不然。《後漢書》卷六十七〈黨錮列傳〉序云：

> 時河內張成善說風角，推占當赦，遂教子殺人，李膺爲河南尹，督促收捕，既而逢宥獲免。膺愈懷憤疾，竟案殺之。初成以方伎，交通宦官，帝亦頗訓其占，成弟子牢修因上書，誣告李膺等養太學遊士，交結諸郡生徒，互相驅馳，共爲部黨，誹訕朝廷，疑亂風俗。

又同書〈黨錮列傳〉云：

> 是時山陽張儉殺侯覽母，案其宗黨賓客，或有迸匿太山界者，苑康既常疾閹官，因此皆窮相收掩，無得遺脫。

知識份子結黨非政，固爲王權時代所大忌。再者，由於臣官邪臣之左右朝政，知識份子亦祇得屈於被迫害之命運。如此幾經折騰，原本居於廟堂之崇高尊嚴，至此可謂蕩然矣。由是知識份子轉而更益以標名自高，冀以樹立個人之聲譽，而每多以澄清天下爲己志，「元臧否之談，效褒貶之之義」，進而所謂三君、八俊、八顧、八及、八厨之名，〔註11〕即是相應於第一次黨錮之事件而起。如是儼然形成一地方勢力與朝政相互對抗，而帝王每迫於嚴峻形勢，亦祇得放任宦官一再對知識份子之鎮壓，陳蕃、李膺、范滂等百餘人，皆坐繫黃門北寺獄而被害。〔註12〕「自是諸爲怨隙者，因相陷害，睚眦之忿，濫入黨中，又州郡承旨或有未嘗交關，亦離禍毒，廢禁者，六七百人。」（〈黨錮列傳〉）如此牽連甚廣，天下善士，莫不罹其毒害。然而朝廷一旦受制於外來壓力，如外戚城門校尉竇武及尚書霍諝連名上表及黃巾亂起人心徨徨，又不得不大赦黨人，安撫民心，但其結果終究「朝野崩離、綱紀文章蕩然矣。」

司馬溫公嘗云：

> 黨人生昏亂之世，不在其位，四海橫流，而欲以口舌救之，臧否人物，激濁揚清，撩虺蛇之頭，踐虎狼之尾，以致身被淫刑，禍及朋

〔註11〕《後漢書》卷六十七〈黨錮列傳〉云：「竇武、劉淑、陳蕃爲三君，君者，言一世之所宗也。李膺、荀翌、杜密、王暢、劉祐、魏朗、趙典、朱寓爲八俊，俊者，言人之英也。郭林宗、宗慈、巴肅、夏馥、范滂、尹勳、蔡衍、羊陟爲八顧，顧者，言能以德行引人者也。張儉、岑晊、劉表、陳翔、孔昱、范康、檀敷、翟超爲八及，及者，言其能導人追宗者也。度尚、張邈、王考、劉儒、胡母班、秦周、蕃嚮、王章爲八厨，厨者，言能以財救人者也。」

〔註12〕馬端臨《文獻通考》卷五十七《內侍省條》云：「漢自桓靈以來，有黃門北寺獄，是宦者得以專刑也，故窮捕鉤黨，剿戮名士，皆黃門北寺獄所爲也。」

友，士類殲滅，而國隨以亡，不亦悲乎？（引自《通鑑》卷五十六
《漢紀》四十八）

又朱子答《劉子澄書》云：

> 近看溫公論東漢名節處，覺得有未盡處，但知黨錮諸賢趨死不避，
> 為光武、明、章之烈，而不知建安以後，中州大夫只知有曹氏，不
> 知有漢室，卻是黨錮殺戮之禍有以毆之也。且以荀氏一門論之：則
> 荀淑正言於梁氏用事之日，而其子爽已濡及於董卓專命之朝，故及
> 其孫彧則遂為唐衡之壻；曹操之臣，而不知以為非矣。蓋剛大方直
> 之氣，折於兇虐之餘，而漸圖以全身就事之計，故不覺其淪胥而至
> 此耳。（引自王懋竑《朱子年譜》卷一之下〈乾道八年條〉）

按溫公、朱子論黨錮之禍對其後知識份子之心態影響，頗多卓見。蓋黨錮之
禍及於知識份子之心理衝擊，正反映於對漢室失去獨尊之信念。而儒家思想
通經致用之觀念，亦漸是而動搖。所謂「大樹將顛，非一繩之所維。」（《後
漢書》卷八十三〈徐穉傳〉），自是知識份子終必感慨集體力量於局勢之限制。
一旦朝政敗壞不可收拾，若干知識份子已漸圖全身避禍之計，此尤在漢末之
際，鍾皓對李膺及李覲之評語中，頗能見出端倪。《三國魏志》卷十三〈鍾繇
傳〉注引〈先賢行傳〉云：

> （李）膺之姑為（鍾）皓兄之妻，生子覲，與膺年齊，並有令名，
> 覲又好學慕古，有退讓之行。為童幼時，膺祖太尉脩言：『覲似我家
> 姓，國有道不廢，國無道免於刑戮者也。』復以膺妹妻之，覲辟州
> 宰，未嘗屈就。膺謂覲曰：『孟軻以為人無好惡是非之心，非人也。
> 弟於人何太無皂白邪？』覲嘗以膺言白皓，皓曰：『……國武子好招
> 人過，以為怨本，今豈其時，保家全身，汝道是也。』

蓋知識份子局促於現實環境思而避禍者，多是基於個人自身安危徹底覺醒之
結果。至如魏桓、姜肱、徐穉屢徵不應，隱身遯命之行為，姑且不論是否「以
虛獲實，遂藉聲價」（姜肱語見本傳），而事實上，亦多是洞悉時勢之不可作
為。此種意識形態固與兩漢以來傳統之經世致用思想相悖，然其影響所及，
老莊處世之原則於知識份子成為另一信念之選擇。〔註13〕

〔註13〕依事實顯示，東漢於黨錮以前，固不乏如周勰、法真、戴良、矯慎、臺佟
之輩，厭棄名教，歸依黃老。此點熊十力先生曾有論及（見《讀經示要》
卷一），然是輩多少具有雅好玄虛，恬靜寡欲之個性。至黨錮禍起，不談政

第二節　漢末之際地方之破壞

　　東漢末期朝政之衰敝，已如上述。影響所及，外戚及宦官子弟多挾其個人特權侵害百姓，以致地方多擾嚷不安。復由農村經濟破產，飢民日增，民生凋弊，流寇亂賊，蠢湧而起。再者董卓亂政，西京殘破，群雄戰禍，民不堪命。是故漢末之際，地方民生之破壞局面，正反映舊社會已告瓦解，新社會即將崛起之過渡期，而此過渡期亦為當時知識份子之思想意識之建構提供一深具時代性之自覺意義。因此討論魏晉玄論思想之興起，漢末之際地方之破壞，尤是一重要客觀時代背景之課題。

一、漢末地方之一般狀況

　　東漢末期外戚與宦官勢族集團對地方百姓之侵害，除前節所引一、二例證外，其他不平事件，不勝條舉。而其中尤為強烈者，莫過於此輩勢族集團無畏於地方官吏，欺壓百姓，而朝廷往往偏袒一方，迫害賢臣，如《後漢書》卷七十八〈宦者列傳〉云：

> （徐）璜（中常侍）及子宣為下邳令，暴虐尤甚。……時下邳屬東海，汝南黃浮為東海相，有告言宣者，浮乃收宣家屬，無少長悉考之，援吏以下固諫爭。……璜於是訴怨於帝，帝大怒，浮坐髠鉗，輸坐右校。

地方官吏為民除姦，本基於國家法令維護綱紀之神聖意義，然一旦受制於其他勢力之干涉，誠難於代民仗義。又如濟北相滕延收捕段珪，遂「徵詣廷尉免」（《後漢書》〈宦者列傳〉），楊秉參奏侯參侵奪民財而被迫自殺，劉瓆治中官豪強亦「徵廷尉……使自殺。」（《後漢書》卷三十下〈襄楷傳〉注引）張儉參奏侯覽一案，宦者「遂誣儉為鉤黨……皆夷滅之。」（《後漢書》〈宦者列傳〉）如是宦者勢族仰仗朝廷權勢，更無畏於地方官吏，益縱自恣，百姓受害愈深。因而地方民心，亦多擾嚷不安。是故閹豎虐遍天下之結果，「民不堪命，起為寇賊。」（同上）。

　　再者，漢末地方農民生活尤苦，外戚與宦官專政，爪牙滿布州郡，恃勢驕

　　事，避禍全身之意識型態，已可見諸若干知識份子之言行舉止。而是輩自是受制於外來壓力之影響，不必定是生性使然，即如郭林宗便是一顯著例證。其「雖善人倫，而不為危言覈論」，「天之所廢，不可支也」之言行，便足以說明當時若干知識份子之意識型態已有強烈地自覺歸依老莊消極避禍心理之傾向。

橫，任意搜括。和帝以後，農民土地日漸削奪。〔註14〕加以連年天災，〔註15〕人禍，〔註16〕生產一旦停頓，州郡每多飢民問題，朝廷又須頻繁負擔賑災工作。如：《後漢書》〈桓帝紀〉云：

> （桓帝）建和元年……二月，荊揚二州人多餓死，遣四府分行賑給。
>
> （桓帝）永興元年……秋七月。郡國三十二蝗。河水溢。百姓飢窮，流冗道路，至有數十萬戶，冀州尤甚。詔在所賑給乏絕，安慰居業。
>
> （桓帝）永壽元年……二月，司隸，冀州飢，人相食。勅州郡賑給貧弱。
>
> （桓帝）延熹九年……司隸，豫州飢死者什四五，至有滅戶者，遣三府掾賑稟之。

又《後漢書》〈靈帝紀〉云：

> （靈帝）建寧三年春正月，河內人婦食夫，河南人夫食婦。

如上所引資料，可知桓帝時嚴重飢民問題計有四次，雖經朝廷一再撫恤，然多祇能治標於一時，終乏妥善長遠之良策。而地方性飢民問題，依然未獲解決。再者，飢民流離失所，人數日增，鋌而走險，自然易為盜賊集團所吸收。是故漢末地方盜賊特多，其來有自矣。

　　如上所論兩大地方性因素，導致桓靈兩朝，地方武裝暴動事件，迭繼發生。如桓帝時，永壽二年秋七月，太山賊公孫舉等寇青、袞、徐三州；延熹五年四月，長沙賊起，寇桂楊、蒼梧、南海、交阯，延熹八年，桂陽胡蘭、朱蓋等復反，攻沒郡縣，轉寇零陵。靈帝時，建寧三年九月，濟南賊起，攻東平陵；熹平元年十一月，會稽人許生自稱越王，寇郡縣。而其中為禍最甚者尤以中平元年間黃巾賊為著。《後漢書》卷七十一〈皇甫嵩列傳〉：

> 初，鉅鹿人張角自稱大賢良師，事奉黃老道，畜養弟子，跪拜首過，符水咒說以療病，病者頗愈，百姓信向之，角因遣弟子八大使於四方，以善道教化天下，轉相誑惑，十餘年間，眾徒數十萬，連結郡國，自青徐幽冀荊揚兗豫八州之人，莫不畢應，遂置三十六方，方

〔註14〕漢末農民生活困苦，推溯其源，不外兩原因：一為土地兼并激烈；一為人口日增，土地不敷分配。此可參閱韓復智〈兩漢經濟問題的癥結〉一文之論述。（此文見載於《思與言》第五卷第四期）。

〔註15〕漢末連年天災之狀況，可參閱《後漢書志》第十五「五行三」及第十六「五行四」。

〔註16〕據《後漢書》〈桓帝紀〉及〈靈帝紀〉，可知漢末之人禍，除地方盜賊稱兵作亂外，另邊界蠻夷如西羌及南蠻之侵擾百姓，亦是構成嚴重民生問題。

　　猶將軍號也，大方萬餘人，小方六、七千，各立渠帥。
百姓篤信張角等人之黃老道，反映地方對朝廷信心之蕩然。由是宗教信仰，
一經盜賊轉用，即成為擴張地盤之力量。〔註17〕而一旦勢力蔓延滋甚，朝廷
雖借重兵討滅，餘孽又各自結黨，益發不可收拾。「自黃巾賊後，便有黑山、
黃龍、白波、左校、郭太賢、于氐根、青年角、張白騎、劉石、左髭丈八、
平漢、大計、司隸、掾哉、雷公、浮雲、飛燕、白雀、楊鳳、于毒、五鹿、
李大目、白繞、苦哂之徒，並起山谷間，不可勝數。……大者二、三萬，小
者六、七千。」（同前）如此亂賊更形勢壯，朝廷至此已無法一一處置，雖屢
有征討，然亂事一再暴發，亦祇得任其荼毒百姓而已。

二、董卓亂政與兩京殘破之結果

　　東漢末外戚何進謀誅除宦官，議促董卓將兵入朝，本欲助壯聲勢，以脅
迫太后，促其事成。然卓未至而何進先敗，待卓入朝宦官已為誅盡。於是卓
兼領何進及何苗所領部曲，又使呂布殺執金吾而併其眾。由是兵士大盛，進
而操弄國權，私行廢立，至此漢室已名存實亡矣。

　　按董卓出白隴西邊郡，性粗猛有謀。入京時，頗欲拉攏中原士大夫，企
圖建立個人社會基礎。但終至決裂，暴露其本質，面對中原百姓進行暴虐欺
凌，〔註18〕其中尤以對洛陽貴戚為甚。《後漢書》卷七十二〈董卓列傳〉：

　　　是時貴戚室第相望，金帛財產，家家殷積，卓縱放兵士，突其廬舍，
　　　淫略婦女，剽虜資物，謂之搜牢。人情崩恐，不保朝夕。及何后葬，
　　　開文陵，卓悉取藏中珍物，又姦亂公主，妻略宮人，虐刑濫罰，睚
　　　眥必死，羣僚內外，莫能自固。

　　　於是盡徒洛陽人數百萬口於長安，步騎驅蹙，更相蹈藉，飢餓寇掠，
　　　積尸盈路，卓自留畢圭苑中，悉燒宮廟官府居家，二百里內，無復
　　　孑遺。

按董卓既乏中原社會基礎，徒仗兵勢，殘害中原人士，本多基於個人之放縱
行事。再者為防備中原人士之報復，因而迫使洛陽百姓遷於居長安，重新樹
立個人權勢範圍，鞏固盤據勢力，其構築「萬歲塢」即是基於此種心態。

　　其後，董卓雖被謀誅，李傕、郭汜相繼亂政，董卓餘孽之流毒，木曾稍
歇。而是時長安亦復殘破不堪。《後漢書》〈董卓傳〉云：

〔註17〕參閱劉大杰《魏晉思想論》頁15（《魏晉思想》甲篇五種之一，里仁書局）。
〔註18〕參閱毛漢光《三國政權的社會基礎》頁4（《史語所集刊》第四十六本第一份）。

> 時長安盜賊不禁，白日虜掠，傕、汜、稠乃參分城內，各備其界，
> 猶不能制，而其子弟縱橫，侵暴百姓，是時穀一斛五十萬，豆麥二
> 十萬，人相食啖，白骨委積，臭穢滿路。
>
> 初帝入關，三輔戶口尚數十萬。自傕、汜相攻，天子東歸後，長安
> 城空四十餘日，強者四散，羸者相食，二、三年間，關中無復人跡。

蓋兩京殘破，賊臣相繼亂政之現狀。其最大意義，莫過於提供野心軍閥「漢
室衰陵，海內鼎沸」之藉口，紛紛割據一方謀求自立。進而，彼此爭奪勢力
範圍之結果，自是連年戰伐，死傷不已。《後漢書》卷七十三〈公孫瓚傳〉云：

> 紹遣將崔巨業將兵數萬攻圍故安不下，退軍南還，瓚將兵騎三萬人，
> 追擊於巨馬水，大破其眾，死者七、八千人。

又同書卷七十四〈袁紹傳〉云：

> （曹操攻鄴城）……操一夜濬之，廣深二丈，引漳水以灌之，自五
> 月至八月，城中餓死者過半。

再者，是時農村破產之際，羣雄又多恃其才力，不恤百姓。甚者「不脩法度，
以鈔掠為資」。因而地方百姓生活，又較先時更苦，「民人相食，州里蕭條」。
當其時，天下兵荒馬亂，百姓流離失所，野有餓莩，填屍溝壑，實已成地方
普遍之現狀。〔註19〕如是，兩漢三百餘年儒術統治之穩定社會，亦隨之徹底
瓦解矣。

第三節　曹魏執權時期之法治

　　自東漢末期，天下分崩離析之際，直至曹操「以洛陽殘荒，移帝幸許」
後，終為漢室提供一最後穩定之局面。《三國志》〈武帝紀〉云：「自天子西遷，
朝廷日亂，至是宗廟社稷秩度始立。」又《後漢書》〈董卓傳〉云：「自都許
之後，權歸曹氏，天子總已，百官備員而已。」曹氏面對此一新安定之局勢，
必然懲於過去朝政之流弊，莫不處心積慮於另一統治政策之制定。因此曹氏
執權時期之政治措施，實具多方面意義。然就其對於玄論思想興起之背景分

〔註19〕此證之當時人之論述或詩文，亦多是反映當時百姓罹難困苦之背景：如曹丕
　　　　《典論》自序云：「……而鄉邑望烟而奔，城郭觀塵而潰，百姓死亡，暴骨如
　　　　莽。」王粲〈七哀詩句〉「出門無所見，白骨蔽平原。」曹操〈蒿里行〉：「白
　　　　骨露於野，千里無雞鳴。人民百餘一，念之斷人腸。」此皆足證當時百姓死
　　　　於戰禍之慘烈。

析，不難察覺其間之關連性。

東漢以儒術治國，本以名行爲重。初則尚足以維繫大一統之穩定局面，然時至漢末，已多產生名實不副之流弊，導致國家選用人才依據，偏差尤鉅。王符《潛夫論》〈考績篇〉云：

> 今則不然，令長守相不思立功，貪殘專恣，不奉法令。……郡僚舉士者，或以頑魯應茂才，以姦逆應至孝，以貪饕應廉吏，以狡猾應方正，以諛諂應直言，以輕薄應敦厚，以空虛應有道，以囂闇應明經，以殘酷應寬博，以怯弱應武猛，以頑愚應治劇，名實不相副。

此種形式化之名教，一旦失去其本身之意義，以致選舉既多非其人，朝中政風由是衰敝，而儒術立國之精神亦已蕩然矣。再者，地方上知識份子，自黨錮禍後的慘痛經驗，由羣體自覺促成個體自覺，或潔身自好，均不願負起實際責任，惟恐有所沾染。〔註20〕是以曹氏一旦秉權主政，自然捨棄儒術本位觀念。而其中擢用人才方面，尤其表現獨特精神。《三國志》卷一〈武帝紀〉建安八年注引《魏書》庚申令云：

> 議者或以軍吏雖有功能，德性不足堪任郡國之選，所謂『可與適道，未可與權』……未聞無能之人，不鬥之士，並受祿賞而可以立功興國者也。故明君不官無功之臣，不賞不戰之士；治平尚德性，有事尚功能，論者之言，一似管窺虎歟。

同書十五年下令云：

> 孟公綽爲趙魏老則優，不可以爲滕薛大夫。若必廉士而後可用，則齊桓其何以霸世！今天下得無有被褐懷玉而釣於渭濱者乎？又得無盜嫂受金而未遇無知者乎？二三子其佐我明揚仄陋，唯才是舉。

又十九年十二月乙未令云：

> 夫有行之士未必能進取，進取之士，未必能有行也；陳平豈篤行，蘇秦豈守信邪？而陳平定漢業，蘇秦濟弱燕。由此言之，士有偏短，庸可廢乎？有司明思此義，則士無遺滯，官無廢業矣。

又二十二年注引《魏書》八月令云：

> 昔伊摯，傅說出於賤人；管仲，桓公賊也，皆用之以興。蕭何、曹參縣吏也，韓信，陳平負污辱之名，有見笑之恥，率能成就王業，

〔註20〕參見臺靜農師「《魏晉文學思想的論述》」一文頁450，收錄於《中國文學史論文選集》頁449～460。

聲著千載。吳起貪將，殺妻自信，散金求官，母死不歸；然在魏，
秦人不敢東向；在楚則三晉不敢南謀。今天下得無有至德之人，放
在民間，及果勇不顧，臨敵力戰；若文俗之吏，高才異質，或堪爲
將守，負污辱之名，見笑之行，或不仁不孝而有治國用兵之術。其
各舉所知，勿有所遺。

十五年間四次所下之求才令，已充分展現其選才標準全與儒術背道而馳。是
以重才棄德之議論，每多受後人譏評。然姑不論其持論之客觀與否，而推究
曹氏有此議論，亦自有其特殊之思想背景。蓋東漢末期，若干知識份子對時
政之積弊，實有清楚之認識。如崔實〈政論〉云：

且濟時極世之術，豈必體堯蹈舜，然後乃治哉？期于補綻決壞，枝
柱邪傾，隨形裁割，取時君所能行，要措斯世于安寧之域而已，故
聖人執權，遭時定制，步驟之差，各有云施，不強人以不能，背所
急而慕所聞也。

又王符《潛夫論》〈考績篇〉云：

凡南面之大務，莫急於知賢，知賢之近途，莫急於考功。

按崔實、王符俱卒於靈帝建寧三年，目睹漢末朝政之衰敝，均已提出法治觀
點，庶幾對時政有合理之改善。而崔實尤其提出時與權之觀念，對儒術迂遠
之治國論調，做一檢討反省之認識；〔註21〕王符益以知賢，考功爲朝政首要
之務。兩人之議論，雖無法證明對曹氏選才觀念有必然關係，然吾人可知，
至少在曹氏之前已有若干知識份子思以法治精神力挽朝政之缺失。由此可證
曹氏所提之選才標準，自然也是相應於儒術治國之覺醒結果。

　　漢末經由外戚、宦官與知識份子相互交訌之結果，地方與朝政已不復彼
此信賴，其後百姓流離失所，朝不保夕，儒術三百年所欲建立之理想社會，
已隨時局之變動而漸次瓦解。因此就現實處境而論，曹氏勢必依循法治精神
擬定方針，庶幾從廢墟中重建完整之一統政權。再者東漢人才之選舉，傳統
上本控制於地方勢族手中，而勢族又多爲儒學大族，依然與朝廷維繫既相輔
又對立之意義。而曹氏出身宦族，暫不論是否基於意識形態與儒學大族之對
立態勢，抑是謀求朝廷權勢一尊之目的，其斷然提出與儒學大族相左之擢才
議論，原是有其相當之實質意義。〔註22〕

〔註21〕參見韋政通《中國思想史》頁578，大林出版社。
〔註22〕參見唐長孺《魏晉南北朝史論叢》頁304，坊印本。

顧炎武《日知錄》卷十七〈兩漢風俗條〉云：

> 孟德既有冀州，崇獎跅弛之士，觀其下令再三，至於求不仁不孝，而
> 有治國用兵之術者。於是權詐迭進，姦逆萌生。故董昭〈太和之疏〉，
> 已謂：「當今年少，不復以學問爲本，專以交遊爲業；國士不以孝悌
> 清修爲首，乃以趨勢求利爲先」。……夫以經術之治，節義之防，光
> 武、明、章數世爲之而未足；毀方敗常，孟德一人變之而有餘。

誠然孟德以擁有實際政權之身分，提出反儒術傳統之議論，實不可低估其影
響力。此所以顧氏尤其強調此種議論對社會人心之移轉作用，造成不可逆轉
之態勢。蓋曹氏原是積極致力於端正時弊，期以法治精神，恢復一統政權之
局面，然而又難免於矯枉過正之嫌。是以其弊又將流於怙惡無恥，相率放縱
之結果，此又所以何夔立言糾察也。〔註23〕由是，吾人若就學術思想之轉變
相應於此一時期曹氏法治精神之影響性稍作理解，實不難察知曹氏完全否定
兩漢儒術在政治間之實質意義，其結果益使知識份子加速擺脫前此數百年獨
尊儒術之傳統習念，進而肯定學術思想自由意義。〔註24〕因之懷疑精神相對
提昇，追求原理之學問自然普受知識份子重視，而玄論思想亦漸支配當時之
學術思想趨勢矣。

第四節　兩漢談辯風氣之盛行

吾國知識份子之談辯，先秦已蔚成風氣。蓋其時諸子之學並興，處士橫
議，百家齊鳴，各私所學，黨同伐異。入漢以來，武帝之前，亦莫不如此，
景帝時，黃生、轅固生對湯武是否受命一難題進行談辯，針鋒相對，各不相
讓。迨武帝罷黜百家，獨尊儒術，知識份子談辯主題亦祇限於經學之內容。《漢
書》〈儒林傳贊〉：

> 自武帝立五經博士，開弟子員，設科射策，勸以官祿，訖於元始，

〔註23〕《魏志》卷十二〈何夔傳〉：「夔言於太祖曰：『自軍興以來，制度革創，用人
　　　　未詳其本。是以各引其類，時忘道德。夔聞以賢制爵，則民慎德。以庸制祿，
　　　　則民興功。以爲自今所用，必先核之鄉閭，使長幼順敘，無相踰越。顯忠直
　　　　之賞，明公實之報。則賢不肖之分居然別矣。又可修保舉故不以實之令：使
　　　　有司別受其負。在朝之臣，時受教與曹並選者，各任其責。上以觀朝臣之節，
　　　　下以塞爭競之源。以督羣下，以率萬民。如是則天下幸甚。』太祖稱善。」
〔註24〕參見何啓民〈漢晉變局中的中原士風〉收錄於《中國歷史學會史學集刊》第
　　　　五期，頁31。

百有餘年，傳業者寖盛，支葉藩滋，一經說至百餘萬言，大師眾至千餘人，蓋祿利之路然也。

由是私家講學興盛，「初，《書》唯有歐陽，《禮》后，《易》楊，《春秋》公羊而已，至孝宣世，復立大小夏侯《尚書》，大小戴《禮》，施、孟、梁丘《易》；至孝元世，復立京氏《易》；平帝時，又立《左氏春秋》、《毛詩》、《逸禮》、《古文尚書》。」（同上）再則互相辯難，爭立博士員額，而其中今古文之爭辯，尤為激烈。《漢書》卷八〈宣帝紀〉：

（甘露三年）詔諸儒講五經同異，太子太傅蕭望之等平奏其議，上親稱制臨決焉。乃立梁丘《易》、大小夏侯《尚書》、《穀梁春秋》博士。

又同書卷三十六〈楚元王傳〉云：

（劉）歆立《左氏春秋》及《毛詩》、《逸禮》、《古文尚書》皆列於學官，哀帝令歆與五經博士講論其義，諸博士或不肯置辭，歆因移書讓太常博士。

此種就經學內容互為爭辯之風氣，延至東漢亦然。如《後漢書》卷三十六〈范升陳元傳〉云：

（建武）時尚書令韓歆上疏，欲為《費氏易》、《左氏春秋》立博士，詔下其議。四年正月，朝公卿，大夫，博士，見於雲台。……（范升）遂與韓歆及太中太夫許淑等互相辯難，日中乃罷。

又同書卷七十九《儒林》〈戴憑傳〉云：

正旦朝賀，百僚畢會，帝令羣臣能說經者，更相難詰，義有不通，輒奪席以益通者，憑遂重坐五十餘席。

又同書卷七十九下《儒林》〈魏應傳〉云：

應經明行修，弟子自遠方至，著錄數千人，肅宗甚重之，數進見，論難於前，特受賞賜。時會京師諸儒於白虎觀，講論五經同異，使應專掌問難，侍中淳于恭奏之，帝親臨稱制，如石渠故事。

又同書卷三十五〈鄭玄傳〉：

時任城何休好《公羊學》，遂著《公羊墨守》、《左氏膏肓》、《穀梁廢疾》；玄乃發《墨守》，鍼《膏肓》，起《廢疾》。

蓋就經學內容談辯之結果，各為鞏固家法，每多就經文大事增飾，由是有章句之學。〔註25〕而章句之學原本多繁瑣之論證，甚者不切實際，是故終難滿

〔註25〕錢賓四以有章句即有家學，又曰：家法即章句。而何啓民先生謂：「然此亦未

足當時知識份子談論之趣味。〔註26〕再者當時相應於鄉辟選舉之清議風氣已盛，知識份子談辯內容，亦隨之轉爲政事及人物之評議。而此政事與人物兩大評議主題，又以黨錮事件爲限，截然有先後之別。黨錮事件前，知識份子目睹時政衰敝，紛紛糾合羣黨，期以清議力量，扭轉時局，不意排詆宦官，徒遭殺戮。此在第一節業已說明，茲不贅述。其後知識份子求計身退，又紛紛以鑒識人倫爲談辯之題材。〔註27〕斯即謂清談之風也。〔註28〕《後漢書》卷六十八〈郭太傳〉云：

> （郭）林宗雖尚人倫，而不爲危言覈論，故宦官擅政而不能傷也，
>
> 及黨事起，知名之士多被其害，唯林宗及汝南袁閎得免焉。

又同書〈許劭傳〉云：

> 初（許）劭與靖俱有商名，好共覈論鄉黨人物，每月輒更具品題，
>
> 故汝南俗有月旦評。

既善人倫，又不爲危言覈論，自然品題人物之詞句必然力求抽象而避免具體。如郭太對袁奉高及黃淑度之評語：「奉高之器，譬之泛濫，雖清而可挹；叔度之器，汪汪若千頃之陂，澄之不清，擾之不濁，不可量也。」（《後漢書》〈郭太傳〉注引〈謝承書〉），又如許劭對陳寔、陳蕃之評語：「太丘道廣，廣則難周；仲舉性峻，峻則少通。」（同書〈許劭傳〉）及對荀靖，荀爽之評語：「二人皆玉也，慈明外朗，叔慈內潤。」（《三國志魏志》卷十〈荀彧傳〉注引皇甫謐《逸士傳》）且當時知識份子之談辯亦多究心於技巧之運用，即所謂「美音制」之談論。〔註29〕如是談辯趣味提高，而聽者莫不醉心於此。《後漢書》卷六十八〈謝甄傳〉：

嘗不可解釋爲，有了家法門戶，而後有章句，用以效教弟子。」（《魏晉思想與談風》頁44）余以爲家法，章句孰爲先後，並非重要，而關係密切，則是不爭之事實。

〔註26〕 此點表現於袁紹賓客對鄭玄之問難，尤可見出端倪，「時大將軍袁紹總兵冀州，遣使要玄，大會賓客，玄最後至，乃延升上坐。身長八尺，飲酒一斛，秀眉明目，容儀溫偉。紹客多豪俊，並有才說，見玄儒者，未以通人許之，競設異端，百家互起，玄依方辯對，咸出問表，皆得所未聞，莫不嗟服。」（《後漢書》卷三十五《鄭玄傳》）。

〔註27〕 參見陳寅恪〈逍遙遊向郭義及支遁義探源〉一文。《清華學報》十二卷第二期。

〔註28〕 韋政通云：「按諸史實，清談乃清議之轉化，它們之間不能畫一等號，因而兩者之間有顯著之差別。第一：內容不同：清議的內容主要是政論性的，清談的主要內容是品鑑人倫；第二是態度不同，清議是抗爭性的，清談是非抗爭性的。」（《中國思想史》頁601，大林出版社）。

〔註29〕 此點尤爲近人何啓民氏所強調，見《魏晉思想與談風》頁53～54，學生書局。

（謝甄）與陳留邊讓共善談論，但有盛名。每共候林宗，未嘗不連日達夜。

又同書〈符融傳〉：

（李）膺風性高簡，每見融，輒絕它賓客，聽其言論，融幅巾奮袞，談辭如雲。

按李膺本黨錮中激烈人物，性格自屬剛烈，其能與符融暢談，除談詞藻華，音調鏗鏘之美音制效果外，斯二人之思想，殆有相當之謀合處。故今人余英時先生推測：「漢末士大夫之清淡，實包括人物批評與思想討論二者。」〔註30〕此觀點尤為重要。若余氏推測可信，則又不難解釋另一事實，《後漢書》〈王充傳〉注引袁山松曰：

王充所作《論衡》，中土未有傳者，蔡邕入吳始得之，恒秘玩以為談助。其後王朗為會稽太守，又得其書。及還許下，時人稱其才進，或曰：不見異人，當得異書，問之，果以《論衡》之益，由是遂見傳焉。《抱朴子》曰：時人嫌蔡邕得異書，或搜求其帳中隱處，果得《論衡》，抱數卷持去，邕丁寧曰：唯我與爾共之，勿廣也。

《論衡》本一批判性極高之思想論著，蔡邕引為談助，必有資於其中之思想成份。由是益反映當時談辯者心路歷程之一斑。蓋漢末談辯風氣盛行結果，其末流實已多浮華迹象，郭太獎掖士人，而「後之好事者，或附益增張，故多華辭不經，又類卜相之書。」（見〈郭泰傳〉）此殆為思想貪乏致之也。誠然如蔡邕稍有自覺之知識份子，必然尋求另一高深思想之自我鍛練。而此一高深思想又須相應於時風之趨勢，即所謂抽象原理之探索，且《論衡》一書正符合此一要求，故蔡邕恒秘玩以為談助，原是有其時代性之意義。

再者漢末之談辯者，亦不乏言行狂妄，甚至忤逆當朝執政者。如《後漢書》卷六十八〈謝甄傳〉：

謝甄後不拘細行，為時所毀。

又同書八十下〈文苑〉〈邊讓傳〉：

初平中，王室大亂，（邊）讓去官還家，恃才氣，不屈曹操，多侮慢之辭。

又同書書卷七十〈孔融傳〉：

〔註30〕見余英時《漢晉之際士之親自覺與新思潮》頁60，《新亞學報》第四卷第一期。

時年飢兵興，操表制酒禁，融頻書爭之，多侮慢之辭。既見操雄詐
漸著，數不能堪，故發辭偏宕，多致乖忤。

又同書卷八十下〈禰衡傳〉：

融既愛衡才，數稱述於曹操。操欲見之，而衡素相輕疾，自稱狂病，
不肯往，而數有恣言。

據此，可知曹操恨極知識份子間之談辯非議時政風氣，因而一再下令以端正
風俗爲由，禁絕誹議。《三國志》卷一〈武帝紀〉：

（十年）九月，令曰：阿黨比周，先聖所疾也。聞冀州俗，父子異
部，更相毀譽。昔直不疑無兄，世人謂之盜嫂；第五伯魚三娶孤女，
謂之撾婦翁；王鳳擅權，谷永比之申伯；王商忠議，張匡謂之左道，
此皆以白爲黑，欺天罔君者也。吾欲整齊風俗，四者不除，吾以爲
羞。

又同書卷二十二〈陳矯傳〉注引《魏氏春秋》：

矯本劉氏子，出嗣舅氏而婚于大族。徐宣每非之，庭議其闕。太祖
惜矯才量，欲擁全之，乃下令曰：「喪亂以來，風教彫薄，謗議之言，
難用襃貶。自建安五年已前，一切勿論。其以斷前誹議者，以其罪
罪之。」

甚者不惜藉殺戮談辯人士，以收恐赫之效，孔融之輩尚且見殺，其他又更何
論？至如文帝，明帝亦莫不延續此項禁令，繼續對談辯人士進行迫害。且文
帝依陳羣創九品中正制，尤是針對談辯異議而設。〔註31〕是故知識份子談辯
之內容，基於現實因素之限制，亦不得不由單純論評人物而轉化爲玄妙哲理
之探索。因而正始年間，何晏諸輩已純就老莊玄論思想爲中心題旨而談辯，
即是相應於時代背景之結果。由是言之，魏晉玄論思想之興起，固然有其學
術思想演變必然之趨勢，〔註32〕然特殊時代背景之影響作用，實隱涵有彼此
因果之關係。

〔註31〕《晉書》卷四十五〈劉毅傳〉云：「毅以魏立九品，權時之制，未得其人，而
有八損，乃上疏曰：……置州郡者，取州里清議，咸所歸服，將以鎮異同，
一言議。」

〔註32〕近人湯用彤謂：「此種由具體人事，以至抽象玄理之談論，爲學問演進之必然
趨勢。」（見《魏晉玄學論稿》頁12，里仁書局）。

第二章　魏晉玄論思想形成
之學術背景

　　一宗新學術之興起，除配合客觀之現實社會條件外，必然又相應於先時另一舊學術思想之轉變結果。是以新學術思想發展之整體趨勢，如以舊學術思想之理論本質及形式之意義兩方面稍作分析，實亦不難理解其間承轉之究竟。即以魏晉玄論思想爲例，理論本質不外乎沿續揚雄、王充對天人感應理論之檢討，再度進行一項轉化之過程；而形式意義乂原是兩漢以米革新經學思想流敝之成果。蓋前者實可追溯於玄論思想之潛流問題，後者亦可探索於兩漢經學思想之流敝問題，而此兩者之分析成果，實亦足以構成魏晉玄論思想形成之兩大學術背景。再者，漢末荊州學風所謂「後定之學」，原爲經學章句之簡化運動，然於魏晉玄論思想之初期發展，亦有相當深遠之學術淵源關係，此又是尤應注意之另一課題。

　　至於佛教與魏晉思想是否有影響之關係，近代學者持兩派不同之說法，一主無關係者，代表人物爲湯用彤先生，另一派主有深遠關係者，代表人物爲張曼濤先生。揆諸兩派之立論，咸各有相當客觀之論證基礎。按佛教思想於漢末盛行，既是不爭之事實。姑不論其影響吾國學術思想之深淺如何，其刺激魏晉玄論思想之突破與創新，固無疑也。蓋此一層關係之檢討，自是有其實質之意義。

第一節　兩漢玄論思想之潛流

　　夫魏晉玄論思想之潛流，可溯及於揚雄與王充對天人感應論之檢討。然吾人欲探究二人之玄論思想，兩漢以來天人感應理論之發展，尤需做一概略之認識。

一、兩漢天人感應理論之發展

自秦漢帝國之前，各家之諸子學，基於符合時君之任用條件，咸多有結合他家之學說，再度衍生自家理論體系之傾向。然其中又尤以天人關係之討論，特為各家所專注之課題。迨秦漢帝國一旦成立，此種學術結合之趨勢乃益屬必要。〔註1〕而表現於儒道兩家之思想中，又最為明顯，蓋此兩家思想體系於漢初之學術領域自有其特殊崇高地位。

按道家思想於西漢初期，本已呈現一雜家式之理論體系。《史記》卷一百三十六〈太史公論六家要旨〉云：

> 道家使人精神專一，動合無形，瞻足萬物；其為術也，因陰陽之大順，采儒墨之善，撮名法之要；與時遷移，應物變化，立俗施事，無所不宜，指約而易採，事少而功多。

此段論述，尤可見出深具道家修養之司馬談對道家思維雜家化之認識。〔註2〕因而相應於當時《淮南子》一書，雖以道家思想為中心，而思想內容亦實多雜亂矣。〔註3〕然是書亦恰能代表漢代人對道家思想之共同認識。而其中論述有關天及其與人之關係，尤能說明西漢初期道家思想者對形上學之認知，《淮南子》〈天文訓〉云：

> 天地未形，馮馮翼翼，洞洞灟灟，故曰太始。太始生虛霩，虛霩生宇宙，宇宙生元氣，元氣有涯垠，清陽者薄靡而為天，重濁者凝滯而為地。清陽之和專易，重濁之凝竭難；故天先成而地後定。天地之襲精為陰陽，陰陽之專精為四時，四時之散精為萬物。積陽之熱氣久者生火，火氣之精者為日，積陰之寒氣為水，水氣之精者為月，日月之淫氣，精者為星辰，天受日月星辰，地受水潦塵埃。

此一對宇宙形成之描述，已超越《老子》「道生一，一生二，二生三，三生萬物」之機械概念發展理念，進而提出氣化之宇宙形成觀。由是自然性格之天體型態，更形具體展現無遺。是以〈原道篇〉云：「夫太上之道，成物而不有，成化像而弗宰。」此尤符合《老子》之道「不有」、「不恃」、「弗居」之基本

〔註1〕 如《易傳》、《禮記》、《呂氏春秋》、《淮南子》皆表現思想多元化之趨勢，而其中又以陰陽家之思想成份，尤為普遍共具特色。

〔註2〕 關於漢初知識份子對道家以雜家式之認識，詳細論述可見於勞思光《中國哲學史》頁106～108，三民書局。

〔註3〕 如首篇《厚道》，即指老子之道，而次篇〈俶真〉，亦指莊子之道而言。而以下十九篇，除〈脩務篇〉略近儒家之積極精神外，大致皆以道家思想貫穿全書思想之架構。

德性。然一旦涉及於天人之關係討論，則以「天地爲一大宇宙，人身爲一小宇宙」〔註4〕之觀點，相互比附配合四時五行與人身之關係。《淮南子》〈精神訓〉云：

> 故頭之圓也象天，足之方也象地。天有四時、五行、九解、三百六十日，人亦有四支、五臟、九竅、三百六十節。天有風雨寒暑，人亦有取與喜怒。故膽爲雲，肺爲氣，脾爲風，腎爲雨，肝爲雷，以與天地相參也，而心爲之主。是故耳目者、日月也；血氣者，風雨也。日中有踆鳥，而月中有蟾蜍，日月失其行，薄蝕無光；風雨非其時，毀折生災；五星失其行，州國受殃。

由是天體與人身既可相互比配。故而論及人事，便順勢導入天人交互感應之理論系統。〈天文訓〉云：

> 人主之情，上通於天，故誅暴則多暴風，枉法則多蟲螟，殺不辜則國赤地，令不收則多淫雨。

又〈覽冥訓〉云：

> 君臣乖心，則背譎見於天，神氣相應徵矣。

又〈泰族訓〉云：

> 聖人者，懷天心，聲然能動化天下者也。故精誠感於感，形氣動於天，則景星見，黃龍下，祥鳳至，醴泉出，嘉穀生，河不滿溢，海不容波。

> 天之與人，有以相通也，故國危亡則天文變，世惑亂而虹蜺見，萬物有以相連，精祲有以相蕩。

按《淮南子》原非一人或一派系之理論，然此些天人感應之論點，不論其理論架構是否周密，〔註5〕亦實足以證明至少於董仲舒之前，此一理論知識份子已有相當之認知。

儒家自秦火焚坑之餘，典籍散佚。入漢以後，儒家學者整理綴輯之工作自屬急務。然又基於現實統治者合法王權之需求，亦不得不結合陰陽五行之術，試圖謀得一政治理論之依據。是以文帝時張蒼、賈誼、公孫臣之輩尚且爭論於漢德屬水抑屬土之問題。及至武帝罷黜百家，獨尊儒術，儒家思想爲

〔註4〕參見馮友蘭《中國哲學史》頁480，大學叢書，坊印本。
〔註5〕如近人徐復觀先生尤批評《淮南子》一書之理論架構缺乏貫通之線索。見徐著《兩漢思想史》卷二頁478～479，學生書局。

切合現實政治之條件，除具體事項之建議施行外，而形上之天人關係，更須強調感應之理論，此其中又以董仲舒之努力最具時代性之意義。董氏首先發展《呂氏春秋》十二紀紀首之思想，以陰陽於四時四方中之運轉以言天道；其次又以天道貫通人身政治社會全面活動，建立貫通天人之龐大思想體系，終以《公羊春秋》附與新義，涵容於此思想體系中。〔註6〕而其中反映於天人關係之意義，又與儒家人文主義之天人合一觀念相互契合。綜觀其對天附與人格化之假設，《春秋繁露》〈王道篇〉云：

> 喜怒之禍，哀樂之義，不獨在人，亦在於天。……天無喜氣，亦何以暖而春生育？天無怒氣，亦何以清而秋就殺？天無樂氣，亦何以踈陽而夏長養？天無哀氣，亦何以激陰而冬閉藏？故曰天乃有喜怒哀樂之行。

此由個體經驗之推論，所論及天之人格化型態之假設，原不具任何實質意義。而另一天人關係之理論，亦見於其「人副天數」之論述：

> 人有三百六十節，偶天之數也；形體骨肉，偶地之厚也，上有耳目聰明，日月之象也；體有空竅理脈，川谷之象也；心有哀樂喜怒，神氣之象也。

該項論證原依據遠古圓顱方趾之信仰，益加以具體化而已，此固為《淮南子》所嘗言，然亦足以承接建構天人感應說之依據。

再者仲舒基於專制之合理構想，企圖安排由天作用於統治者之權力制衡關係。由是藉諸此理論，直切提出「災異」及「威譴」之論點，更進而附與一層極濃厚之政治色彩。《春秋繁露》〈必仁且智篇〉云：

> 凡災異之本，盡生於國家之失，國家之失，乃始萌芽，而天出災異，以譴告之，譴告之而不知變，乃見怪異，以驚駭之，驚駭之尚不足畏，恐其殃咎乃至，如此見天之仁而不欲害人也。

按災異，威譴本遠古宗教畏天之信仰心理，仲舒雖肯定其政治性之意義，然不否認天亦具有仁德屬性。據此，仲舒提出災異及威譴之論證目的，本期於統治者法天惠民之理想，故〈王道通篇〉云：

> 仁之美者在於天。天，仁也。……察於天之意，無窮極之仁也。人之受命於天也，取仁於天而仁。

又〈離合根篇〉云：

〔註6〕同註5。

> 為人主者，法天之行，是故內藏所以為神，外觀博所以為明也，任
> 群賢所以為受成，乃不自勞於事，所以為尊也，泛愛群生，不以喜
> 怒賞罰，所以為仁也。

人主法天行事，基於喚起統治者惠民之自覺性，此為仲舒天人感應理論之終極理想。

又仲舒亦採陰陽五行之理論，建立一套宇宙循環觀。〈陰陽義〉云：「天道之常，一陰一陽。」〈五行對篇〉云：「天有五行，木、金、水、火、土是也。」如是本諸陰陽之二源，再益以配合五行運轉不已。首先仲舒於陰陽與天之關係又自定其對立面之義界，以符合天之德性。〈陽尊陰卑篇〉云：

> 陽，天之德；陰，天之刑也。陽氣暖而陰氣寒，陽氣予而陰氣奪，
> 陽氣仁而陰氣戾，陽氣寬而陰氣急，陽氣愛而陰氣惡，陽氣生而陰
> 氣殺，是故，陽常居實位而行於盛，陰常居空虛而行於末。

蓋陰陽既是天地間對立之二界。以善惡分，則惡之屬盡為陰，善之屬盡為陽；以德刑分，則陽為德，陰為刑。再者，仲舒又肯定此陰陽存有互為消長之關係，所謂「陽顯則陰藏，陰出則陽伏」。然仲舒最後之結論，為求配合天之善德，亦祇得承認一不二之說：「天任陽不任陰，好德不好刑。」由是又回復於人事之契合，而統治者法天之理論依據亦獲得成立。至於五行之運轉，仲舒乃依生剋相應之原理，以求配合各項措施，同時亦提醒統治者務於協調人事規律，當以順應民時為要，如〈五行順逆〉篇中論及木德與人事之關係時即云：

> 木者，春生之性，農之本也，勸農事，無奪民時，使民歲不過三
> 日，行什之一稅，進經術之士，挺群禁，出輕繫，開門闔，通障
> 塞。恩及草木，則樹木華美，而朱草生，恩及鱗蟲，則魚大為，
> 鱣鯨不見，群龍下。如人君出入不時，走狗試馬，馳騁不反……
> 好淫樂，飲酒沉湎，縱恣不顧政治……咎及於木，則茂木枯槁，
> 工匠之輔多傷敗，毒水涒群，漉陂如漁，咎及鱗蟲，則魚不為群，
> 龍深藏，鯨出現。

其他如論火、土、金、水諸德與人事之關係亦然，是以仲舒尤強調統治者必需順五行之運轉以施惠於民，而政事之良敝，又與自然之現象相通。而此種天人相應之原理，原為其災異之說建構一立論依據。

綜上所述，仲舒誠欲以災異之天人感應論，制衡於君權之絕對性質，期於統治者法天惠民之理想。然此皆基於個人對遠古天人合一信仰及陰陽五行

之附會說辭，本無任何具體形式之約束作用，而事實亦正收其反效果。〔註7〕是以此風一開，其後雖不乏儒生以陰陽五行之術，附會經典，納其說於時君，然其結果亦多遭危身之禍。〔註8〕故天人感應理論之實質結果，幾全與仲舒之理想背道而馳。此所以其後揚雄便試圖以玄學觀點擴充天人感應說之形上意義，甚者以《大玄》之煩瑣架構，寄託個人智性推演之能事。至如王充之輩更直接否定天人感應之理論，重新建構一套自然無爲之天道觀，此兩者尤爲魏晉玄論思想奠定特殊之實質意義，如下再分別討論之。

二、揚雄太玄之思想分析

《漢書》卷八十七下〈揚雄傳〉云：

> 哀帝時丁、傅、董賢用事，諸附離之者或起至二千石，時雄方草《太玄》，有以自守，泊如也。

據此，揚雄之草太玄，其目的本在於延展個人智性之推演，藉以求得精神依託而已。又本傳稱其個性云：

> 默而好深沉之思，清靜無爲，少耆欲，不汲汲於富貴，不戚戚於貧賤，不修廉隅之徼名世。

以其深沉好思，清靜無爲之個性，歷經長期現實政治之衝激，其結果自有歸依老氏之意識型態，而表現於〈太玄賦〉尤爲明顯：

> 觀大易之損益兮，覽老氏之倚伏。省憂喜之共同兮，察吉凶之同域。
> 嶔嶔著乎日月兮，何俗聖之暗爥。豈愒寵以冒災兮，將噬臍之不及。
> 若飄風之不終朝兮，驟雨不終日。雷隆隆而輒息兮，猶爟爞而速滅。
> 自夫物之有盛衰兮，沉人事之所急。

〈太玄賦〉本爲揚雄草《太玄》時之作，賦文中說明其深體於《易》《老》之思想，自覺於人事禍福之無常。〔註9〕是以《太玄》之思想內涵，吾人即可循其對《易》《老》之認知而加以分析理解。

〔註7〕吾國幅員遼濶，地方災異，固時有所見，此無異添加統治者一層心理之壓力，而其後統治者亦以災異之過移諸大臣，以致時君對臣屬之關係，亦形成一項策免與殺戮之權力。

〔註8〕《漢書》卷七十五〈眭兩夏侯京翼李傳贊〉云：「漢興推陰陽言災異者，孝武有董仲舒、夏侯始昌；昭、宣則眭孟、夏侯勝；元、成則京防、翼奉、劉向、谷永；哀、平則李尋、田終術。此其納說時君著明者也。……仲舒下吏，夏侯囚執，眭孟誅戮，李尋流放，此學者之大戒也。」

〔註9〕見韋政通《中國思想史》頁504，大林出版社。

按《太玄》原爲仿《周易》之卦爻重新推演之另一體系架構，所謂一玄、三方、九州、二十七部、八十一家、七百二十七贊，復配合陰陽曆數。其中煩瑣之程度更甚於《周易》，此原爲其智性對數字之推演，本不具深層涵義。〔註10〕而其中論玄之部分文字，頗可顯現其對《易》《老》學之契合認知。

蓋《易》原可作爲儒家形上學之理論根源，而《老子》本具濃厚之形上學色彩，兩者之契合，亦必需建構於形上本體認知之上。再者《老子》之玄義，原是極爲抽象之概念，是以揚雄爲求配合《太玄》旨意，勢必對玄之一義定位爲第一眞理。《太玄》〈玄攡〉云：

> 玄者，幽攡萬類而不見形者也，資陶虛無而生乎規，攔神明而定摹，通同古今以開類，攡措陰陽而發氣。一判一合，天地備矣；天日廻行，剛柔接矣；還復其所，終始定矣；一生一死，性命瑩矣。

「幽攡萬類」意指玄爲萬物主。既生規、定摹、開類，發氣，而不見其形。既不可見其形，自然保有形上之獨立特性，故《太玄》〈玄攡〉又云：「夫玄，晦其位而冥其畛，冥其阜而眇其根，攘其功而幽其所以然。」此則轉化於《老子》道上之形上意義。然生化宇宙萬物之過程，則是超越老氏之靜態機械化過程，而彌合於《易傳》「一闔一闢」及「往來不窮」之變通方式。故「一判一合」，「還復其所」亦正是揚雄對《易傳》動態宇宙形成觀之認知。

再者揚雄又順此形上之玄義，進一步推演及其與人之關係。《大玄》〈玄攡〉云：

> 故玄卓然視人遠矣，曠然廓人大矣，淵然引人深矣，渺然絕人眇矣。嘿而該之者玄也，擇而散之者人也。稽其門，闢其戶，而其鍵，然後乃應，況其否者乎？

此一段資料顯示，揚雄尤其肯定人能應玄之理念，端在乎稽門，闢戶，而鍵諸項功夫。再者，其理論亦建立於對四時曆律相生相配之關係。〈玄攡〉云：

> 夫天地設故貴賤序，四時行故父子繼，律曆陳故君臣理，常變措故百事析，質文形故有無明，吉凶見故善否著，虛實蕩故萬物纏。……近玄者玄亦近之，遠玄者玄亦遠之。……天豈去人哉？人自去也。

又〈太玄圖〉云：

> 夫玄也者，天道也，地道也，人道也。兼三道而天名之，君臣，父子，夫婦之道。

〔註10〕見勞思光《中國哲學史》頁123，三民書局。

據此，形上意義之玄，透過儒家倫理觀念之延展，更能顯現玄之眞諦。此兩者之本質固無必然之關係，然亦說明揚雄實有意契合儒道之傾向。

最後，揚雄或受陰陽禍福觀念之影響，展現於太玄之架構，復衍生占卜象數禍福吉凶之理念。〈大玄圖〉云：

> 夫一也者，思之微者也；四也者，福之資者也；七也者，禍之階者也，三也者，思之崇者也；六也者，福之隆者也；九也者，禍之窮者也。二・五・八者，三者之中也。

按此種由數字推知禍福吉凶之意義，單就以數而言，不過宇宙現象之外呈，絕非現象之本質，然揚雄卻強調通過數可掌握天道及萬物之一切吉凶現象。故其《太玄》之終極意義，實已墮入神秘之內涵。

綜上所述，揚雄創太玄之實質意義，縱然有意契合《易》《老》之觀點，擴充天人關係之形上意義。然或基於時風之影響，終無有突破性之發展。然其對玄之一義，自《老子》書中重新提出，賦予哲理化之認知與詮釋，功不可沒矣。

三、王充天道自然之理論

漢代天人感應之理論，幾全支配整體學術之進展，時風所趨，雖有如揚雄之沈潛好思，亦終不能越其樊籬以立論。時至東漢雖以圖讖代災異，而其基本精神亦與天人感應理論相輔而行。因而王充之崛起，憑其卓然不羣之性格，針對天人感應之理論，一旦欲脫此思想桎檔之限制，勢必創立一套與天人感應背馳之思想體系，如是方可與其「疾虛妄」之爲學宗旨相謀合。

夫王充天道觀之理論，可一言以敝之，曰「自然無爲」。[註11]而其理論建立之方法，即對天道之認知，亦原是依循董仲舒之感覺經驗而立論。然兩人又有個別之差異，蓋董重於抽象思考，以個體之意識型態，塑造一人格化之天道；而王則重於具體形象之比較，憑個體之直覺經驗，以推知一自然無爲之天道。此尤可見諸其對天體之描述。《論衡》〈自然篇〉云：

> 何以知天之自然也？以天無口目也。案有爲者口目之類也。口欲食而目欲視，有嗜欲於內，發出於外，口目求之，得以爲利欲之爲也。今無口目之欲，於物無所求索，夫何爲乎？何以知天無口目也？以地知之。地以土爲體，土本無口目。天地，夫婦也；地本無口目，亦知天無口目也。使天體乎？宜與地同。使天氣乎？氣若雲烟；雲烟之屬，安得口目。

[註11] 《論衡》〈初稟篇〉云：「自然無爲，天之道也。」

據此，王充依個體直覺經驗之立場以觀天地自然無為之型態，如是再衍生出天是氣抑是體之問題。然王充對此一論點頗有置疑之詞，如前〈自然篇〉既肯定天與地同為體，然〈變虛篇〉則云：

> 使天體乎？耳高不聞人言，使天氣乎？氣若雲烟，安能聽人辭？

蓋天之去人遠，以直接經驗論之，誠不如地之近人，此固為王充棘手之一命題，然其理念仍是以天為體。故〈談天篇〉云：

> 儒者曰：天，氣也。……如實論之，天體非氣也。

又〈變虛篇〉云：

> 夫天，體也，與地無異。

於此吾人可洞悉王充以天為體之理論，原根植於對地之認知。如是王充對天之詮釋，亦可於地之概念中獲得理論之基礎。又王充所強力否定之重點，原在於天人之關係。故天地既同體，更適足以說明天人之體不同。是以王充所指，以人有口目，故有欲，有欲則有為；而天無口目，無口目，故無欲，無欲故無為。此一簡單之推論，亦正為其最基本天道自然無為之論證。

再者天地是體，人亦是體，雖各有差異，然天地生化人之一傳統觀念，王充亦不敢逕以否定。而孕化之過程，尤表現其獨特之見解。〈自然篇〉云：

> 天之動行也，施氣也。體動，氣以出，物乃生矣。由人動氣（按當作體）也；體動氣乃出，子亦生矣。夫人之施氣也，非欲以生子，氣生而子自生矣。天動不欲以生物，而物自生，此則自然也。施氣不欲為物，而物自為，此則無為也。儒家說夫婦之道，取法於天地，知夫婦法天地。不知推夫婦之道，以論天地之性，可謂惑矣。夫天覆於上，地偃於下，下氣蒸上，上氣降下，萬物自生其中間矣。當其生也，天不須復與也。由子在母懷中，父不能知也。物自生，子自成，天地父母，何與知哉？

據此，天地孕化人之過程，王充承認祇是基於合氣之結果。而合氣本不具作何意識作用，此即為王充肯定天無為於人之論證。至於取夫婦合氣生子為喻，又似與其天人不同體之先前論證互為矛盾。然又自有其「推夫婦之道，以論天之性」之經驗基礎為前提，如是其天道自然無為之理論亦可藉此而獲得論證之依據。

是以王充依此兩大天道自然無為之論證基礎，進而直接否定天人相應之理論，故〈明雩篇〉云：

> 人不能以行感天，天亦不隨行而應人。

再者依經驗論證，針對譴告、災異原不意味天之作用。故〈譴告篇〉云：

> 且凡言譴告者，以人道驗之也；人道君譴告臣，上天譴告君也，謂
> 災異爲譴告。夫人道，臣亦有諫君，以災異爲譴告，而王者亦當時
> 有諫上天之義，其效何在？

又〈自然篇〉云：

> 夫寒溫、譴告、變動、招致，四疑皆已論矣。譴告於天道尤詭，故
> 重論之，論之所以論別也。說合於人事，不入於道意，從事不隨事，
> 雖違儒家之說，合黃老之義也。

據此，王充對譴告之現象，亦不否認其詭異難知。然仍肯定其爲自然之狀態，絕非天之有爲於人。故〈自然篇〉乃云：「自然之化，固難疑知；外若有爲，內實自然，……自然之道，非或爲之也。」再則王充認爲此種一反天人感應之理論，實違離於儒家，卻契合於黃老之精義。此又尤可顯示王充對儒道本質之見解問題，有其獨到看法。蓋儒家本重人文之精神，天道之問題尚不及多談，而天人感應之理論本原於秦漢儒者採陰陽五行增飾比附之成果，固不足以儒家本然面目視之。然王充自歉於違背儒家之論，如就此點而言，恐或不然。再者是否合於黃老之精義，又是一值得深究之課題。誠然就證明天道自然無爲之基本信念，固屬相類，此殆爲王充一再自信依道家而立論之理由。然而王充表現於對天道之認知，終究與道家差異甚鉅，此又與其處處以經驗爲論證之依據有關。蓋老子依抽象概念以推衍天道之自然觀，天人雖無關係，然人可法天；而王充則隔絕天人之關係，天之意義，祇是一種混沌而不可爲人生依據之天。〔註12〕故王充亦祇得憑藉個體之直覺經驗，推求天道自然無爲之理念。因而如就此點分析，王充之天道觀固屬自然無爲，然與道家所推論之結果，實有相當層次之差別。

總之，王充天道自然無爲之論證，亦不能充分遵循抽象概念而推展。故其理論架構亦終不能完全於形上學有具體實質意義之建樹，此或爲牽執於專力破除天人感應理論之結果使然。然則此些形上概念之探索，亦提供魏晉玄論者一新學術園地。〔註13〕由是王氏對天人感應之基本型態，以其分析檢討之認知，雖無多論及形上概念之思索，卻自有其時代性之重要意義。

〔註12〕見徐復觀《兩漢思想史》卷二頁621，學生書局。
〔註13〕余英時先生亦云：「……王充積極方面之建樹，則在倡道家自然無爲之天道觀，開啓後來王弼何晏輩所謂天地萬物以無爲本之思想。」見余著《漢晉之際士之新自覺與新思潮》頁89，《新亞學報》第四卷第一期。

第二節　兩漢經學思想流弊之檢討

　　經學思想本支配兩漢之學術進展，然漢人談經已非就儒家思想之立場論其本質。因而行之愈久，愈易見其流弊。此所以漢末曹魏之際知識份子大膽捨棄兩漢傳統經學精神，而專意於經學根本內涵及玄論思想之創發。故追究此由經學而至玄論思想之轉變，不可不注意兩漢經學思想之流敝問題。本節歸納之，可就三方面申述。

一、章句之學

　　前章已述，兩漢章句之學本源於家法之成立。然章句之學為何？其煩瑣之影響又如何？

　　《文心雕龍》卷十八〈論說篇〉云：

> 唯君子能通天下之志，安可以曲論哉？若夫注釋為辭，解散論體。
> 雜文雖異，總會是同。若秦延君之注《堯典》十餘萬字，朱普之解
> 《尚書》三十萬言。所以通人惡順，羞為章句。

據此，劉勰對漢人煩瑣注經之檢討，所指「注釋為辭，解散論體」本為漢人章句學之格式。惟今所存漢人章句學之著作已不可多見，其體式如何，誠難詳知。而就史實之記載，尚可窺知其為體系龐大，委曲支派，語多附會，繁而不殺之注經格式無疑。故一部經典若為某人章句一番，則常多可至數十百萬言。《漢書》卷八十八〈儒林・張山拊傳〉云：

> 張山拊子長賓，平陵人也。事小夏侯，為博士，論石渠，至少府。
> 授……信都秦恭延君，恭增師法至百萬言。為城陽內史。

又《後漢書》卷三十七〈桓郁傳〉云：

> 初，（桓）榮受朱普學章句四十萬言。

據此，可知章句之學本為今文經學家利祿之階。說經至數十百萬言，原為鞏固家法所致。然其結果除形式之煩瑣不堪外，亦多各憑私見而昧於經中義理。是以深具古學修養之劉歆尤能指出其流敝，〈移書讓太常博士〉云：

> 往者綴學之士，不思廢絕之闕，苟因陋就寡，分文析字，煩言碎辭，
> 學者罷老且不能究其一藝，信口說而背傳記，是末師而非往古。

劉歆所言正是針對章句之煩瑣及背於經義兩點立論，所言極是。其後班固《漢書》〈藝文志序〉中所論，亦本此說。是以西漢末至東漢，知識份子對章句學之革新，便朝此兩方面作努力。一派則為刪減前人煩瑣之章句字數，而另一派則摒棄章句之學。前者之工作，實自王莽開端。《論衡》〈效力篇〉云：

　　　　王莽之時，省五經章句，皆爲二十萬言。

至東漢知識份子對此項工作之努力，仍繼續進行。如《後漢書》卷三十一〈孔
奇傳〉云：

　　　　（孔）奇博通經典，作《春秋左氏刪》。

又同書卷三十二〈樊儵傳〉云：

　　　　初，儵刪定《公羊嚴氏章句》，世號「樊侯學」。「教授門徒前後三千
　　　　餘人。」

又同書卷三十六〈張霸傳〉：

　　　　初，霸以樊儵刪《嚴氏春秋》猶多煩辭，乃減爲二十萬言，更名《張
　　　　世》學。

據此，孔奇等學人有計劃刪減章句之繁蕪字數，力挽其缺失，然又多礙於時
風之趨勢，故成效多不彰。以致如桓榮雖刪《歐陽尚書》《朱普章句》四十萬
言爲二十三萬言，而其子桓郁復刪爲十二萬言。因之煩瑣之章句，並未獲致
實質之解決，如是蔽塞人心，昧於經書義理之事實，依然存在。此即爲班固、
王充之輩所以一再批擊章句流敝之緣故。〔註14〕故另一派學人遂索性鄙棄章
句之學，而直接探求經中之訓詁大義。如《後漢書》卷二十八上〈桓譚傳〉
云：

　　　　博學多通，編習五經，皆訓詁大義，不爲章句。

又同書卷四十上〈班固傳〉云：

　　　　及長，遂博貫載籍，九流百家之言，無不窮究，所學無常師，不爲
　　　　章句，舉大義而已。

又同書卷九十二〈荀淑傳〉云：

　　　　荀淑……少有高行，博學而不好章句，多爲俗儒所非。

按是輩多博學之徒，墨守一家章句，自非其願。荀淑爲俗儒（章句之學者）
非議，必然之理也。然自是（東漢中葉）以後，章句之學亦多呈現衰微之趨
勢。《後漢書》〈儒林列傳序〉總論之曰：

　　　　本初元年，梁太后詔大將軍下至六百石，悉遣子就。……自是遊學
　　　　增盛，至三萬餘人。然章句漸疏，而多以浮華相尚，儒者之風益衰
　　　　矣。

據此，東漢章句之衰，或與儒生人數之遞增有某種聯帶關係。然章句之煩瑣，

_____

〔註14〕見《漢書藝文志序》及《論衡》卷十二《謝短篇》。

便辭巧說，破壞大體，亦難滿足於知識份子之普遍心態。此項欽點漢末徐幹論之尤精。《中論》〈治學第一〉：

> 凡學者，大義爲先，物名爲後。然鄙儒之博學也，務於物名，詳於器械，矜於詁訓，摘其章句，而不能統其大義之所極，以獲先王之心。此無異乎女史誦師，內豎傳令也。故使君子勞思慮而不知道，費日月而無成功。

按鄙棄煩瑣之注經形式，而直探經中義理之精神，恒爲學術發展由繁入簡之必然趨勢。〔註15〕而反映於漢末知識份子之個別心理，下焉者誠如蔚宗所譏，多以浮華相尙，然上焉者必多究心於學問原理大義之探索。蓋後者之論學精神，正爲開啓魏晉玄論者追求本無理念之根本態度。

二、陰陽災異及讖緯之學

（一）陰陽災異

兩漢經學思想之變遷，原形成於齊魯二學系統之消長。於武帝以前，大體出於申培一派之魯學系統；而武帝以後，則以齊學爲主之另一系統。〔註16〕故漢人論經，實已非單純之儒學之觀點而立論。按齊學之性質，溯自鄒衍善談天，深觀陰陽消息，暢言天人之理；又以推五德轉移災異機祥之術，固其語多閎大而不經。是以兩漢經師一旦襲此餘習，對經學思想之闡發，亦莫不深受影響。近人錢穆云：

> ……如伏生《尚書》，如《齊》、《韓詩》，如《公羊春秋》，及諸家言《易》，大抵皆出齊學，莫勿以陰陽災異推演時事，所謂通經致用是也。漢人通經本以致用，所謂以儒術緣飾吏治，而其議論則率本陰陽及春秋。陰陽據天意，春秋本人事，一尊天以爭，一引古以爭，非此不足以折服人主而自伸其說，非此亦不足以居高位而自安。〔註17〕

〔註15〕 湯用彤《魏晉玄學論稿》云：「大凡世界聖教演進，如至於繁瑣失眞，則常生復古之要求。耶穌新教，倡言反求聖經，佛教經量部稱以慶喜（阿難）爲師。均斥後世經師失教祖之原旨，而重尋求最初之根據也。夫不囿於成說，自由之解釋乃可以興。思想自由，則離拘守經師，而進入啓明時代矣。」（頁90，《魏晉思想》甲篇五種之一，里仁書局）。

〔註16〕 參見曾子友《秦漢經學變遷大勢》《建設雜誌》第二卷第九期頁21。

〔註17〕 引自錢穆「《兩漢經學今古文平議》」頁199～200，《滄海叢刊》。東大圖書公司印行。

據錢氏所言，吾人實可對漢人通經致用觀念作一深刻檢討。夫漢人論事，尤好以經術立論。若陰陽災異觀念一旦恨植人心，援引經典爲依據，姑且不論帶予政治上之良敝意義，其對經學思想之本質影響，亦尤爲值得注意。

誠如錢氏所言，漢人陰陽災異觀念對於經典之影響，原是全面性之趨勢。此或爲經典中不乏可供附會之篇章，如《尙書》有《洪範》一篇；《周禮》有《春官》、《月令》、《禮器》諸篇，《詩經》有《正月》、《十月之交》、《生民》等篇；《春秋》亦多災異之記載，而其中《易》又尤居最有利之關鍵地位。蓋《易》之卦文，本爲象徵之符號，由天道以洞察人事，附會陰陽災異之觀念，最爲簡便。此皆由兩漢經師對經典注解之一般狀況可知。然本節目限於篇幅，不克對當時各經作一系統分析，茲舉《易》爲例，對其於兩漢之流弊及革新過程，稍作一概略陳述。

按《易》之傳授，自孔子授商瞿歷六傳而至田何，〔註18〕再經丁寬而《易》有施讎、孟喜、梁丘賀之別。此三家之學，大抵惟施氏得其正傳，而孟、梁丘多傾向於陰陽災異之說。《漢書》卷八十六〈儒林·孟喜傳〉云：

> 喜好自稱譽，得《易》家候陰陽災變書，詐言師田生且死時，枕喜都，獨傳喜，諸儒以此耀之。

又同卷〈梁丘賀傳〉云：

> 從太中大夫京房受《易》。……會八月飲酎，行祠孝昭廟，先敺旄頭劍挺墮墜，首垂泥中，刃鄉乘輿車，馬驚。於是召賀筮之，有兵謀，不吉。……賀以筮有應，繇是迎幸，爲太中大夫，給事中，至少府。

據此，本陰陽災異之術以說《易》，似始自孟喜。然近人已證實孟喜之前魏相所習之《易》及〈說卦傳〉作者，已有採陰陽五行之術。或孟喜原屬此一派系之相承。〔註19〕影響所及，其後趙賓、京房、高相之輩，多與之呼應，《漢書》〈儒林·孟喜傳〉又云：

> 又蜀人趙賓好小數書，後爲《易》，飾《易》文。……云受孟喜，喜爲之名。

又同卷〈京房傳〉云：

〔註18〕《史記》《儒林列傳》云：「自魯商瞿受《易》於孔子，孔子卒，商瞿傳《易》，六世，至齊人田何字子莊而漢興。」

〔註19〕參見李漢三〈陰陽五行對於兩漢經學的影響易說部份〉《幼獅學誌》第三卷第三期頁61。

京房受《易》梁人焦延壽。延壽云嘗從孟喜問《易》，會喜死，房以
《延壽易》即《孟氏學》。翟牧，白生不肯，皆曰非也。……房以明
災異得幸。

又同卷〈高相傳〉云：

其學亦無章句，專說陰陽災異。自言出於丁將軍。

蓋此種以陰陽災異以比附《易》文，復以五行相生相剋之理牽附人事吉凶之
說法，本屬於久遠以來天人感應說之結果。其原始目的或在於對政事立一客
觀標準，然其流弊適足以造成《易》學之宗教迷信色彩。迨積弊益形明顯，
自不爲知識份子樂於遵循。是以同時期之費直《易學》，乃力排陰陽災異說《易》
之時代舊習。《漢書》〈儒林・費直傳〉云：

費直，……治《易》爲郎，爲尚書令。長於卦筮，亡章句，徒以《彖
象》《繫辭》十篇《文言》解說上下經。

是可知費氏雖無法擺脫《易》之卦筮觀念，然其以〈彖象〉〈繫辭〉十篇〈文
言〉解《易》義，本是一項對易學之革新理念。故其後東漢大儒亦多肯定其
學術價值。《隋書》〈經籍志〉卷一云：

後漢陳元，鄭眾皆傳費氏之學，馬融又爲其傳，以授鄭玄，玄作《易》
注。荀爽又作《易傳》。魏代王肅，王弼爲之注，自是《費氏》大興。

按《費氏》爲古文學，未嘗立爲學官，其能普受大儒所接受，亦不外兩原因：
一者原是擺脫煩瑣之章句，而一者則是能超脫陰陽災異之思想範疇，開闢另一
注《易》方式－以傳解《易》，各從其意以直探《易》之義理。〔註20〕蓋此兩者
均爲古文經學家之基本精神，而後者以傳解經之方式，尤爲鄭玄合《彖象》於
《易》之先聲，實亦導啓其正始年間王弼注《易》之基本信念。

至若其他各經附會陰陽災異，當時大儒若董仲舒、劉向、鄭玄、班彪亦
都據此立說，咸取五行自配天下事物。甚者，強以人事依五行之承運，界定
災異之起源。故兩漢經學思想實已乏先秦人文主義蓬勃之朝氣。由是積弊一
久，自然無法滿足知識份子之普遍心態。是以漢魏間興起之玄論思想，實是
對此陰陽災異說之檢討結果。

（二）讖緯

讖緯之起，由來久矣。至兩漢又獲得帝王之篤信，而實際政務亦與其有
密切之關係。故登用人才，制訂禮樂，正定經義律曆亦莫不以讖緯爲依據。

〔註20〕參見戴君仁〈兩漢經學思想的變遷──易禮春秋〉《梅園論學續集》。

〔註21〕而其中又尤以經義之正定，於學術思想之發展有莫大之影響。《隋書》卷三十二〈經籍志〉云：

> 王莽好符命，光武以圖讖興，遂盛行於世。漢室又詔東平王蒼正五經章句，皆命從讖，俗儒趨時，益爲其學，篇卷第目，轉如增廣，言五經者，皆憑讖爲學。

據此，君王提倡以讖緯入經義，自不可低估其對當時經學思想之影響性。再者，東漢大儒若薛漢、景鸞、賈逵、鄭玄、何休亦均兼習圖讖，或爲緯作注，或據緯釋經，均視讖緯與經典同具相等之學術價值。

《後漢書》〈儒林・薛漢傳〉云：

> 薛漢字公子，淮陽人也，世習《韓詩》。父子以章句著名。漢少傳父業，尤喜災異讖緯，教授常數百人。建武初，爲博士，受詔校定圖讖，當世言詩者，推漢爲長。

同卷〈景鸞傳〉云：

> 景鸞……少隨師學經，涉七州之地，能理《齊詩》、《施氏易》，兼受《河洛圖緯》，作《易》及《詩》解，文句兼取《河洛》，名爲《交集》。

又同書卷六十六〈賈逵傳〉云：

> 帝善逵說，其出《左氏傳》大義長於二傳者，逵於是具奏之曰：……臣以永平中言《左氏》與圖讖合，先帝不遺芻蕘，省納臣言，寫其傳詁，藏之秘府。

又馬融授徒，亦多考論圖緯。而鄭玄注經原多習讖緯之術，其〈戒子書〉云：「遂博稽六藝，粗覽傳記，時睹秘書緯術之奧。」是以康成注經，必多涉及緯書，如注二《禮》，多引《易說》、《書說》、《樂說》、《春秋說》、《禮家說》、《孝經說》，皆緯候也。至若何休亦多採讖緯傳會經典。《後漢書》〈儒林・何休傳〉云：

> （休）又注《孝經》、《論語》、《風角七分》，皆經緯典謨，不與守文同說。

誠然，由以上諸大儒對讖緯之重視，實不難想見當時學術風氣之一般。東漢知識份子雖不乏如桓譚、鄭興、杜尹敏、荀悅、王充諸輩對讖緯之駁斥。但其影響於人心已深，以致漢末經師如馬融、鄭玄、何休亦且無法擺脫此基本

〔註21〕參見夏長樸《兩漢儒學研究》頁43～44，台大中文碩士論文。

理念。由是讖緯之神秘思想，直至漢末猶充塞於經學思想之界域。然一旦漢魏知識份子自覺心態益趨成熟之際，此類神秘思想亦無法調息當時學術思想之發展狀態。是以魏正始年間之玄論者紛紛對此思想理論採取完全鄙棄之態度，而尋求另一哲理思維之論辯。

三、象數之學

　　如前已述，漢《易》自孟喜始有明顯揉合陰陽五行之迹象者。是以近人屈萬里先生曾據《新語》、《新書》、《春秋繁露》、《韓詩外傳》、《淮南子》、《史記》六書所載《易》說二十一事，判定武帝以前之漢初《易》說，大率與〈象象〉、〈文言〉、〈繫辭〉諸傳義同，罕見五行參入《易》說。〔註22〕迨西漢昭、宣之際，災異正盛，孟喜改易師說，由卦象之排列與五行、干支、曆律等數之配合，創發一研究《易》學之數術治學方式，以占驗災異，由是象數之學即由此起。〔註23〕

　　象數一詞之解釋，近人馮友蘭謂：

> 所謂象數之學，初視之，似若一大堆迷信，然其用意，亦在於對於
> 宇宙及其中各方面之事物作一有系統之解釋。〔註24〕

據馮氏之說，但就象數之本義，做一簡單之詮釋而已，實不足以完全概括漢《易》中之象數眞諦。蓋漢《易》之象數，本爲援象以測易辭一字一句之所以然，由其間象與文之比附，演化一系列龐大且複雜之理論架構。而兩漢《易》家中又尤以孟喜、京房、虞翻三大成就最爲卓越，影響亦最深遠，〔註25〕茲分別簡述之。

（一）孟喜：—卦氣說

　　今象數之卦氣，清人惠棟已證諸其爲孟喜所創。〔註26〕其理論架構分卦爻中〈坎〉、〈震〉、〈離〉、〈兌〉爲四正卦，主二十四氣，餘六十卦主一年三

〔註22〕 參見屈萬里《先秦漢魏易例述評》上冊，《學術季刊》第六卷第四期。

〔註23〕 參見屈萬里《先秦漢魏易例述評》下冊——〈漢魏部分〉《幼獅學報》第一卷第二期頁1。

〔註24〕 引自馮友蘭《中國哲學史》頁548，大學叢書坊印本。

〔註25〕 按近人高懷民先生對漢象數《易》之分法爲：「前期占驗派象數《易》」與「後期注經派象數《易》」兩期。孟喜、京房爲前期代表人物；而虞翻爲後期之代表人物。參見高著《兩漢易學史》頁104。

〔註26〕 參見惠棟《易漢學》一〈孟長卿易〉上，《惠氏易學》頁1049～1050，廣文書局。

百六十五又四分之一日，由是復衍生六日七分之說。再者，孟喜以陰陽爻位之進退（陽息坤，陰消乾）創十二消息卦以配合一年十二月之寒暑週期。

（二）京房

象數《易》之推衍，至京房尤有長足之進展，其名目眾多，幾可包羅萬象占驗之學。其理論原以八官卦變，仿效乾坤生六子成八卦之原理，由八卦化生六十四卦爲根本，而繫以納甲（以八卦分納十天干，舉甲以包括十干）、世應（世者，主動之爻，中隔兩爻與世爻相對爲應爻）、飛伏（乾伏坤·坎伏離·震伏巽·艮伏兌之屬）、爻辰（以乾坤兩卦之十二爻配子丑寅卯等十二辰）、互體（一卦中二至五文所成之卦象，二至五爻互結一卦之上下二體）諸名目。

（三）虞翻

虞氏於象數《易》之地位，可謂集大成之人物。推衍象數之界域，實爲孟京以來各家象數之總彙，故其注《易》雜出多方，復自創旁通（每爻陰陽互異之二卦）、卦變（以陰爻或陽爻之諸卦爲一組，其中之辟卦爲主卦，餘卦皆視作由此卦變出者）、半象（未成三畫之卦僅見其二者）、兩象易（以一卦之上下二體互爲更換者）等新義。

由以上三象數《易》家之遞承，吾人實不難察知，漢《易》之演變，愈是後出，名目益多，而理論煩瑣之程度亦愈甚。雖有相應於《費氏易》（前目已述）以傳解經普受馬融、鄭玄、荀爽諸大儒之贊許，然費氏注《易》亦多兼採京、孟之學，以升降、爻辰、消息、納甲之說以釋經。〔註27〕由是費氏雖可擺脫陰陽災異注經之範疇，然尚不能超越象數論《易》之基本格式，此時風之趨勢使然也。再者，漢末管輅雖反對當時注經文字之煩瑣，毅然不立文字，菲薄著述，亦不至鄙棄象數。是以，象數《易》對兩漢經師之影響，原是全面性的現象。

然若依學術成長盛極而衰之必然定律，衡之於象數《易》及於漢末以後之進展過程，亦有相當充分之可驗性。蓋象數《易》自孟喜始，獨尊於兩漢《易》學之領域。然至漢魏之際，此種過於執著一切外在事態（象）而迂曲爲說之治學方式，實已無法滿足於稍具自覺精神之知識份子，而其中荀粲對象意間之懷疑看法，尤值一提。《三國志》〈魏志〉卷十注引何劭〈荀粲傳〉曰：

> 粲字奉倩。粲諸兄並以儒術論議，而粲獨好言道，常以爲子貢稱夫

〔註27〕參見汪惠敏《三國時代之經學研究》頁82～83，漢京文化事業有限公司印行。

　　子之言性與天道，不可得聞，然則六籍雖存，固聖人之糠秕。粲兄
　　俁難曰：『《易》亦云聖人立象以盡意，繫辭焉以盡言，則微言胡爲
　　不可得而聞見哉？』粲答曰：『蓋理之微者，非物象之所舉也。今稱
　　立象以盡意，此非通于意外者也，繫辭焉以盡言，此非言乎繫表者
　　也；斯則象外之意，繫表之言，固蘊而不出矣。』及當時能言者不
　　能屈也。

據此，荀粲對象意間做一深刻之檢討，實有感於當時過於據象立意之學術風氣。
其意見固不必完全針對象數《易》而論，然象數《易》之治學方式，自然非其
所贊許。是以其後王弼斷然鄙棄象數《易》學理論，而改由儒門〈十翼〉義理
以注易，此種革新轉移時風之精神，亦原爲特殊學術背景之刺激使然也。

　　綜上各目所述，誠可知兩漢之經學思想實已至流弊待變之際，雖是兩漢
間不乏一、二知識份子有心謀求革新之方案，然積敝既深之經學思想，斷非
能輕易轉移眾人之耳目。迨至漢魏間知識份子自覺心態日益提昇之結果，既
變之端萌固延續之，而欲變革者則採取斷然反動之態度力矯舊習。由是，吾
人若依此段經學思想由流弊而革新待變之迹象脈絡，實不難察覺漢魏間學術
思想由儒而玄之一脈遞變關係。

第三節　漢末荊州學風之影響

　　漢末天下分崩離析民生困若，而學術思想又正處於積弊待變之際，知識份
子不得不面臨此兩大沉重壓力。而其時荊州一帶提供一良好學術環境，適足以
形成漢魏間學術思想過渡之一線生機。《後漢書》卷七十四下〈劉表傳〉云：

　　初，荊州人情好擾，加四方駭震，寇賊相扇，處處麋沸，（劉）表招
　　誘有方，威懷兼治，其姦猾宿賊更爲效用，萬里肅清，大小咸悅而
　　服之。關西、兗、豫學士歸者蓋有千數，表安慰賑贍，皆得資金。
　　遂起立學校，博求儒術，綦母闓、宋忠等撰立《五經章句》，謂之後
　　定，愛民養士，從容自保。

據此，劉表不特積極穩定荊州安定之局面，尤致力於文教事業，天下文士亦
多歸附之。又《蔡中郎集》中〈劉鎮南碑〉云：〔註28〕

〔註28〕按今本《蔡中郎集》卷三收有〈劉鎮南碑〉一文，然蔡邕死於初平三年（B.C
　　　　192），而此碑有太和二年（B. C 227），上距邕死已有三十五年，故顯然此碑
　　　　非邕所作。

……武功既亢，廣開雍泮，設俎豆，陳罍彝，親行鄉射，躋彼公堂，篤志好學，吏子弟受祿之徒，蓋以千計，洪生巨儒，朝夕講誨，閭闍如也。雖洙泗之間，學者所集，方之蔑如也。深愍末學，遠本離質，乃令諸儒，改定五經章句，刪劉浮辭，芟除煩重，贊之者用力少，而探微知機者多。又求遺書，寫還新者，留其故本。于是古典墳集，充滿州閭。

又《全後漢文》卷九十一錄王粲〈荊州文學記官志〉云：

……乃命五業從事宋衷，新作文學，延朋徒焉。宣德音以贊之，降嘉禮以勸之。五載之間，耆德故老綦母闓等，負書荷器，自遠而至者，三百有餘人。

如右所引兩段資料，可知荊州文風之盛，其所努力者仍為改定經典章句而已。此項努力原為延續東漢以來刪簡煩瑣章句之精神，而其實質意義，本為治學方式轉為學問原理大義之探索，此正所謂「贊之者用力少，而探微知機者多」。是以如宋忠之徒，不特於儒家經典有一番後定之功，而其中最首要者，正為其對《周易》及《太玄經》之注解成就。〔註29〕

近人湯用彤先生視宋衷之《易注》，幾與當時江東（以虞翻、陸機等人為代表）及北方（以鄭玄、荀融等人為代表）成鼎足之勢。且見解最新，甚者江東一帶亦頗受其影響。〔註30〕同時湯先生亦以為荊州派《易注》最新者，或與宋衷同時注意揚雄《太玄》、《法言》有關。唯今宋書已多散佚，其《易注》陸德明《經典釋文》，李鼎祚《周易集解》尚共引四十餘條。今以殘文推之，其言乾升坤降卦氣動降，大體出於荀爽。〔註31〕然李氏《集解》時見宋氏注文，仍可得知其《易》學風格為重義理而兼採象數。茲舉二例以證之：

〈既濟〉初九：曳其輪，濡其尾，无咎。

宋《注》：離者，兩陽一陰，陰方陽圓，輿輻之象也。其一在坎中，以火入水，必敗，故曰曳其輪也。初在後，稱尾，尾濡曳，咎也。得正有應，於義可以危而无咎也。

〔註29〕 《全後漢文》卷八十六「宋衷」條：「衷一作忠，字仲子，南陽章陵人，劉表據荊州辟為五業從事，有《周易注》十卷、《大玄經注》九卷、《法言經》十二卷。」

〔註30〕 參見湯用彤《魏晉玄學論稿》頁129，《魏晉思想》甲篇五種之一，里仁書局。

〔註31〕 參見賀昌羣《魏晉清談思想初稿》頁8，《魏晉思想》甲篇五種之一，里仁書局。

〈姤〉初六：羸豕孚蹢躅。

宋《注》：羸，大索，所以繫豕者也。巽為股，又為進退，股而進退，
則蹢躅也。初應於四，為二所據，不得從應，故不安矣。體巽為風，
動搖之貌也。

《三國志》卷五十七〈虞翻傳〉注引翻別傳云：

翻初立《易注》，……又奏曰：『……若乃北海鄭玄，南陽宋忠，雖
各立注，忠小差玄而未得其門，雖以示也。……。』

虞翻為兩漢象數《易》之集大成者，於荀爽《易》注猶有貶辭，彼鄙薄宋忠
不得其門者，必謂忠兼以義理注《易》之故。又忠小差玄，亦可知宋忠與康
成《易》注於虞氏眼中固有微異耳。

再者，宋忠之《太玄經注》（《太玄解詁》）陸機亦曾輾轉得之，益以訓注，
即今本之《太玄經注》，卷首〈述玄〉云：

夫玄之大義，攤著之謂，而仲子（宋忠）失其指歸，體咎之占，靡
所取定，雖得文間義說，大體乖矣。

據此陸機對宋忠《太玄解詁》之評語，適可知宋忠解《太玄》已捨棄揚雄占
卜象數禍福吉凶之理念，亦即超越數字之概念，而直探宇宙本體與變化之原
理，其所重者在玄之形上義旨。然近人牟潤孫先生尋檢司馬光集註之《太玄
經》，就其中宋氏之注數十條分析結果，云未見有一條義理者，始恍然知陸氏
謂宋忠得文間義說者，指其言訓詁耳。〔註32〕余以為牟氏之論或可稍作採信，
按《太玄》文字古奧難解，忠為訓詁，實為必要之作為。而是否毫無涉及義
理，或有不然。〔註33〕其後王肅、虞翻之輩亦開始注意《太玄》，此莫不與宋
忠有關。《三國志》卷十三〈王肅傳〉云：

肅字子雍，年十八，從宋忠讀《太玄》，而更為之解。

又同書卷五十七《虞翻傳》注引翻別傳云：

……又以宋氏解玄頗有謬錯，更為立法，並著〈明楊〉，〈釋宋〉以
理其滯。

據此兩條資料，誠然可窺知宋忠之《太玄經注》於當時必有相當之學術影響
性。虞氏不滿宋之《太玄經注》，固有學術上彼此對立之關係，然由治象數《易》

〔註32〕參見牟潤孫《論魏晉以來崇尚談辯及其影響》頁21，香港中文大學出版。
〔註33〕按如謂宋氏僅及於《太玄經》之訓詁，是否能致如此崇高之學術影響性，固
　　　有可疑；再者，吾人亦不能排除司馬光是否有因個人不滿意於宋氏之義理，
　　　但取其訓詁之可能性。

而兼及對《太玄》之認知，亦正爲荊州學風間接影響之一例也。至於王肅從宋忠習《太玄》，對其《易》學之觀念或有啓發之作用。惟今所傳王肅《易注》，原爲其父王郎所撰，雖經王肅整理而成，此書視父子之合著，應是學界共識。〔註34〕然其中內容同於鄭康成者特多，與王肅治學「不好鄭玄」之精神相距甚大，是以王肅《易注》中實難察知受《太玄》思想影響之迹矣。然若王肅《易注》中之基本格式——推義理以闡易說——仍可視爲王肅受宋忠《太玄經注》一項啓示之心得，而此心得又正與其後王弼之《易注》有層次上之契合。茲舉數例比較說明之：

如：《頤卦》六二：顛頤，拂經于丘頤，貞凶。

△王肅注：養下曰顛；拂，違也；經，常也；丘，小山，謂六五也。二宜應五，反下養初，豈非顛頤，違常於五也。故曰：拂經于丘頤，拂丘雖阻常理，養下故謂養賢，上既旡應，征必凶矣。故曰征凶。（李鼎祚《周易集解》引）

△王弼注：養下曰顛；拂，違也，經，猶義也；邱，所履之地也。處下體之中，旡應於上，反而養初。居下不奉上而反養下。故曰「顛頤，拂經于邱」也。以此而養，未見其福也；以此而行，未見有與，故曰「頤，征凶」。

如：〈剝卦〉六四：剝牀以膚，凶。

△王肅注：在下而安人者，牀也；在上而處牀者，人也。坤以象牀，艮以象人。牀剝盡以及人身，爲敗滋深，害莫甚焉。故曰剝牀以膚，凶也。（同上）

△王弼注：初，二剝牀，民所以安，未剝其身也。至四剝道浸長，牀既剝盡，以及人身，小人遂盛，物將失身，豈唯削止，靡所不凶。

如：〈損卦〉上九：弗損，益之，旡咎，貞吉，利有攸往，得臣，旡家。

△王肅注：處損之極，損極則益；故曰弗損。益之非旡咎也；爲下所益，故旡咎，據五應三，三陰上附，外內相應，上下交接，正之吉也，故利有攸往矣。剛陽居上，羣下共臣，共曰得臣矣。得臣則萬方一軌，故旡家也。（同上）

〔註34〕參見徐芹庭《魏晉七家易學之研究》肆、〈王肅易注之研究〉頁124～134，成文出版社印行。

△王弼注：處損之中，上兂所奉，損終反益，剛德不損，乃反益之，而
　　　　不憂於咎。用正而吉，不制於柔，剛德遂長，故曰弗損益之，
　　　　兂咎，貞吉，利有攸往也。居上乘柔，處損之極，尚夫剛德，
　　　　爲物所歸，故曰得臣，得臣則天下爲一，故兂家也。

如上所引三條例證，不難窺知王弼誠有祖述王肅《易注》之部份資料。
而其中最爲明顯者，厥在於專意於易理之闡揚，而儘量趨避象數之承襲。是
以張惠言《易義別錄》卷十一云：「王弼祖述王肅，棄其比附爻象者」，實非
虛言。又近人蒙文通《經學抉源》亦稱「此推論若確，則由首稱仲子，再傳
子雍，終有輔嗣，可謂一脈相傳者也。」即謂此一脈漸次自覺於對易理闡揚
之治學態度而言也。

再者，若就家學淵源觀點分析，王弼學術之根源，亦與荊州學派系有密
切之關係。〔註35〕考王弼嗣祖王粲之祖父王暢與劉表爲山陽高平人，同屬漢
末名士，劉表亦曾師事之。及天下大亂，王粲與族兄凱往依荊州劉表。表以
女妻凱，凱生業，業有二子：長曰宏，次曰弼，是王弼固爲劉表之外曾孫也。
其後粲二子被誅絕嗣，魏文帝乃以業爲粲嗣，此又王弼原爲王粲之嗣孫也。
考其家學淵源之關係，亦與王粲之學術思想尤有不可分之連屬性。按王粲本
荊州學派之一員，其學術聲望雖不及宋忠之顯赫，然於荊州時亦頗有著述，《金
樓子》〈雜記篇〉云：「王仲宣昔在荊州，著書數十篇。」又考王粲於荊州之
期間，殆有數十年，雖以貌寢體弱不見重用，但以其善於辯論應機之個性，
對學術活動勢必深具熱衷情致。故其熟悉宋忠之《易注》及《太玄經注》自
屬必然，而其學術觀點亦不無兼備其時學風之色彩。如所著〈荊州文學記官
志〉中對《易》之體認云：

夫《易》惟談天入神致用，故繫稱旨遠辭文。言中事隱。韋編三絕，
固哲人之驪淵也。

此論極稱《易》之玄理，旨遠辭文，言中事隱之說，豈非暗指易中除象數之
外，尚有象外之意，繫表之言哉？故余以爲正始年間王弼注《易》鄙棄象數
之議論，自又有其家學淵源之關係。又王粲集中偶見老莊思想之成份，此或
由於目睹天下亂離局面而興發之慨歎。然受及荊州學人如宋忠好言天道之習
氣影響，並非無關。如〈七釋〉云：

[註35] 此點尤爲近人牟潤孫先生所強調，參閱牟著《論魏晉以來崇尚談辯及其影響》
　　　三、〈王肅與王弼〉一節之論述，頁 10～15，香港中文大學出版。

> 潛虛丈人，違世遁俗。恬淡清玄，渾沌淳樸。薄禮愚學，無爲無欲。
> 均同死生，混齊榮辱。于是口口，大夫聞而歎曰：蓋聞君子不以仕
> 易道，不以身後時，進德脩業，與世同理。今子深藏其身，高栖其
> 志，外無所營，内無所事。（《藝文類聚》五十七）

此潛虛丈人正是老莊思想之化身。惟其下文對潛虛丈人之評語，或不易見其
然否。又〈安身論〉云：

> 蓋崇德莫盛乎安身，安身莫大乎存政，存政莫重乎無私，無私莫深
> 乎寡欲。……然則動者吉凶之端也，語者榮辱之主也，求者利病之
> 幾也，行者安危之決也，故君子不妄動也。……憂患之接，必生于
> 自私，而興於有欲。自私者不能成其私，有欲者不能濟其欲，理之
> 至也。

此則闡揚老莊思想之寡欲無私，安身守靜觀念。可知王粲亦雜有老莊思想之
處世信念，故其後王弼少好老莊而注《老》之事實，實有其家學脈絡可循。

綜上所述，漢末荊州學風實提供一由漢至魏學術思想承轉之重要意義，
而其中又以對《易》學研究之自覺精神，誠爲正始年間玄論思想之基礎。蓋
由煩瑣章句之後定，轉至宋忠、王肅由《易》兼及揚雄《太玄經》之注釋方
式，尤其促使漢魏間學人形上對本體之意義更加重視。如上所舉王弼之學術
淵源關係，即是一顯明例證。如是王弼雖未曾居荊州，然其延續荊州學風之
餘績，固無庸置疑。而王弼爲正始年間最具創發性之玄論思想家，其學術思
想之議論即多本諸荊州學風之理念而漸次革新遞變之結果（此亦可參閱第三
章第二節）。是以漢末荊州學風之影響意義，對於新舊學術思想間之過渡時，
當然是不容忽略的一個關鍵點。

第四節　漢魏佛教思想之刺激

如上各節所論，原是就本土傳統學術思想作一承轉關係之考察，說明魏
晉玄論思想形成前傳統學術背景之一般狀況。至若初期佛教思想經義之內
涵，是否與玄論思想有關，尤爲近世學者議論之焦點。茲列兩家說法如左：

湯用彤云：

> 玄學的產生與佛學無關，……玄學是從中華固有學術自然的演進，
> 從過去思想中隨時演出新義，漸成系統。玄學與印度佛教無關，在
> 理論上沒有必然的關係。易言之，佛教非玄學生長之正因，反之，

佛教倒是先受玄學的洗禮，這種外來的思想才能爲我國人士所接
受。不過以後佛學對於玄學的根本問題有更深一層的發揮。所以一
方面講，魏晉時代的佛學也可以說是玄學。而佛學對於玄學爲推波
助瀾的助因是不可抹殺的。〔註36〕

又張曼濤云：

玄學的產生與佛學無關，只能說在理論上不是直接的交遞，但從當
時佛教傳來的分布情境，和彼此思想型態的近似，不能說沒有間接
的影響。這種間接的影響，不僅是幫助了玄學成長的發展，也無形
中作了初步的結合，此後才使得玄學者的心態，自然地轉向了佛教，
在不知不覺中爲佛學所化，進而爲佛學所用，乃至全成爲佛學的思
想門徒了。〔註37〕

按右所引湯張二氏論證之結果，雖各有立論之歧異處，且張氏尤強調其
觀點，恰與湯氏相反。然吾人實不難察覺二氏之議論亦適有異中謀合之處，
茲歸納爲兩點，以利說明：

1. 兩家對玄佛之交融，同持理論上無直接必然之關係。張氏強調有間接
之影響，而湯氏主佛教非玄學成長之正因。

2. 兩家均不否認佛教對玄學之影響性。湯氏強調，佛教受玄學洗禮後對
玄學理論更深一層之發揮作用；而張氏指明兩項意義，一者爲外緣思想之刺
激作用，一者爲外緣思想之結合成果。

誠然，初期佛教與魏晉玄論思想之關係，原是探究玄論思想外緣學術背
景之一重要課題。湯張二氏之論證，亦各有實質之意義。本節爲使此一課題，
釐清論證基礎之究竟，於初期佛教之內涵與玄論思想之關係，進一步再作分
析。

依近人研究，佛教之傳入中土，原可分兩部分先後而至。先來者爲宗
教性之信仰，後來者厥爲哲學性之教義。〔註38〕以下爲便於說明，茲分二
目說明：

〔註36〕引自湯用彤《魏晉思想的發展》《魏晉玄學論稿》頁136，里仁書局。
〔註37〕引自張曼濤〈魏晉新學與佛教思想之交涉〉《道安法師七十歲紀念論文集》頁
　　　　1～2。
〔註38〕參見張東蓀〈中國哲學史上佛教思想之地位〉《中國哲學思想論集》（兩漢魏
　　　　晉隋唐篇）頁345，牧童出版社。

一、宗教性之信仰

　　如就史實記載，佛教傳入中國，最早當以漢哀帝元壽元年伊存授經一事爲可信，蓋此項記載見於魚豢《魏略》〈西戎傳〉及《三國志裴注》徵引之緣故。〔註 39〕然依事實之合理推論，伊存授經之前，應有佛教傳入，此莫不與西漢武帝以來對西域之經營有關。蓋佛教最初隨商旅使者傳入中土，極屬可能，當時民間或亦有部分人士信奉之，惟以史料短缺，無由得證。至若王公貴族之佛教信仰，可證諸漢明帝永平八年楚王英之齋戒祭祀，《後漢書》卷四十二楚王英本傳云：

> 英少時好游俠，交通賓客，晚節更喜黃老，學爲浮屠齋戒祭祀。……
> 詔報曰：『楚王誦黃老之微言，尚浮屠之仁祠，絜齋三月，與神爲誓，
> 何嫌何疑，當有悔吝，其還贖，以助蒲塞桑門之盛饌。』

據此，楚王英之信奉佛教，原爲齋戒祭祀之儀式，而此又本於對黃老道術之雅好。此或黃老道術言及生死之問題，與佛教之性空及輪廻之理論，頗有類同。〔註 40〕故初期佛教之宗教意義，本依附於黃老道術而推展。是以中土人心，上自王公貴族設祠以祀黃老浮屠，而文人學士對佛教之了解，亦多是附會於老氏之認知。《後漢書》卷三十下〈襄楷傳〉云：

> 又聞宮中立黃老，浮屠之祠。此道清虛，貴尚無爲，好生惡殺，省
> 慾去奢。……或言老子入夷狄爲浮屠，浮屠不三宿桑下，不欲久生
> 恩愛，精之至也。天神遺以好女，浮屠曰：『此但革囊盛血』，遂不
> 眄之，其守一如此，乃能成道。

按襄楷本桓帝時人，擅長陰陽數術，其對佛教之認知，所謂「此道」，「其道」均以清靜無爲好生去欲相提並論。於其觀念，黃老浮屠同屬一轍，甚爲明顯；再者又藉老子入夷狄爲浮屠之說法，企圖會通佛老之相對觀念。由是益可證實，彼時佛教之宗教意義，實與黃老道術維繫一不可分割之關係。此皆爲初期佛教發展之一般狀況。確切言之，桓帝以前佛教雖傳入已久，然仍依傍於道術而推展，僅呈現一單純宗教性之意義而已，其教義實際上不爲一般知識份子所了解。

〔註 39〕 按《三國志》《裴注》引魏魚豢撰《魏略》〈西戎傳〉云：「漢哀帝元壽元年，
博士弟子景盧受大月氏王使伊存口授浮屠經。」其後《世說新語》〈文學篇〉
《劉孝標注》及《魏書》〈釋老志〉亦曾引用此文，惟記載略有出入。

〔註 40〕 參見陳悌賢〈魏晉南北朝的佛教傳播與趨向〉《中國佛教史論集》（一）頁 118，
大乘文化出版社。

二、哲學性之經義

　　佛教經典之傳入中土，史傳明帝時有竺法蘭及攝摩騰二人共譯之《四十二章經》。然此項說法，近人亦多不予採信。蓋是書即使遠出桓帝之前，乃撮取羣經而成，復屢經妄人竄改，實已失其原書之面貌矣。故吾人探究佛教哲學性之經義與中土學術之關係，亦祇得以桓靈帝時西域佛經迻譯大師安世高、支婁迦讖諸人為端啓。

　　按安世高本安息國人，博學經藏，尤精小乘阿毘曇學。漢桓帝建和二年始來中夏，其迻譯佛經之成果，梁僧祐《高僧傳》云：

> 於是宣譯眾經改胡為漢，出《安般守意》、《陰持入大小十二門》及《百六十品》。初外國三藏，眾護撰述經要為二十七章，高乃剖析護所撰七章譯為漢文，即《道地經》是也。其先後所譯經論，凡三十九部，義理明晰，文字允正，辯而不華，質而不野，凡在讀者，皆亹亹不勌焉。

世高本精通小乘與禪經之學者，其所譯經典亦以關於禪法之典籍為主，而《大小安般守意》尤為中土最初盛行之禪法。〔註41〕又靈帝初之支婁迦讖，《高僧傳》卷一云：

> 支婁迦讖，亦又云支讖，本月支人，操性純深，性度高敏，稟持法戒，以精勤著稱，諷誦羣經，志存宣法。漢靈帝時游洛陽，以光和年間，傳譯梵文，出《般若道行》、《般舟》、《首楞嚴》等三經，又有《阿闍世王寶積》等十餘部經。

按支讖所譯經典全系菩薩乘，即後世所分《般若》、《寶積》、《大集》、《華嚴》、《涅槃》五大部之一部分，其重要者《道行般若》，實為《般若經》之第一譯著，為中土般若學之嚆矢。而《般舟》、《首楞嚴》亦是菩薩乘禪經。〔註42〕由是可知支讖之佛學系統本屬大乘之一宗，其啓發吾國人士對佛教之理念，原又在安世高之上。

　　綜言之，漢魏間之佛學實可區分為兩大系；一為安世高所譯諸經之一系，本屬小乘修持之一面，其後安玄之《法鏡經》，康僧會之《六度集經》，又安弟子嚴佛調《十慧章句》均為此　系之重要學人及論述；另　為支讖之般若

〔註41〕參見湯用彤〈四十二章經考證〉《漢魏兩晉南北朝佛教史》頁 23～34，商務印書館。又于凌波〈中國佛教史稿〉三，《菩提樹》第一二五期，頁 18～19。
〔註42〕參見黃懺華〈後漢佛教〉《中國佛教史略》頁 5，木鐸出版社。

系，乃大乘之一宗，弟子支亮及再傳支謙之《維摩》、《明度》等譯經，同為此一系之論述。而此兩系之佛學基本理念，與吾國當時之學術背景，亦不乏有若干符合之基礎，茲又可分述之：

（一）安世高之小乘系

此系之小乘學，《出三藏記集》卷六〈安般注序〉云：「特專《阿毘曇》學，其所出經，禪數最悉。」按《毘曇》者即對法之謂，旨於闡明法數。然佛學名相，當時本難為中土語言文字所易闡說，故不得不以既有之元氣五行以比附人之形上意念。康僧會《六度集經》卷八〈察微王經〉云：

> 深觀人原始，自本無生。元氣強者為地，軟者為水，煖者為火，動者為風。四者和焉，識神生焉。上明能覺，止欲空心，還神本無。因誓曰：「覺不寤之疇」神依四立大仁為天，小仁為人。眾穢雜行，為蜎飛蚑行蠕動之類。由行受身，厥為萬端。識與元氣，微妙難覩。形無系髮，孰能獲把。然其識故稟新，終始無穹矣。王以靈元化無常體，輪轉五途綿綿不絕。

據此，暢言人身原乎元氣之本無狀態，而神識者又生乎元氣之調合，是以兩者固微妙而不易自持。而神識之變化亦繫於內外之情意，故康僧會〈安般序〉云：

> 情有內外，眼、耳、鼻、口、身、心，謂之內矣。色、聲、香、味、細滑、邪念，謂之外也。《經》曰：『諸海十二事』謂內外六情之受邪行，猶海受流，餓夫夢飯，蓋無滿足也。

內外之情意固不易自持，正所謂「意危難護，其妙難制」。是以此系之終極目標，厥在於守意修持下工夫，而守意之方，又在於行安般禪法，此亦安世高所譯之《大小安般守意》，尤為漢魏間此系理論之首要著作也。

再者，此系原為初步迻譯之經義，且正值中土黃老道術盛行之際。黃老道術本著重個人生命修持，亦正可與此系安般守意之禪法相通。故一旦論及安般之效用，莫不與黃老道術守真明性長生成仙之宗旨謀合。如康僧會〈安般序〉又云：

> 得安般行者，厥心即明。舉眼所觀，垂幽不覩。往無數劫方來之事，人物所更，現在諸剎，其中所有世尊法化，弟子誦習，無遐不見，無聲不聞。恍惚髣髴，存亡自由。大彌八極，細貫毛氂。制天地，住壽命。猛神聽，壞天兵。動三千，移諸剎。八不思議，非梵所測。神聽無限，六行之由也。

綜之，安世高系所重心性修養一面，事實上亦無法擺脫宗教意義之道術色彩。如是一經闡述，勢必與黃老道術產生契合之傾向。此固安世高系學者有意比附黃老道術之結果。湯用彤謂「佛教倒是先受玄學的洗禮，這種外來的思想才能爲我國人士所接受」，即以此系發展之一般狀況而論，誠然不虛。

（二）支婁迦讖之大乘系

此系所重固在大乘般若學之造詣。其主旨原強調一切諸法無自體性，亦即非實在存有者，故其理論架構本著意於緣起性空之一觀念。然當時以「本無」一詞迻譯此種思想之理念，實有其時代之意義。支讖《道行經》第十四品〈本無品〉云：

　一切皆本無，亦復無本無，等無異於眞法中本無；諸法本無，無過
　去當來現在；如來亦爾，是謂眞本無。

按支讖所謂本無，即萬法體系離虛妄而眞實之狀態，故云：「本無亦無所從來，亦無所從去」。其後支謙所譯之《明度經》，亦且多言佛亦本無之說。

按「本無」一辭，支讖所迻譯者，或自《老子》「天下萬物生於有，有生於無」之形上以無爲體概念而來。兩者所論思想層次差別甚鉅，然形上意義，若較之當時陰陽黃老道術所恒言之元氣五行，尤更富哲理內涵。蓋支讖所取用之本無，或有企圖透過老子之形上概念，以闡述佛義之迹象。是以此系之哲理性佛義尤正符合吾國玄論思想發展之趨勢。而其中稍涉關係者，乃刻意著力加強老莊體用觀念。〔註 43〕致使前期玄論思想亦莫不朝此方向延展。故證諸正始年間何晏、王弼以道爲虛無之本體，萬物以無爲本之思維實可見其端倪。據《晉書》卷四十三〈王衍傳〉云：

　魏正始中，何晏、王弼等，祖述老莊，立論以爲：『天地萬物以無爲本。無也者，開物成務，無往而不存者也。陰陽恃以化身，萬物恃以成形，賢者恃以成德，不肖恃以免身。故無之爲用，無爵而貴矣。』

蓋以無爲用之觀念，雖淵源於老莊思想，然尤其強調以無爲本之理念，或與支讖系佛義不無間接之關係。

由是吾人誠可斷言，支讖系之迻譯佛經，已大幅度超越安世高系之比附手法，直接取自吾國道家典籍中相類之字眼，資以闡述深義。如支謙譯《大明度經》第一品云：

〔註43〕 參見張東蓀〈中國哲學史上佛教思想之地位〉《中國哲學思想論集・兩漢魏晉隋唐篇》頁 348，牧童出版社。

> 師云：菩薩心履踐大道。欲爲體道，心爲（與）道俱，無形故言空
> 虛也。

此中「體道」、「心與道俱」、「空虛」原爲老莊學中之常用語，而以之註釋佛
經，固爲譯經上之一項創新。然此種援引道家字詞以釋佛經之風氣一旦盛行，
其影響吾國玄論思想之進展，或亦有之，但多祇限於間接促使其時玄論思想
者著意於玄義之延展性及體用觀念，觀前所舉「本無」一例，即是明證。是
以湯用彤以爲「佛教非玄學生長之正因」，然亦不否認佛學對玄學推波助瀾之
功。至若張曼濤尤其強調佛學對玄學之間接影響，兩家議論雖各有些許差異，
但於此佛學與玄學間接關係之解釋，亦可同時接受也。

又漢魏間牟融之〈理惑論〉，尤爲近世學者資以討論漢末佛教思想與吾
國傳統學術之調和現象。雖是書曾一度被疑爲東晉劉宋間人所僞造，然亦多
有學者爲其一一辯解，確認此書出於漢末人牟融。〔註44〕是以〈理惑論〉之
思想內涵亦可視爲漢魏新舊思想間本土與外來學術融合之一關鍵性著作。序
文云：

> 久之退念，以辯達之故，輒見使命，方世擾擾，非顯己之秋也。乃
> 歎曰：老子絕聖棄智，修身保眞，萬物不干其志，天下不易其樂，
> 天子不得臣，諸侯不得友，故可貴也。於是銳志於佛道，兼言老子
> 五千文。

按牟子避難於南方交州，其銳意佛道，兼研老子原不足以代表當時北方之學
術風氣。然張曼濤先生曾根據交、荊二州之地理交通及同爲漢末避難之所兩
項理由，證諸兩州之密切關係，因而斷言：「〈理惑論〉儒釋道三家交會之情
形，必然在荊州也會有此現象。」〔註45〕若張氏之說可據信，則〈理惑論〉
與玄論思想之間接關係或不至於落空。

按〈理惑論〉其思想內涵最大特色，厥在於調合儒釋道三家思想於一爐，
正其所謂「書不必孔丘之言，藥不必扁鵲之方，合義者從，愈病者良，君子
博取眾善以輔其身，子貢云夫子何常師之有。」然對當時盛行之黃老道術責
難尤深。故序中云：

〔註44〕按疑〈理惑論〉爲劉宋間人作品者，如梁啓超、法人馬伯樂、日本常盤大定
　　　　等，而爲其一一辯解者，如周叔迦、胡適、孫詒讓、余嘉錫、湯用彤等人。
〔註45〕參見張曼濤〈魏晉新學與佛教思想之交涉〉《道安法師七十歲紀念論文集》頁
　　　　14～15。

是時靈帝崩後，天下擾亂，獨交州差安，北方異人咸來往焉，多爲
神仙辟穀長生之術，時人多有學者，牟子常以五經難之，道家術士
莫敢對焉。

據此，牟融以五經責難神仙辟穀之黃老道術，正是其對儒學本質之堅持。再
者佛教經由此一層淨化黃老道術之成份，進而與道家思想一經調合之結果，
遂成爲佛學與玄學合流之濫觴。〔註46〕如釋佛云：

佛乃道德之元祖，神明之宗緒。佛之言覺也。恍惚變化，分身散體，
或存或亡，能大能小，能圓能方，能老能少，能隱能彰，蹈火不燒，
履刃不傷，在污不染，在禍無殃，欲行則飛，坐則揚光，故號爲佛
也。

又釋道云：

道之言導也。導人致於無爲。牽之無引，引之無後，舉之無上，抑
之無下，視之無形，聽之無聲。四表爲大，綩綖其外，毫釐爲細，
間關其內，故謂之道。

按此牟子對佛與道之詮釋，理念架構如出一轍。蓋其間雖無必然之關係，然
佛之變化無端，猶道之無形無聲，此兩者固玄虛而不可察覺。論佛乃道德之
元祖，神明之宗緒者，係自老子與道一體之觀念而來；〔註47〕至若牟融釋道
特強調無之特性，正說明其道家思想已融有般若之傾向。

如是牟融調合佛儒道三家思想之努力，其中與玄論思想關係最爲密切
者，實有兩點頗值一提。一者倡導佛教思想之玄論化論述事實，造成其後佛
教與玄論思想合流發展之特殊現象；而另一者則又刺激前期玄論者自覺於儒
道兩家思想之融合心態，如正始年間，何晏王弼既一面究心於玄論思想之闡
述，亦同時援引儒家首要經典——《論語》，資以做一融合儒道兩家思想之嘗
試。由是吾人可知漢魏間牟融〈理惑論〉調合三家思想之理念，其影響玄論
思想發展之趨勢，可謂有其深遠之實質意義。

〔註46〕參見蔣維喬《中國佛教史》頁34，鼎文書局印行。
〔註47〕湯用彤先生據〈漢邊韶老子銘〉：「老子先天地而生」及「老子離合於混沌之
　　　　氣，與三光爲終始。」謂「老子與道，亦一而非二，與牟子所言佛爲道德之
　　　　元祖，旨趣相符也。」見《漢魏兩晉南北朝佛教史》頁106，商務印書館。

第三章　曹魏西晉時期玄論思想之內涵

　　如前兩章論述，玄論思想基於政治社會及學術演化之背景，及至魏正始年間，實已形成一股巨大之學術思潮。先是何晏王弼正式提出老子「天地萬物生於有，有生於無」之基本理念，建立其思想體系之架構。由是兩漢以來天人感應之學術思想即告瓦解，而魏晉玄論思想即代之而起矣。

　　就一般而論，曹魏西晉時期玄論思想之論述，乃可略以正始十年別爲前後兩期。前期之正始時代，原以發揮《老子》《周易》之思想爲主流，其時之代表人物爲王弼及何晏；後期自嘉平以後，則多爲轉入《莊》學闡述之風氣，故此時期之阮籍、嵇康、向秀、郭象諸輩無不依莊子思想以推衍其玄論之體系。如是玄論思想之主要內容－《易》、《老》、《莊》（三玄），此時期可謂兼而賅之矣。

　　再者，此時期玄論思想之內涵，前期之發展乃呈顯一以道附儒之特色，蓋此或由何晏王弼雖極力闡發玄論思想，然亦兼及《論語》《周易》之注解，即可知矣。而後期之玄論思想則又轉爲兩大特色：其一爲阮籍嵇康之「任自然而毀棄名教」，其二爲向秀郭象之「自然與名教爲一」。

　　本章即循此時期思想理念之脈絡，分析各家玄論思想之理論架構，庶幾於此一時期玄論思想之進展演化有一概略之認識。茲以五節分別論述。又此期之裴頠著《崇有論》，雖其目的固在糾正時風，駁斥王何諸人，然以其論證之基礎，亦建立於玄論思想之「有」「無」理念，故別立一節討論。

第一節　何晏之玄論思想

　　如以魏晉玄論思想討論課題之先後，有無之觀念勢必首當提及。蓋此乃道家思想之根本理念也。而何晏之玄論思想即代表此一理念自覺之端萌。《世說新語》〈文學篇〉第七條云：

> 何平叔注《老子》始成，詣王輔嗣；見王注精奇，迺神伏曰：『若斯人，可與論天人之際矣！』因以所注爲《道德二論》。

按「《道德二論》」《魏志》〈曹爽傳〉及《世說文學篇》第十條並作「《道德論》」。此《道德二論》與《道德論》，不知爲一書或爲二書，今已散佚，實不可考。唯張湛《列子注》卷一〈天瑞篇〉尚見其《道論》之部分文字：

> 有之爲有，恃無以生，事而爲事，由無以成。夫道之而無語，名之而無名，視之而無形，聽之而無聲，則道之全焉。故能昭音嚮而出氣物，包形神而彰光影。玄之以黑，素之以白，矩之以方，規之以圓。圓方得形，而此無形；白黑得名，而此無名也。

據此，何晏乃發揮老子「天地萬物生於有，有生於無」之基本觀念。唯道是「無」，故道之全在無語、無名、無形、無聲者，即是對形上之道體，做外延之描述。蓋此或爲晏對《老子》第十四章：「視之不見，名曰夷；聽之不聞，名曰希；搏之不得，名曰微。此三者，不可致詰，故混而爲一」之形上道體本無性質之經驗理解。如是，道之形上意義即脫離兩漢以來宇宙論之纏繞，而據此以告確定。〔註1〕一則其化生萬物，含容眾象之作用，乃本此形上之道體，而推衍無窮；另則道體既爲形上之意義，則一切萬象之形名，固不爲其所執著。然則，其與有之關係如何？晏〈無名論〉云：（引自張湛《列子注》卷四〈仲尼篇〉）

> 夫道者，唯無所有者也。自天地以來，皆有所有矣，然猶謂之道者，以其能復用無所有也。故雖處有名之域，而沒其無名之象。……夏侯玄云：『天地以自然運，聖人以自然用』。

按何晏之理解，宇宙本體是道，固爲本無之狀態，而宇宙所呈顯之一切現象，既爲萬有之存在。然則兩者之關係，本一脈而不可分離，是以何晏推原宇宙生化之過程，即假設其爲無所有之作用者，乃是解決道在萬有既生後之存在問題。〔註2〕故萬有雖有，亦無不遵循歸無之路數。由是宇宙萬有現象之運轉，

〔註1〕參見勞思光《中國哲學史》第二冊頁159，三民書局。
〔註2〕參見何啓民《魏晉思想與談風》頁79，學生書局。

不唯是一種返本之工夫，且是一項寂靜無爲虛柔謙和（自然）之呈顯。〔註3〕
而「無」「無爲」（自然）遂可由道之一面而呈顯爲體用兩層關係之意義。如
就體論，道體本無，自具其最高之形上意義，有、事之生成固依無而完備，
即天地萬物亦莫不以無爲本；〔註4〕則就用論，道體無爲之運化本爲自然，即
天地生化亦莫不依自然而運轉。如是即順推之於人事，乃爲聖人體驗天道之
自然觀念。〔註5〕然則聖人體驗天道自然者何？晏乃由道本無名之一觀點，衍
化其聖人無名之論證。《無名論》云：

> 爲民所譽，有名者也。無譽，無名者也。若夫聖人，名無名，譽無
> 譽，謂無名爲道，無譽爲大，則夫無名者可以言有名矣，無譽者可
> 以言有譽矣。然與夫可譽可名者，豈同用哉？此比於無所有，故皆
> 有所有矣。而於有所有之中，當與無所有相從，而與夫有所有者不
> 同，同類無遠而相應，異類無近而不見違。譬如陰中之陽，陽中之
> 陰，各以物類，自相求從。夏日爲陽而夕夜遠，與冬日共爲陰；冬
> 日爲陰而朝晝遠，與夏日同爲陽；皆異於近而同於遠也。詳此異同，
> 而後無名之論可知也。……自然者，道也；道本無名。故老氏曰：『彊
> 爲之名』；仲尼稱『蕩蕩無能名焉』下云：『巍巍成功』，則彊爲之名，
> 取世所知而稱耳，豈有名而更當云無能名焉者耶？夫唯無名，故可
> 得徧以天下之名名之，然豈其名也哉？

是可知何晏之所謂聖人無名者，乃無由稱譽之名也。聖人既體道之無名，則
聖人亦無名無譽，唯其無名無譽，故可以爲道，亦可以無大，可以天下之名
名之，亦可以天下之譽譽之。然則「無名」「無所有」固可與「有名」「有所
有」依同遠相應及異近見違之分辨而對立。〔註6〕由是無名者，依道體言，乃
道之大而莫能名；依聖人言，其消極意義固爲不尙名，則其積極意義乃在於
不尙虛名而尙實功也。然自有天地以來，即屬有名之域，故聖人之實功，本
欲無名亦不可得，強名之耳，即所以曉世流俗也。是以堯雖強爲之名，乃取
世所知而稱耳，若堯之事功布德廣遠，實無可名之以稱譽矣。故彼推許王弼

〔註3〕　參見林顯庭《探究天人的魏晉思想》，《鵝湖月刊》第一卷第七期，頁25。
〔註4〕　按《晉書》卷四十三《王衍傳》云：「魏正始，何晏，王弼等祖述老莊，立論
　　　　以爲天地萬物皆以無爲爲本。無也者，開務成物，無往而不存者。……。」
　　　　此「天地萬物皆以無爲爲本」，依下文「無也者」，當刪一爲字。
〔註5〕　參見容肇祖《魏晉的自然主義》頁10，里仁書局。
〔註6〕　參見韋政通《中國思想史》頁632，大林出版社。

可與言天人之際，又以所注《老子》爲《道德二論》者，其意義自必同於天人之論。而天道既不可名狀，則人君爲道配天，自應寓其事功於無名無譽之中，斯乃爲大。〔註7〕蓋此乃爲何晏由老子道之形上意義過渡於人君政論之理論基礎。

至若何晏注解經典所反映之玄論思想者，其《周易易解》今已散佚，惟《正義》引其一條，《集解》引其二條，《義海》引其一條。然《義海》所引據近人考證結果，乃係何妥《講疏》誤題者。〔註8〕而另外三條，除與馬融、鄭玄、荀九家、子夏《易傳》及虞翻《易注》相近外，〔註9〕殊難窺其玄論思想之端倪。茲不論述。若其《論語集解》爲《十三經注疏本》之底本，蓋爲彼平生唯一完整之作。是書語簡語約，一洗兩漢訓詁章句繁瑣之弊，可謂要言不煩者。古人注書，其學術思想多寓其間。晏之《集解》，殆亦如是。《論語義疏》〈解經序〉云：

> 今集諸家之善而成，記其姓名，有不安者，隨爲改易，名曰《論語集解》。

是書雖爲集解，所引孔安國、馬融、鄭玄、包咸諸家之注，皆明引其姓氏。而何晏個人之解說，乃不載某人曰。可見《集解》之作，亦有新義。即依此條例，吾人實可就《集解》中頗涉玄義者，援之以會通其玄論思想。茲舉數例說明之：

> 《爲政》第二：「子曰：爲政以德，譬如北辰，居其所而眾星共之。」
>> 何注引包咸云：「德者，無爲。猶北辰之不移而眾星共之。」

> 《公冶長》第五：「子貢曰：夫子之言性與天道，不可得而聞也。」
>> 何注引包咸云：「性者，人之所受以生也，元亨日新之道深微，故不可得而聞也。」

> 《雍也》第六：「仁者樂山」
>> 何注云：「仁者樂如山之安固，自然不動，而萬物生焉。」

> 《述而》第七：「志於道」
>> 何注云：「志，慕也，道不可體，故志之而已。」

> 《子罕》第九：「吾有知乎哉？無知也。」

〔註7〕 參見湯用彤《魏晉玄學論稿》頁130，里仁書局。
〔註8〕 參見黃慶萱《魏晉南北朝易學書考佚》頁231，幼獅文化事業公司。
〔註9〕 參見徐芹庭《魏晉七家易學之研究》頁291～292，成文出版社。

何注云：「知者，知意之知也，知者言未必盡，今我誠盡。」

《先進》第十一：「子曰：回也其庶乎，屢空，賜不受命，而貨殖焉，億則屢中。」

何注云：「……一曰：屢，猶每也；空，猶虛中也。以聖人之善道，教數子之庶幾，猶不至於知道者，各內有此害。其能庶幾每能虛中者，唯回懷道深遠，不虛心不能知道。子貢雖無數子之病，然亦不知道者，雖不窮理而幸中，雖非天命而偶富，亦所以不虛心也。」

《憲問》第十四：「子曰：不怨天，不尤人，下學而上達，知我者其天乎！」

何注云：「聖人與天地合其德，故曰唯天知已。」

《衛靈》公第十五：「予一以貫之。」

何注云：「善有元，事有會，天下殊塗而同歸，百志而一慮，知其元則眾善舉矣，故不待多學而一知也。」

《季氏》第十六：「畏聖人之言。」

何注云：「深遠不可易知測，聖人之言。」

據以上所引各例，可知何晏《論語集解》頗雜玄虛之語以闡釋儒義者。彼不唯援引〈易傳〉（如釋性與天道，吾有知乎哉，知我者其天乎，一以貫之諸條），且多用《老子》道之玄義。故其以道為微妙玄通，深不可識之形上意義者，似與先秦儒家倡言道之普遍性質者或有不同。蓋儒家或因孔子罕言性與天道，形上理論架構之發展本欠缺完整之體系。故溯自兩漢以來，言玄者若揚雄、王充之輩即莫不以《易》《老》為準據。及至正始年間，何晏用之以闡釋儒義者，乃欲以擴充儒學形上之本質與重建聖人之形象也。

故彼將儒道玄化之，而為一深微玄妙之形上意義，即徹底擺脫先秦兩漢以來儒道之質實與經驗性質。如是道乃不可體亦不可知之物。以其不可體，故但志之而已。志者，在心向慕者也。心既向慕於道，自必以道為度而不任意，唯道是從而不有其身。如是懷道深遠虛心其中，庶幾知道矣。復以其不可知，則當非經驗可求，故知者乃為知意之知，知其元者方得以眾善舉矣。然唯以其為知意之知，自不待盡言而後知，且以其為眾善之元，則知一（形上之一）亦所以貫道可也。故晏云：「不待多學而一知」者，其理至矣。再者，晏之論聖人之形象，乃從合天地之德將其玄化之，故不惟聖人治世之方無為，

而天下萬物生焉，即聖人之言亦不可易知測者，此或其有意轉化儒家聖人之形象爲道家之理想人格乎？

　　誠然《論語》既經何晏闡釋之結果，一則儒道之形上本質即爲玄理所取代，一則儒家聖人之理想形象，亦變質爲道家之人格。蓋此以道釋儒之注經方式，確爲泯沒儒學之眞精神，以致近人乃有據此徹底駁斥其學術價值者。〔註10〕然則晏之《集解》雖爲以道釋儒，而亦多有自然天成之妙。故儒學之形上概念若透過其玄理之理解，尤能獲得一簡明切要之認知。是以其後朱熹處理儒學之形上意義者，仍頗仿效晏之注經方式，兼融玄義，但終有不及晏之成就。〔註11〕由是吾人可知晏之《論語集解》固有功於啓導後人對儒學更深一層之認識，而是書被選爲《十三經注疏》之底本，自有其特殊之實質意義也。

第二節　王弼之玄論思想

　　正始年間玄論思想本以天人之學爲宗旨，此由何晏對王弼之贊譽，固可見其端倪。蓋其時學術之領袖本當推何晏，而王弼乃應時運而起之新秀者。唯以晏之論述散佚者多，除《論語集解》外，誠難窺其玄論思想之整體。然弼之論述傳世者多，除《老子注》、《周易注》、《周易略例》及《老子指略》佚文外，尚有《論語釋疑》一書之片段文字尚保存於皇侃《論語義疏》及邢昺《論語正義注疏》中，此些豐富資料適足以提供吾人對其玄論思想之剖析。再則，據時人之毀譽及其與何晏聖人無情論觀點之對異，實不難洞悉王弼於正始年間頗能卓然成一家之玄論思想者。是以其學術之成就，亦終不失爲當時玄論思想之代表著述。本節茲以彼對《老》學、《周易》學及《論語》學之觀念闡述，別爲三目敍之如左：

一、老學觀念之闡述

　　王弼對《老》學之造詣，殆與其年少即沉潛此書有關。《世說新語》〈文學篇〉注引〈弼別傳〉云：

　　　　弼字輔嗣，山陽高平人。少而察慧，十餘歲便好《莊》《老》。通辯
　　　　能言，爲傅嘏所知。……弼事功雅非所長，益不留意，頗以所長笑

〔註10〕按執此一觀點甚激烈者，如戴君仁先生。參見〈王弼何晏的經學〉，《孔孟學報》第二十期，頁36～37。

〔註11〕按此一觀點可參考韋政通先生對論語「性與天道」及「一以貫之」何晏與朱熹注解之分析。見《中國思想史》頁627～628。

人，故為時士所嫉。又為人淺而不識物情。……。

據此，王弼除少好《老》《莊》外，以其通辯能言，析理立論之智性優點，於治《老》學必能建立一套理論體系架構。再者，因不識物情，彼於《老》學之形上玄義特又體會尤深。〔註12〕

　　《老》學之基本精神本重形上玄義之推衍，而王弼所體會者即在此一層面之理解。其中蓋以體用一原之觀念為其玄論體系之主幹。《老子》三十八章注云：

　　　德者，得也。常德而無喪，利而無害，故以德為名焉。何以得德？
　　　由乎道也；何以盡德？以無為用。以無為用，則莫不載也。故物，
　　　無焉，則無物不經；有焉，則不足以免其生。是以天地雖廣，以無
　　　為心，聖王雖大，以虛為主。故曰：以復而視，則天地之心見；至
　　　日而思之，則先王之至覩也。

此注通過道與德之理解，以「道」「無」為萬事萬物之本體，一切德之得與用莫能離道與無而運作。蓋道是超越之體，德為內在之用，道固是無，而德則為有，〔註13〕兩者本有不可分割之絕對關係。王弼則以體用一原之觀念貫通之，由是道與德即成為萬事萬物所由所得之一端。故《老子》五十一章「萬物莫不尊道而貴德」注云：

　　　道者，物之所由也；德者，物之所得也。由之乃得，故不得不尊，
　　　失之則害，故不得不貴。

尊道貴德本為老子對萬物生化前後間之肯定，而王弼乃透過體用一原之理解，道德間之關係至為明確。然彼又尤有貴體之傾向，而體若以「無」為本，則貴體自須經由反本（復）之過程以呈顯。故《老子》四十章「反者，道之動」注云：

　　　高以下為基，貴以賤為本，有以無為用，此其反也。動皆知其所無，
　　　則物通矣。

又同章「天下萬物生於有，有生於無。」注云：

　　　天下之物，皆以有為生。有之所始，以無為本。將欲全有，必反於
　　　無也。

此兩注王弼並不否認萬物以有為生。然有之所始須以無為本者，原在排除一

〔註12〕參見《中華文化百科全書》第一輯第三章《玄學》，頁855，黎明文化事業出版社。
〔註13〕參見王邦雄《老子的哲學》頁50，東大圖書公司。

切存在屬性之歸納結果。此一層關係之解釋，即近人牟宗三先生所謂「不著之宇宙論」（即非以客觀施以積極之分解與構造之謂也）。〔註14〕故此不著之宇宙論雖無客觀具體之解析，而卻意含主觀抽象之境界，此所以王弼所理解宇宙萬事萬物之生化，乃依自生自成之原則也。故彼注老子除多言體用一原及以無爲本之理念外，尤喜用「因任」一義。如二十九章「不可爲也，爲者敗之，執者失之。」注云：

> 萬物以自然爲性，故可因而不可爲也。可通而不可執也。物有常性，而造爲之，故必敗也。物有往來，而執之，故必失矣。

又第五章「天地不仁，以萬物爲芻狗」注云：

> 天地任自然，無爲無造，萬物自相治理，故不仁也。……無爲於萬物而萬物各適其所用，則莫不贍矣。若慧由已樹，未足任也。

今按因任二字，本不見於《老子》書中。而王弼以因任爲說，乃在肯定萬物之順道自得。是以彼注《老子》第五十一章「道生之，德畜之，物形之，勢成之。」尤頗能道出宇宙生化之自然本質：

> 物生而後畜，畜而後形，形而後成。何由而生？道也。何得而畜？德也。何因而形？物也。何使而成？勢也。唯因也，故能無物而不形；唯勢也，故能無物而不成。凡物之所以生，功之所以成，皆有所由。有所由焉，則莫不由乎道也。故推而極之，亦至道也。隨其所因，故各有稱焉。

此《老子》本文四語之注解，乃王弼對宇宙萬物生畜形成四階段過程之推衍。前二者本屬形上道德之生畜，故具有超越萬物形質之本體意義，而後二者之形成即爲宇宙生化過程間之一般原則（萬物各因主觀之本性與客觀因素構成個別獨特之存在）。故弼所指出「因」「勢」之兩論點，乃爲此一宇宙生化原則之詮釋。然物之所以生，功之所以成，皆有所由，則又可由生成問題，還原於道體之問題。如是物之所生即由「因」「勢」之原則而形成，亦不過道體之呈顯而已。

是以依「因」「勢」之宇宙生化原則，推廣於社會政治之構想，亦所以期待統治者因順民性。捐棄一切統治手段，不要有所作爲，而使百姓反歸於抱樸寡欲之狀態，方爲上乘。故《老子指略》云：

> 故竭聖智以治巧僞，未若見質素以靜民欲，興仁義，以敦薄俗，未

〔註14〕參見牟宗三《才性與玄理》頁162，學生書局。

　　　　若抱素樸以全篤實；多巧利以興事用，未若寡私欲以息華競。

此王弼因任反樸之政治理想，誠然完全契合老子「自然無爲」之政治哲學。
蓋因任反樸即順導民性之自然本質，而不須加諸人爲造作（竭聖智、興仁義），
常使民無知無欲之謂。由是一切政治弊端之革新乃以崇本爲極致。故《老子
指略》又云：

　　　　故不攻其爲也，使其無心於爲也；不害其欲也，使其無心於欲也。

　　　　謀之於未兆，爲之於未始，如斯而已矣。

蓋「使其無心於爲」「使其無心於欲」「謀之於未兆，爲之於未始」，乃是「崇
本」一觀點所得之論證結果。由是彼形上哲學「以無爲本，反本爲用」所推
衍「因任」之觀點，即正是期於謀合政治上君民間理想之關係也。蓋此一套
由形上哲學所衍化之政治理想，乃爲繼何晏倡舉聖人無名論後，另一更具完
備之思想體系。雖大多脫化於老子無爲之政治哲學，然其間理論關鍵，即又
是王弼從《老》學思想體系中抽繹其「因任」之理念，作爲其玄論思想之基
礎。此固吾人治其學術思想所不得不知也。至若王弼於《周易》及《論語》
之體認，亦頗可見其玄論思想之一斑，如下再分論之。

二、周易學觀念之闡述

　　王弼之易學與荊州學風本有淵源之關係，此固不爭之事實。蓋漢末學術
發展之大勢，《易》學之研究原爲經典中最富創發性之一課題。其時大家如馬
融、鄭玄、荀爽、管輅、虞翻諸人皆有卓越之成就，各執象數之一端以成其
一家之言論。然其間煩瑣之衍化已多有不可究極之流弊。迨宋忠、王肅起，
注《易》時乃鑑於時弊，除略採象數之說外，乃多有兼融義理之傾向。由是
王弼之徒即臨此象數易學盛極待變之關鍵地位。遂一反象數之論《易》而歸
向於義理之闡發。然以其對老學之精湛造詣，《易》注中實不乏《老》學思想
之成份，殆彼或有意融合《易》《老》之思想於一爐也。故吾人探究王弼《周
易》學觀念之闡述，除對其《易注》中反象數之義理認知外，實又可就其援
《老》入《易》之觀點分析之。

　　夫《周易》固長於變理。而經之卦辭爻辭本多卜筮詞句，故所涉及於義
理者蓋寡。迨秦漢間儒者之〈十翼〉出，《易》中義理始臻周備。然西漢宣帝
後象數日盛，說《易》者莫不依曆象以立意，且紛採陰陽四時五行之成說。
由是〈十翼〉之學不彰，而《易》中義理遂泯。及至王弼崛起，即依其對言

象與意之認知，提出反對象數之議論。《周易略例》〈明象〉云：

> 夫象者，出意者也。言者，明象者也。盡意莫若象，盡象莫若言。言生於象，故可尋言以觀象，象生於意，故可尋象以觀意。意以象盡，象以言者，故言者所以明象，得象而忘言；象者所以存意，得意而忘象。猶蹄者所以在兔，得兔而忘蹄，筌者所以在魚，得魚而忘筌也。然則言者象之蹄也，象者意之筌也。是故，存言者，非得象者也；存象者，非得意者也。象生於意而存象焉，則所存者乃非其象也，言生於象而存言焉，則所存者乃非其言也。然則忘象者乃得意者也，忘言者乃得象者也。得意在忘象，得象在忘言，故立象以盡意，而象可忘也，重畫以盡情，而畫可忘也。

按言象與意之關係，〈易傳〉中即表現兩種觀點。〈繫辭上傳〉第十二章云：「子曰：『書不盡言，言不盡意，則聖人之意其不可見乎？』」。子曰：『聖人立象以盡意，設卦以盡情偽，繫辭焉以盡其言，變而通之以盡利，鼓之舞之以盡神。』」。蓋言象與意間之矛盾性，本存諸語言文字與思想意念間之傳達效果問題。語言文字之功用本在區別事類，而區別事類乃相對而非具有絕對性，由是絕對性之原理價值，固非語言文字所能確切顯示。〔註15〕然語言文字又原為思想情意唯一傳達手段，捨此即無由可循。是以王弼處理此一矛盾性之命題，言象與意之關係，亦僅能依手段與目的之先後本末做一明確之說明與解析。傳達之目的固在意，則言象之存在價值乃盡於意而已。是以言象與意間之相對價值實不得不建立於不即不離之一「忘言忘象」工夫，以肯定其得意得象之絕對意義。再者，觀王弼於忘言忘象所舉「得兔忘蹄，得魚忘筌」之一例，乃語本《莊子》〈外物篇〉。由是吾人亦略可窺知其對老莊之言意觀實有深刻之體會，而導致其對《易》象之所持之獨有觀點。按〈繫辭上傳〉所云：「書不盡言，言不盡意」者，或語出孔子，然並無發揮言不盡意之玄義；但老莊所恆言者，尤在於忘言之妙用。〔註16〕史載王弼少好老莊，勢必會心於此一觀點之理解。是以論《易》象所提忘言忘象之議論，亦適足以說明彼對《易》學觀念之闡述，與老莊玄論思想之關係，實不無迹象可循。故近人湯用彤先生亦云：

〔註15〕參見賀昌羣《魏晉清談思想初稿》頁13，里仁書局。
〔註16〕此一觀點可參閱王煜《老莊思想論集》頁473～476，所引《老》《莊》書中忘言得意之諸例，聯經出版事業公司。

　　忘言忘象，不但解釋經籍之要法，亦且深契於玄學之宗旨，玄貴虛
　　無，虛者無象，無者無名，超言絕象，道之體也，因此本體論所謂
　　本體之辨，亦即方法上所稱言意之別。〔註17〕

湯氏此一觀點甚有見地。蓋體用之辨，言意之別雖各有不同層次之差異。然
所據根本之思路理念終是同一架構。由是王弼於言象與意之認知，實又可以
體用之本末關係得以理解。故《周易略例》〈明象〉又云：

　　是故觸類可為其象，合義可為其徵。義苟在健，何必馬乎？類苟在
　　順，何必牛乎？爻苟合順，何必坤乃為牛，義苟應健，何必乾乃為
　　馬？而或定馬於乾，案文責卦，有馬無乾，則偽說滋漫，難可紀矣。

「觸類可為其象，合義可為其徵」，即謂意者是體而為本，言象屬用而為末。
體者唯一而用者多途，必也執意以賅言象，守其本體而統其末用。反之，則
必偽說滋漫而自亂其紀。是以王弼復再次衍生其「執一御眾」之觀念，《周易
略例》〈明象篇〉云：

　　夫眾不能治眾，治眾者，至寡者也。夫動不能制動，制天下之動者，
　　貞夫一者也。故眾之所以得咸存者，主必致一也。動之所以得咸運
　　者，原必無二也。物無妄然，必由其理。統之有宗，會之有元。故
　　繁而不亂，眾而不惑。……故自統而尋之，物雖眾，則知可以執一
　　御也；由本以觀之，義雖博，則知可以一名舉也。故處璇璣以觀天
　　運，則天地之動未足怪也；據會要以觀方來，則六合輻輳未足多也。

據此，王弼於《易》簡之真諦頗有深刻之體會，誠所謂「《易》簡而天下之理
得矣。」然其理論基礎之架構，實在於對《老》學「執一」觀念之運用。彼
注《老子》三十章「得一」云：

　　一，數之始而物之極也。各是一物之生，所以為主也。物皆各得此
　　一以成，既成而舍以居成。

斯所謂「貞夫一者」，如以卦言，即指其中起主導作用之一爻；而泛言之，則
為絕對靜止之本體。〔註18〕唯本體是一，故能統治萬有紛雜之現象。而「執
一以御眾」者，即萬物循一必然之理以運作也。是以觀其釋《大衍》一義，
亦止為此一埋念之論證說明。《周易》卷七〈繫辭〉韓康伯注「大衍之數五十，
其用四十有九」引王弼注云：

〔註17〕參見湯用彤《魏晉玄學論稿》頁28～29，里仁書局。
〔註18〕參見樓宇烈《王弼集校釋》頁592，華正書局。

> 演天地之數，所賴者五十也。其用四十有九，則其一不用也。不用
> 而用之以通，非數而數之以成，斯易之太極也。四十有九，數之極
> 也。夫無不可以無名，必因於有，故常於有物之極，而必明其所由
> 之宗也。

按王弼於大衍之數不用者與用者之詮釋，本依據體用關係之理解。蓋用者四
十有九，乃指數之極，而不用者原是用者之體，故僅能為一。然一者固非數
目之一，以其既非象數之形迹，故亦為萬物之本體。至若四十有九之用唯賴
此一不用之本體而運作，此所謂「不用而用之以通，非數而數之以成」之太
極，即正是本體之唯一。由是王弼化象數之數為部分與全之關係，彼以部分
者為用，原指從體顯現之一切現象；而全者為體，則屬於一切現象以通以成
之本然。〔註19〕是以兩漢以來大衍象數之分合，一經王弼轉化之結果，即為
體用依存之關係，故彼由言意之別所提升之形上體用關係，亦所以正符合天
地之數矣。

　又《易傳》之宇宙生化觀點，本具有動靜雙面之理解。〔註20〕而王弼之
注《易》既大率與《十翼》合，至若動靜間之關係如何？《周易》〈復象注〉
尤有獨特之見地：

> 復者，反本之謂也。天地以本為心者也。凡動息則靜，靜非對動者
> 也。語息則默，默非對語者也。然則天地雖大，富有萬物，雷動風
> 行，運化萬變，寂然至無是其本矣。故動息地中，乃天地之心見也。
> 若其以有為心，則異類未獲俱存矣。

據此，王弼於易理動靜關係之體認，乃依託於對老子反本歸無觀念之理解。《老
子》十六章「吾以觀復」注云：

> 以虛靜觀其反復。凡有起於虛，動起於靜，故萬物雖並動作，卒復
> 歸於虛靜，是物之極篤也。

按老子之有無既為體用之關係，則萬物之生化乃是依道之無與德之有而反復
運作。故一切宇宙生化之終極，原祇是絕對靜止之狀態而已。由是王弼依此
一觀點，資以會通《易》理動靜之相對關係。彼所秉持者亦厥為絕對性體用
關係之理解。〔註21〕故彼既視宇宙本體為靜止之狀態，則萬事萬物雖為千變

〔註19〕參見金忠烈〈王弼注易老的觀念造詣〉（下），《大陸雜誌》第二十八卷第七期，
　　　　頁23。
〔註20〕參見韋政通《中國思想史》頁399～400，大林出版社。
〔註21〕參見王麗真〈王弼及其易學〉頁183，《台灣大學文史叢刊》。

萬化，但經反復運作之結果，必終歸於靜止之本體狀態。是以所謂「天地以本爲心」「寂然至無是其本」者，即指天地運化以無爲本，復以寂然爲終極之本然狀態也。如是動靜相因，即爲有無相生之一運化過程而已。蓋此一貫之動靜關係，固非相對之性質。故又云靜非對動，默非對語者也。至若動靜兩者間之復者（反復運作），此乃王弼以老子反本入無之復說，會通於〈復象〉「反復其道，七日來復」之往來不窮，循環相續之義說也。〔註 22〕此亦適爲彼援《老》入《易》之一明證也。

　　如上所論，王弼《易》學觀念之闡述，基本形上概念之架構，實根本於《老》學有無體用觀念之運用。故觀其對兩漢象數之責難，以至《易》理玄論思想之建立，不外依此形上體用概念以推衍之。再者，援《老》入《易》本爲會通儒道間之一項形上玄理契合之嘗試。至若儒道本質會通之整合，對孔老體無觀念之理解如何？又需更進一層對《論語釋疑》一書作檢討及觀點之分析。

三、論語學觀念之闡述

　　《論語釋疑》原爲王弼會通儒道本質之一項嘗試。然於討論此書前，尤須對王弼於孔老體無觀點之認知稍作分析。《三國志》卷二十八《魏書》〈鍾會傳〉注引何劭〈王弼傳〉云：

> 弼幼而察慧，年十餘，好《老氏》，通辯能言。父業，爲尚書郎。時裴徽爲吏部郎，弼未弱冠，往造焉。徽一見而異之，問弼曰：『夫無者誠萬物之所資也，然聖人莫肯致言，而老子申之無已者何？』弼曰：『聖人體無，無又不可以訓，故不說也。老子是有者也，故恒言無所不足。』

史載王弼好論儒道，蓋以孔子之言性與天道，本具玄虛之義故也。〔註 23〕由是會通儒家聖人體無之觀點而推衍之。王弼認爲孔子既然體無而無言，則老子申之無已便是有。無與有之間各有軒輊，自然孔子表面上所體現的精神境界顯然凌駕於老子之上。然而聖人（孔子）之體無既不可以訓解，故顯見之

〔註22〕參見簡博賢〈王弼易學研究〉，《孔孟學報》第三十期頁 27。
〔註23〕按孔子於天道之理解，頗有類似老子之說法。如《論語》〈陽貨〉「天何言哉，四時行焉，百物生焉，天何言哉！」又《禮記》〈哀公問〉：「孔子對曰：……無爲而物成，是天道也。……。」實與老子「道常無爲而無不爲」之觀點相近。而「天何言哉」之無言，與「無爲而物成」之無爲，其本質亦屬於「無」。

德業，亦僅是用是迹而已，終究不能依循以明道體之全。而老子雖依循有立說，恒言無所不足，然既爲萬物之所資取，故其言亦復以無爲體也。故孔老之體用本末關係既瞭然如此，則王弼實不無陽尊儒教而陰崇道家之嫌。是以彼所謂會通儒道者，亦原是以《老》學之玄論思想以詮釋儒學之基本精神而已。

夫《論語》所載本著重於人生之修爲，似與《老》學之談玄者，固多不相侔。然王弼既肯定孔子是體無之聖人，一旦欲闡發《老》學之玄論思想之事理憑據，自然不得不針對《論語》中體無的字句作解。而彼所謂釋疑者，即是以《老》學之玄理以附會《論語》中形上概念之字眼，以作爲會通儒道本質之理論基礎。如《論語》〈里仁〉「吾道一以貫之」《釋疑》云：

> 貫，猶統也。事有歸理有會，故得其歸，事雖殷大，可以一名舉。
>
> 總有會，理雖博，可以至約窮也。譬猶以君御民，執一統眾之道也。

按「一以貫之」本爲孔子對其道體一貫之肯定。而王弼即針對此一貫之理以闡述彼執一御眾之形上玄義，此是根源於《老》學反本於道體之理解。故所謂可以一名舉，可以至約窮者，即所以舉本統末之謂。是以〈陽貨〉「子曰：天何言哉？四時行焉，百物生焉，天何言哉？」《釋疑》云：

> 予欲無言，蓋欲明本，舉本統末，而示物於極者也。夫立言垂教，
> 將以通性，而弊至於湮；寄旨傳辭，將以正邪，而勢至於繁。既求
> 道中，不可勝御。是以修本廢言，則天而行化。以淳而觀，則天地
> 之心見於不言。寒暑代序，則不言之令行乎四時，天豈諄諄者哉！

據此，王弼以修本廢言闡述孔子之「無言」，不無流於玄虛之旨意。其實，王弼於《老》學所理解之體用一原觀念，所偏重者本是體之一面，由是進而推衍「執一御眾」之理念。蓋一者即爲本，則本可以賅末，故所謂明本，舉本，修本者即是此一理念之推衍擴展。而此用之以釋孔子之無言者，正是契符以《老》學之玄論以會通儒學所不可理解之形上意義。因爲孔子之無，本非虛無之謂。王弼既以言爲用，乃否定過於執著之意義。是以聖人修本廢言者，才足以合乎天地之心也。然則，此一理念亦可據以對儒道之詮釋獲得更明確理解，《論語》〈述而〉「子曰：志於道」《釋疑》云：

> 道者，無之稱也，無不通也，無不由也。況之曰道，寂然無體，不
> 可爲象，是道不可體，故但志慕而已。

此王弼以體無之道以理解孔子之道。道既玄妙而不可體，則一切立言垂教，寄旨傳辭即爲道體之末而無濟於道。故但云志慕而已。此亦正闡明《老》學

「多言數窮，不如守中」之理也。由是王弼當論及聖人之德業，亦只能於「神與道合」之觀點再作推衍。因此《論語》〈陽貨〉「佛肸召，子欲往……」《釋疑》亦云：

> 孔子機發後應，事形乃視，擇地以處身，資度以全度者也，故不入亂人之邦。聖人通遠慮微，應神變化，濁而不能污其潔，凶惡不能害其性，所以避難不藏身，絕（《玉函山房輯佚書》作接）物不以形也。有是言者，言各有所施也。苟不得繫而不食，舍此適彼，相去何若也。

蓋聖人之德既與道合，則行迹之間即契合於事理之極處。由是機發後應，事形乃視，自能無心以應物，隨形而知化；終無悔咎，而動止合宜。然則道體多變，唯聖人之形神乃能明機於適時，通權以達變。《論語》〈子罕〉「可與立，未可與權」《釋疑》云：

> 權者，道之變，變無常體，神而明之，有乎其人，不可豫設，尤至難者也。

「道之變，變無常體」是就道體之玄妙莫測而言，聖人之神明唯能權變其間而契合無隙。如是聖人之體道乃能極天命之窮會，盡人事之情偽。以之推身統物，即有其自守之理則。故《論語》〈里仁〉「曾子曰：夫子之道，忠恕而已矣。」《釋疑》即云：

> 忠者，情之盡也；恕者，反情以同物者也。未有反諸其身而不得物之情，未有能全其恕而不盡理之極也。能盡理則，則無物不統。極不可二，故謂之一也。推身統物，窮類適盡，一言而可終身行者，其唯恕也。

「極不可二，謂之一者」，即聖人體道之常則也。亦唯聖人執之，乃能窮神知化，明體致用，與道合一。由是王弼以《老》學所附與聖人（孔子）之意義，透過此一層形上道體之玄理化詮釋，所呈顯之實質意涵亦僅為《老》學化之聖人而已。按王弼之理解，聖人之德業原是窮神盡化，而《老》學之體用以至反本歸無之理念，亦適足以契合聖人與道之玄妙關係，此即《釋疑》會通孔老之用心處。故其議論不必與儒家聖人立異，而體用之闡述，一經轉化，自然最終又全以《老》學為宗。此其援老入儒之迹象如是。是以《論語釋疑》〈述而〉「竊比我於老彭」亦不得不謂老為老聃者也。

綜上三目所述，王弼玄論思想之創發，本根植於彼對《老》學之深湛體認。而其中尤以形上之體用一原概念為玄論思想之首要原則。故《易》中得

意忘象，執一御眾之理念，及《論語釋疑》會通儒道本質之體用論，實無不依循此基本原則而開展。此固一則即轉化兩漢間繁亂不堪之質實象數而為玄虛之義理；一則使儒義經由《老》學之形上概念化，而為玄論思想所涵容。由是觀之，正始年間，王弼之玄論思想確為漢魏間學術思想轉變之一大關鍵也。

第三節　阮籍之玄論思想

曹魏正始年間，何晏王弼所闡述之玄義實無不就道體本無之概念作推衍，以建構其玄論思想。然何晏原為曹氏之宗戚，王弼出自儒門之大族，揆其行事本為儒家人物。故其論玄多以調合儒道為宗，即或援《老》以代儒學，亦不致與儒學對立。殆正始十年曹爽事件後，天下名士多罹其難，一時如何晏、鄧颺、丁謐、畢軌、李勝、桓範皆為誅戮，且當時魏室朝中所謂禮教之士者如賈充、何曾之輩復多虛偽性成黨同司馬政權，而天下談玄風氣亦隨之大變。由是嘉平年間竹林七賢遂多以任誕成風，莫不與現實社會採取迴避之態度，消極者固多反抗禮教，任性不羈，肆意酣暢；積極者則藉道家之玄虛思想，或批擊當時禮教，或寄託個人之精神領域。蓋七賢中前者之傾向本為普遍之趨勢，而後者唯以阮籍、嵇康、向秀外，餘者皆無足取焉。本章既以玄論思想為題，是以所論僅及阮籍、嵇康、向秀三人而已，茲依節次分別述之。

阮籍字嗣宗，其玄論思想之著作，今可見者有〈樂論〉、〈通易論〉、〈通老論〉、〈達莊論〉、〈大人先生傳〉及〈答伏義書〉，而其中以〈達莊論〉及〈大人先生傳〉尤具玄論思想之時代意義。蓋漢魏以來之談玄者，原多祇及於《易》《老》。正始年間，王弼雖有部分玄論思想或脫化於《莊》學，〔註24〕然於《莊》學有進一步闡述者，阮籍實為第一人，而彼之玄論思想能成一家之說者，厥在於《莊》學觀念之體認。是以本節之申述亦以其《莊》學思想為主。然阮籍玄論思想之開展，實與其矛盾衝激之心態有關，此又尤須深究也。

夫阮籍早年之心態，據《晉書》卷四十九本傳云：

> 籍本有濟世志，屬魏晉之際，天下多故，名士少有全者，籍由是不與世事，遂酣飲為常。

〔註24〕參見何啓民《魏晉思想與談風》頁 108 云：「輔嗣則除了在《周易略例明象》，舉〈莊子外物〉兔蹄魚筌之例，以明言象意外，也別無確切之資料可以證明他是如何地好《莊》。」

阮籍早年之心態，或由於承受家庭教育之影響（其父阮瑀爲建安七子之一），深受禮教之薰陶，濟世之志固爲其根深之理念，而禮教本爲其立身處世之根基。此由其〈樂論〉可見端倪：

> 刑教一體，禮樂外內也，刑弛則教不獨行，禮廢則樂無所立。尊卑有分，上下有等謂之禮，人安其生、情意無哀謂之樂。車服旌旗，宮室飲食，禮之具也；鐘磬鞞鼓，琴瑟歌舞，樂之器也。禮踰其制，則尊卑乖；樂失其序，則親疏亂。禮定其象，樂平其心，禮治其外，樂化其內，禮樂正而天下平。

近人牟宗三云：「刑教一體，禮樂外內，然則君子之禮法亦不可廢也，禮亦並非不爲我而設也。」〔註25〕蓋阮籍之基本理念，禮教中禮樂儀式固未嘗不具實質之意義，故「安上治民，莫善於禮」，「移風易俗，莫善於樂」。至於阮籍所堅決抗議者，則在於禮之踰其制，樂之失其序而已。再者其《通易論》於《易》之理解，亦主惟變所適之論點，云：

> 《易》之爲書也，本天地，因陰陽，推盛衰，出自幽微，以致明著。《易》之爲書也，覆燾天地之道，囊括萬物之情。道至而反，事極而改，反用應時，改用當務，應時故天下仰其澤，當務故萬物恃其利，澤施而天下服，此天下之所以順自然，惠生類也。

此多本儒學以論《易》，完全不及玄義。再者，阮籍亦據《易》以推論世變。以爲：

> 是以明夫天之道者不欲，審乎人之德者不憂，在上而不凌乎下，處卑而不犯乎貴。故道不可逆，德不可拂也。是以聖人獨立無悶，大群不益；釋之而道存，用之而不可既。由此觀之，易以通矣。

蓋時之順逆，原非聖人所能轉易。然而以聖人明天之道，審人之德，故能獨立而不懼，遯世而無悶。此固儒家知命守道之處世哲學，阮籍申之，其或以此自勉乎？

又阮籍原是具特殊性情者，《晉書》本傳云：

> 籍容貌瓌傑，志氣宏放，傲然獨得，任性不羈，而喜怒不形於色。或閉戶視書，累月不出；或登臨山水，經日忘歸。博覽羣籍，尤好《莊》《老》，嗜酒能嘯，善彈琴，當其得意，忽忘形骸，時人多謂之癡。

〔註25〕引自牟宗三《才性與玄理》頁312，學生書局。

據此，阮籍之任誕作風，或出於天性使然。故雖早年曾受儒教之薰陶，而一旦目睹其時虛偽變相之禮教，終不克掩其憤激心理。然阮籍除激烈駁斥其時之禮教外，復能援引《莊》學以爲個人精神之寄托，藉以闡發其玄論思想之論據。由是〈達莊論〉、〈大人先生傳〉亦於此種矛盾衝激之心態下而完成。今觀其玄論思想之推展，實以本體論爲開端再引發人生玄遠之處世哲學。而其本體論之闡說，大體仍本於天道自然之觀念。〈達莊論〉云：

> 天地生於自然，萬物生於天地；自然者無外，故天地名焉；天地者有內，故萬物生焉。當其無外，誰謂異乎？當其有內，誰謂殊乎？

阮籍認爲天地生於自然者，即以自然爲本體。然此一說法原是老莊所未曾言及，老莊之本體爲道，而自然者於老子哲學體系並非指具體存在之事物，而是形容「自己如此」之一種狀態。〔註26〕於《莊子》書中亦即此類涵義，如〈德充符〉：「常因自然而不益生也。」〈應帝王〉：「順物自然而無容私焉。」〈天運〉：「無爲而應之以自然。」又「調之以自然之命」，〈田子方〉：「無爲而才自然矣。」〈繕性〉：「莫之爲而常自然。」是可知老莊之所謂自然者本爲狀詞而非名詞，原爲道之用而非道之體。而阮籍直謂爲道之本體，確是其獨有看法。又〈通易論〉亦云：「道，自然也。」由是萬物皆由此自然之道變化而生，〔註27〕故〈通老論〉亦云：「道者，法自然而爲化。」此處阮籍以自然爲道之理念，或可上溯於正始年間何晏之無名論：「夏侯玄曰：『天地以自然運，聖人以自然用』，自然者，道也。」蓋其間兩者雖無必然之直接影響關係，且何晏所論之重點固從道之無名出發，然以自然爲道之觀念既爲阮籍所承襲，故按其以本體論所推衍之「天地生於自然，萬物生於天地」之自然理念，實與莊子由道所闡發之本體論，〔註28〕尤有相當之差異。然阮籍所闡明自然天地萬物之一體，又與莊子「天地與我並生，萬物與我爲一」，「至道之極，混一不分，同爲一體，得失無聞」實又相互契合。是以由相異之本體論所引發之玄論思想，亦仍具有《莊》學自然主義之本色。故〈達莊論〉又云：

〔註26〕 參見陳鼓應《老子今註今譯及其評介》頁26，商務印書館。

〔註27〕 參見黃錦鋐《阮籍和他的達莊論》，《師大學報》第二十二期，頁82。

〔註28〕 莊子是以道爲本體，〈大宗師篇〉云：「夫道有情有信，無爲無形，可傳而不可受，可得而不可見，自本自根，未有天地，自古以固存，神鬼神帝，生天生地，在太極之先而不爲高，在六極之下而不爲生，先天地生而不爲久，長於太古而不爲老」。可知莊子視道爲宇宙萬有之根本，天地萬物所以生成與發展之總原理。

地流其燥，天抗其涇，月東出，日西入，隨以相從，解而後合；升
謂之陽，降謂之陰。在地謂之理，在天謂之文，蒸謂之雨，散謂之
風，炎謂之火，凝謂之冰，形謂之石，象謂之星，朔謂之朝，晦謂
之冥，通謂之川，回謂之淵，平謂之土，積謂之山。男女同位，山
澤通氣，雷風不相射，水火不相薄。天地合其德，日月順其光，自
然一體，則萬物經其常。入謂之幽，出謂之章，一氣盛衰，變化而
不傷。是以重陰雷電，非異出也；天地日月，非殊物也。故曰：『自
其異者視之，則肝膽楚越也；自其同者視之，則萬物一體也。』

據此，嗣宗以爲天地萬物之殊象，原爲一氣之盛衰之現象，變化無常，雖
有陰陽文理風雨火冰石星朝冥川淵土山諸名稱之分別，論其本質實與自然
同爲一體。夫天地萬物之變化，本循一氣多象之發展，各順其德，各安其
性，而呈顯一極調合有秩序之宇宙現象。由是推知萬象雖殊，而彼此間本
爲一體互存之關係，共同構成宇宙之整體。此固莊子所謂天地萬物者，散
則萬殊，合則爲一之觀點。是以萬象原非殊物，而一切萬象名稱之對立，
實起於異同間之比較觀點。再者，由萬象一體所及於人身之關係如何？〈達
莊論〉云：

人生天地之中，體自然之形。身者陰陽之精氣也，性者五行之正性
也，情者遊魂之變欲也，神者天地之所以馭者也。以生言之，則物
無不壽，推之以死則物無不夭。自小視之，則物莫不小；由大觀之，
則物莫不大。殤子爲壽，彭祖爲夭，秋毫爲大，泰山爲小，故以死
生爲一貫，是非爲一條也。別而言之，則鬢眉異名，合而說之，則
體之一毛也。

據此，阮籍認爲人與萬物原爲一體，生於天地之間，但人體於自然之形，具
有身、性、情、神四項特徵，正猶天地間萬物之殊象變化也。繼而阮籍又闡
明《莊》學中性分齊物之觀點，〔註29〕齊一壽夭、大小之對異價值觀念，此
是對《莊》學體認之最切要者。由是所及於人生之處世哲學亦循此一理念而
開展，一則擺脫變相禮教之束縛，一則順任自然之性命，而此兩層之工夫，

〔註29〕《莊子》〈齊物論〉「天下莫大於秋毫之末，而太山爲小，莫壽於殤子，而彭
祖爲夭，天地與我並生，而萬物與我唯一。」郭象注云：「夫以形相對，則太
山大於秋毫也。若各據其性分，物冥其寂，則形大未爲有餘，形小不爲不足，
於其性，則秋毫不獨小其小而太山不獨大其大矣。若以性足爲大，則天下之
足未有過於秋毫也；若性足者非大，則雖太山亦可稱小矣。……。」

亦正爲其內在與外在之修養與排遣也。〔註30〕故觀其擺脫禮教之理念者，全是本於《莊》學觀點以立論。〈達莊論〉云：

> 彼六經之言，分處之教也。莊周之云，致意之辭也。大而臨之，則致極無外。小而理之，則物有其制。夫守什伍之數，審左右之名，一曲之說也。循自然，性天地者，寥括之談也。

又〈大人先生傳〉云：

> 今汝尊賢以相高，競能以相尚，爭勢以相君，寵貴以相加，驅天下以趣之，此所以上下相殘也。竭天地萬物之至，以奉聲色無窮之欲，此非所以養百姓也；于是懼民之知其然，故重賞以喜之，嚴刑以威之，財匱而賞不供，刑盡而罰不行，乃始有亡國戮君潰敗之禍。此非汝君子之爲乎？汝君子之禮法，誠天下殘賊亂危死亡之術耳，而乃目以爲美行不易之道，不亦過乎？

如上所引兩段資料，可知阮籍之極度擺脫禮教者，一則由於六經屬於分處之教，一曲之說，恒不足以論萬物一體之眞諦；再則當時之變相禮教，已至殘賊亂危死亡之術，完全失去既有之意義，此固阮籍所寒心者，是以又痛詆其時倡禮法之君子，比之褌中之風，拘拘庸俗，一無是處。當然，基於此種對當時禮教之反省，更大加刺激阮籍極欲擺脫禮教之束縛，而轉爲企慕於《莊》學玄遠之人生哲學，以爲個體生命之解放。〈達莊論〉云：

> 夫至人者，恬於生而靜於死，生恬則情不惑，死靜則神不離。故能與陰陽化而不易，從天地變而不修，生究其壽，死循其宜，心氣平治，不消不虧。是以廣成子處崆峒之山，以入無窮之門；軒轅登崑崙之阜，而遺玄珠之根，此則潛身者易以爲活，而離本者難以永存也。

蓋阮籍深刻體認處亂世宜以潛身而易活，而潛身者即在於如何超越外力之拘束，解除形骸之限制，以至於遯世而無悶，而此正徹底展現其企慕《莊》學逍遙之人生修養。其中一者固由擺脫禮教而獲解決，而一者又爲阮籍所以契合於《莊》學中對至人之理解。而至人者恬於生而靜於死，精神自無離惑，因順陰陽天地之變易而始終如一。如此生命即能完全解脫形骸之限制，而超然於生死之變化，與道不消不虧，命物之化而守其宗（《莊子》《德充符語》），終而至於《莊》學中最高之逍遙境界。此所以〈大人先生傳〉云：

> 夫大人者，乃與造物同體，天地並生，逍遙浮世，與道俱成，變成

〔註30〕參見顏崑陽《莊子自然主義研究》，《師大國文研究所集刊》第三十號，頁547。

散聚，不常其形，天地制域於內，而浮明開達於外，天地之永固，
非世俗之所及。

據此，阮籍所謂逍遙者正是從其本體論「天地生於自然，萬物生於天地」一
理念所衍化。大人與造物（即自然）既是同體，又與道俱成者，自不須有所
待而逍遙，由是亦自能超越時空之限制，同天地並生，與變化為一，而無常
形。故〈答伏羲書〉亦云：

玄雲無定體，應龍不常儀。或朝濟夕卷，翕忽代興；或泥潛天飛，
晨降宵升。舒體則八維不足暢迹，促節則無間足以從容。是又瞽夫
所不能瞻；璅蟲所不能解也。然則弘脩淵邈者，非近力能究矣；靈
變神化者，非局器所能察矣。……則騰精抗志，邈世高超，蕩精舉
於玄區之表，攄妙節於九垓之外，而翱翔之，乘景躍躍，踔陵忽慌，
從容與道化同逌，逍遙與日月竝流，交名虛以齊變，及英祇以等化，
上乎無上，下乎無下，居乎無室，出乎無門，齊萬物之去留，隨六
氣之虛盈，總玄綱於太極，撫天一於寥廓，飄埃不能揚其波，飛塵
不能垢其潔。徒寄形軀於斯域，何精神之可察，雖業無不聞，略無
不稱，而明有所逮，未可怪也。

夫逍遙者，翱翔變化於天地之間，冥合與造化同體。由是窮神極妙，自無需
依恃於質量時空等範疇，而玄同於萬物一體之自得。故能因天地自然之變化，
以及於無窮無限之境域。此即飄埃飛塵所以不能揚其波垢其潔也。夫唯如是，
雖寄形骸於天地之間，而精神亦已契合於自我與自然相通之根源矣。再者，
由離棄於一切我執與法執，因其所以來，用其所以至，無心任物而無累於物。
故〈大人先生傳〉又云：

太初真人，惟天之根，專氣一志，萬物以存，退不見後，進不覩先，
發西北而造制，啟東南以為門，微道而以德，久娛樂跨天地而處尊，
夫然成吾體也。是以不避物而處所覩則寧，不以物為累所迫則成，
彷徉足以舒其意，浮騰足以逞其情。

據此，阮籍之逍遙最終又回復於心物間之問題。夫太初真人既一志於以天為
之根，感乎四方，無心而任物之自然。而所謂「退不見後，進不覩先」者，
適所以深會於《莊子》〈應帝王〉「至人用心若鏡，不將不迎」之理念。如是，
故能寂之以應物，不以空萬物，自然不避物而處所覩則寧，不為物所累而所
由則成。蓋此又正符合其本體論之要求，且復契合於《莊》學「天地與我並

生，萬物與我爲一」之眞諦。而逍遙者即所以亦彷徉浮騰於天地之間而舒其意逞其情也。

　　總上所言，阮籍之玄論思想本由擺脫當時之變相禮教出發，進而轉爲闡明莊子之玄遠思想。此兩者雖一爲否定，一爲肯定，然其目標終歸於一致，即所以求得「洸然而止，忽然而休」之逍遙境界。觀其玄論思想之架構，實以自然爲本體而立論，雖非盡契及於《莊》學本體之意義，然卻予後來郭象《莊子注》或有極大之啓示。蓋郭象「獨化」「自生」諸議論原是由自然爲本體之觀念，截取「自然」一詞脫化而出。〔註31〕（此可參閱本章第五節之論述）至若阮籍所體認之逍遙義，實多可謀合於《莊》學之精義，此固阮籍經過一番擺脫變相禮教之工夫，而深體於《莊》學逍遙之意蘊也。然再揆其初意，先或不無究心於何晏王弼以來調和儒道之努力，期於禮教與自然間相互彼此以致諧調，但終歸於無濟，遂不得不偏入於極端之《莊》學逍遙思想。蓋此一風氣原爲當時之一般趨勢，而嗣宗能據《莊》學以說理，創發其玄論思想，實其於魏晉玄論思想由《易》《老》而《莊》之轉變關鍵地位亦由是而確定矣。

第四節　嵇康之玄論思想

　　嵇康字叔夜，其玄論思想一如阮嗣宗，原是以棄名教任自然爲宗旨。然叔夜尤較嗣宗顯智，〔註32〕哲理之思辯能力自爲其所長。由是本傳稱其「善談理」者，或不虛耳。故以其多方論辯之推衍，亦頗能突越嗣宗對《莊》學僅及逍遙之體認範疇，而直探於事理之極處。且復多方面發揮個人之玄論觀點。今可見者有：清虛寡欲之〈養生論〉、〈答向子期難養生論〉；聲無哀樂和言不盡意之〈聲無哀樂論〉；以及越名教而任自然之〈釋私論〉，〈難自然好學論〉。本節茲依序申述之：

一、養生觀念之闡述

　　夫嵇康本與曹魏有姻親之關係，正始十年曹爽既被誅除，曹室式微，司馬氏接續執政。由是嵇康不堪爲其臣僕，進退無措，遂轉而於道家思想求一立身安命之寄託。又嵇康雖家世儒學，然以其個性之放浪形骸，「長而好《老》《莊》之業，恬淡無欲」（嵇喜語），「志在守樸，養素全眞」（《幽憤詩語》）。

〔註31〕 參見徐麗霞《阮籍研究》，《師大國文研究所集刊》第二十四號，頁 934～935。
〔註32〕 參見牟宗三「《才性與玄理》」頁 319，學生書局。

復受及自漢以下服食導引，養性自守之風氣影響。〔註33〕是以其無欲守樸之極致，多集於養生觀念之闡述。〈養生論〉云：

> 世或有謂神仙可以學得，不死可以力致者；或云上壽百二十，古今所同，過此以往，莫非妖妄者；此皆兩失其情，請試粗論之：夫神仙雖不目見，然記籍所載，前史所傳，較而論之，其有必矣。似特受異氣，稟之自然，非積學所能致也。至於導養得理，以盡性命，上獲千餘歲，下可數百年，可有之耳，而世皆不精，故莫能得之。

據此，可知嵇康深信神仙養生之事無疑。觀其立論可別為三點：（一）神仙固有，然稟之自然，非凡俗積學所能企及；（二）導養之術，能盡性命，亦可以盡壽算；（三）養生之法，世多行之不精，故莫有所得。按以上三點為其養生論之基礎，第一點原為承自恒久以來方術之士對神仙之詭秘說法，而非凡俗積學所能力致者，由是導入第二點，冀所以藉託於導養之工夫，以盡性命之極限。由是養生之真諦得矣。然世俗既多蔽於主觀及客觀之因素，導養多不精其道，以致不得千百之壽。是以嵇康即針對此一世俗之敝見，以開展其養生之觀點。〈養生論〉云：

> 精神之於形骸，猶國之有君也。神躁於中，而形喪於外，猶君昏於上，國亂於下也。

又云：

> 是以君子知形恃神以立，神須形以存，悟生理之易失，知一過之害生；故修性以保神，安心以全身，愛憎不棲於情，憂喜不留於意，泊然無感，而體氣和平；又呼吸吐納，服食養生，使形神相親，表裏俱濟也。

夫嵇康既託好老莊為志，又復受及方術之影響，故其養生之觀點，亦從精神與形骸兩方面之調和立論，此原是一為內在心靈之修養，一為外在藥物之服食。是以其養生之觀點可循此二途而析論之。

　按莊子之養生，為破除當時世俗專以養形為事之觀念，亦嘗提及形神皆養之觀點，此可證於〈達生篇〉中田開與周威公論養生之事舉單豹、張毅皆不鞭其後者之例。然莊子所持重者，亦全在於生主之一端，以為生主經得養，

〔註33〕此一觀點可參閱李豐楙「《嵇康養生思想之研究》」中魏晉風尚與養生方術之論述，《靜宜文理學院學報》頁 39～42。

所賴以生存之形骸亦由之而得全。〔註34〕是以清人王先謙《莊子集解》云：「順物而不滯於物，冥情而不嬰其天，此莊子養生之宗旨也。」如是以莊子之養生衡諸叔夜之思想，其形神相恃而並存之基本觀點原是承自莊子無疑。而其主張內在之心靈修養一說，實多本自莊子養生主之工夫。故《莊子》所云：「純粹而不雜，靜一而不變，惔而無為，動而天行」之養神工夫，即嵇康所揭示修性保神，安心全身，使心志不受情感而動搖也。再者，如欲至此境界，嵇康又分性動與智用兩方面討論之。蓋所謂性動者，即指摒絕一切個體對外在事物之嗜欲。〈答難養生論〉云：

> 夫嗜欲雖出於人，而非道之正；猶木之有蝎，雖木之所生，而非木
> 之宜；故蝎盛則木朽，欲勝則身枯，然則欲與生不並立，名與身不
> 俱存，略可知矣。而世未之悟，以順欲為得生，雖有後生之情，而
> 不識生生之理，故動之死地也。

嵇康認為嗜欲於人之關係，譬如木朽於蝎，屬於傷生滅性之一害。是以養其心神者，首在於寡嗜欲之工夫，對於世俗之求物不厭，徒以順欲為志者，絕非所以養生之要旨。又嵇康亦提出意足之說以補充寡嗜欲之立論。〈答難養生論〉云：

> 君子之用心若此，蓋將以名位為贅瘤，資財為塵垢也。安用富貴乎！
> 故世之難得者，非財也，非榮也，患意之不足耳。意足者雖耦耕甽畝，
> 被褐啜菽，豈不自得；不足者雖養以天下，委以萬物，猶未惬然。
> 則足者不須外，不足者無外之不須也；無不須故無往而不乏，無所
> 須故無適而不足。

據此，嵇康以為常人每蔽於富貴名位者，多疲於心神，雖得之猶未惬然，蓋起於意不能足也。如是心神處於得失懼患間終不克恬愉而自持，故修性養神者雖端在於寡嗜欲之修持工夫，然尤須意足而後定。意足者，心不滯於外物，而無適不足。由是自覺於一切名位富貴者為其心志背道而馳之客體，避之或恐不及。故〈養生論〉又云：

> 知名位之傷德，故忽而不營，非欲而彊禁也；識厚味之害性，故棄
> 而弗顧，非貪而後抑也。

蓋非欲而彊禁，非貪而後抑，即所以因順自然之性動使然。如是一切客觀事

〔註34〕此一觀點亦可參考吳豐年「《莊子思想之研究》」中養生思想之分析，《師大國
　　　文研究所集刊》第十八號，頁 1086～1087。

物之引誘，方不至於根本動搖其心神，而修性保神之工夫亦告初步確定。然性之動者原屬先天本性作用於客觀事物之直覺理念，而後天之智用（知識經驗）對於客觀事物之追求，亦同爲構成傷生滅性之一敝，況且又相較於性動更不易控御。此點原爲嵇康所深刻體認者，故〈答難養生論〉云：

> 所以貴知而尚動者，以其能易生而厚生也。然欲動則悔吝生，知行則前識立；前識立則志開而物遂，悔吝生則患積而身危。

又云：

> 夫不慮而欲，性之動也；識而後感，智之用也。性動者遇物而當，足則無餘；智用者從感而求，勌而不已。故世之所患，禍之所由，常在於智用，不在於性動。

嵇康認爲人性本然之性動，滿足較易，而識者乃後起之知覺經驗，從感而來，實難於控御。故養生所患者亦以此爲最。由是嵇康益以爲性之動者需糾之以和，而智之用者亦須使之收於恬。〈答難養生論〉云：

> 君子識智，以無恒傷生，欲以逐物害性，故智用則收之以恬，性動則糾之以和，使智上於性，性足於和，然後神以默存，體以和成，去累除害，與彼更生，所謂『不見可欲，使心不亂』者也。縱令聲色當染於口，聲色已開於心，則可以至理遣之，多算勝之。……苟云理足於內，乘一御外，何物之能默哉！由此言之，性氣自和則無困於防閑，情志自平無鬱而不通，世之多累，由見之不明耳。

據此，識然可知嵇康對智用之要求，需配合性動之和，使生稟之欲與從感之求，充分依循道家傳統思想之至理。提示以精神化解嗜欲，以理性調和情感。而養生自具之「修性以保神，安心以全身」者，自然臻於性情自和，情志自平之境界矣。

再者，嵇康對於養其形骸之說，此點本爲莊子所未曾言及。而資取於方術養身之說者，即堅固其形骸之不朽，以臻於「形神相親，表裏俱濟」之目的。故嵇康對於外在藥物之服食另有精到之理解，〈養生論〉云：

> 且豆令人重，榆令人瞑，合歡蠲忿，萱草忘憂，愚智所共知也；薰辛害目，豚魚不養，常世所識也。虱處頭而黑，麝食柏而香，頸處險而癭，齒居晉而黃；推此而言，凡所食之氣，蒸性染身，莫不相應；豈惟蒸之使重而無使輕，害之使闇而無使明，薰之使黃而無使

> 堅，芬之使香而無使延哉！故神農曰：上藥養命，中藥養性者，誠
> 知性命之理，因輔養以通也。

嵇康認為外在藥物之所以能養命養性者，本在於改變內在之生理結構，使之長生久視也。〔註35〕故藥物之功效全在輔養性命之理，以盡壽算而已。由是嵇康亦順勢逕以否定五穀肴糧有益形骸之說，以為：

> 初雖甘香，入身臭處，竭辱精神，染污六府，鬱穢氣蒸，自生災蠹，
> 饕淫所階，百疾所附，味之者口爽，服之者短祚。

據此，嵇康否定五穀肴糧有益形骸，認為五穀肴糧原為世俗充服之資，易糜速腐，既入臟腑，易生災蠹，故百疾生焉，竭辱精神，實非所以輔養性命也。是以嵇康斷言養身之資必須濟之於不朽之丹石及吐納之方，方能奏其效。〈答難養生論〉云：

> 君子知其如此，故準性理之所宜，資妙物以養生，植玄根於初九，
> 吸朝霞以濟神。

又云：

> 豈若流泉甘醴、瓊蕊玉英、金丹石菌、紫芝黃精，皆眾靈含英，獨
> 發奇生，貞香難歇，和氣充溢，澡雪五臟，疏徹開明，吮之者體輕。
> 又練骸易氣，染骨柔筋，滌垢澤穢，志凌青雲，若此以往，何五穀
> 之養哉？

對於養生資之以妙物，如朝霞、流泉甘醴、瓊蕊玉英、金丹石菌、紫芝黃精者，原為方術神仙家傳服變化說之基本觀念。嵇康篤信之，確然證實受方術辟穀鍊丹之感召可謂深矣。

綜觀嵇康養生觀念之闡述，本依循《莊》學形神相恃之基本觀點，然不能進而契合於莊子冥合形神之精神修為，其養生之觀點與莊子終究有所不同。故觀其內在心靈之修養，所謂寡嗜欲，慎智用者，原可企及於莊子，而依恃於外在藥物之服食，所謂「蒸之以靈芝，潤之以醴泉」者，實與方術神仙家同。此或嵇康有意會通兩家之相異思想，朝向形神之相親之理想境界，企圖以延長個體生命之極限。由是可知嵇康於《莊》學之體認，實不能及於忘我而同於大道之境界，故其對自我之理念轉為強烈，而呈顯於養生之觀念，終至欲濟之於方術之藥物吐納導引之方。

〔註35〕參見蕭登福《嵇康研究》頁 124，政大中文碩士論文。

二、聲無哀樂觀念之闡述

《昭明文選》卷十八收有嵇叔夜〈琴賦〉一篇，前序云：

> 余少好音聲，長而翫之。以爲物有盛衰而此無變，滋味有厭而此不
> 勌。可以導養神氣，宣和情志。處窮獨而不悶者，莫近於音聲也。
> 是故復之而不足，則吟詠以肆志，吟詠之不足，則寄言以廣意，然
> 八音之器，歌舞之象，歷世才士，並爲之賦頌，其體制風流，莫不
> 相襲，稱其才幹，則以危苦爲上；賦其聲音，則以悲哀爲主；美其
> 感化，則以垂涕爲貴，麗則麗矣，然未盡其理也。推其所由，似元
> 不解音聲，覽其旨趣亦未達禮樂之情也。

據此序，〔註36〕吾人可知嵇康基於個人對音聲之雅好，於音理之認知尤有獨
特之見解。以爲歷來才士論音聲多雜以情感成分，此所以未了解音聲，且闇
昧於音理之故，其〈聲無哀樂論〉即針對此一問題以進行對音聲與人之哀樂
情愫關係之辨析。而其所持之論點，建構於心與聲屬對立性質之二元以立論。
〈聲無哀樂論〉云：

> 夫天地合德，萬物資生。寒暑代往，五行以成。章爲五色，發爲五
> 音。音聲之作，其猶臭味在於天地之間，其善與不善，雖遭遇濁亂，
> 其體自若而無變也，豈以愛憎易操，哀樂改度哉！

按嵇康以天地爲萬物之本體，而此本體即道家之道，本爲概念之存在而已。故
由本體所導發之音聲，亦只具有此形上本體之性質。而嵇康於《莊》學之體認，
原不克於冥合形神之一端有所會心，以致由形神對立之觀念，一旦過渡於聲心
關係之檢討，亦仍是呈顯兩者對立性質之二元而已。是以聲之客觀內涵自然不
因人之主觀愛憎而轉移。然而人心與聲音之關係又如何？〈聲無哀樂論〉亦云：

> 及宮商集比，聲音克諧，此人心至願，情欲之所鍾。古人知情不可
> 恣，欲不可極，故每因其用每爲之節，使哀而不傷，樂而不淫，因
> 事與名，物有其號，哭謂之哀，歌謂之樂，斯其大較也。

蓋人心之傾向，本趨於和諧之狀態，是以嵇康亦主張音聲以和爲貴。而音聲
之所謂哀樂之稱號者，原起於因事與名之結果，即所謂以哭謂之哀，以歌謂
之樂者也。然而歌哭並非哀樂之本體。是以嵇康復以名實言意之辨剖析兩者

〔註36〕此序莊萬壽先生亦推測可能與〈聲無哀樂論〉作於同年。今觀此序之思想實
可與聲無哀樂論相互銜接。若資之以爲叔夜〈聲無哀樂論〉之創作動機，亦
不失爲最佳資料。按莊萬壽先生之說詞可見於《嵇康年譜》頁103，三民書局。

之對異性質。〈聲無哀樂論〉亦云：

> 玉帛非禮教之實，歌舞非悲哀之主也。何以明之？殊方異俗，歌
> 哭不同。使錯而用之，或聞哭而歡，或聽歌而戚，然其哀樂之懷均
> 也。今用均同之情而發萬殊之聲，斯非音聲之無常哉！

此謂人心哀樂之感情原不受時空之限制，而歌哭之形式因地有別，此固由於
人心之感情相同，表達之聲音卻有各種差異也。是以歌舞非悲哀之主者，實
又已落入言不盡意之思想格式。〔註37〕故由言意之辯而導入於聲心殊用之觀
點，仍為思想理路之必然結果。故〈聲無哀樂論〉亦云：

> 由此言之，則外內殊用，彼我異名。聲音自當以善惡為主，則無關
> 於哀樂，哀樂自當以情感而後發，則無係於聲音，名實俱去，則盡
> 然可見也。

蓋音聲者既為客觀存在之事物，而人心之哀樂又為主觀之情感流露，此兩者
固有不同之名稱與作用，本不同相混為一。由是音聲之本質祇及於善惡而已，
與人心哀樂之情感無關。然音聲之所謂哀樂者又何？〈聲無哀樂論〉云：

> 夫哀心藏於內，遇和聲而後發，和聲無象而哀心有主。夫以有主之
> 哀心，因乎無象之和聲而後發，其所覺悟，唯哀而已。

又云：

> 至夫哀樂，自以事會先盡於心，但因和聲之自顯發。

夫客觀事物每多基於人心主觀之認同而賦予相等之意義，此即昧於主客相對
之本質。是以音聲之所謂有哀樂者，本先起於人心主觀情感之附和結果。蓋
音聲者固為宣洩情感之工具，必也哀樂之情感先藏諸內，一旦遇音聲而後顯
發。由是情感既屬有主，而音聲者本為無象，無象之物，哀樂之情感亦何得
繫焉？故〈聲無哀樂論〉又云：

> 音聲有自然之和而無繫於人情，克諧之音成於金石，至和之聲得於
> 管絃也。夫纖毫自有形可察，故離瞽以明闇異功耳，若以水濟水，
> 孰異之哉？

此謂音聲無象者，即直接斷定音聲之抽象性質，雖成於金石管絃，而其間絕
無任何哀樂之意義。是以由無象之音聲藉以窺察哀樂之情感，勢必不可能。
故〈聲無哀樂論〉亦云：

> 夫聲之於音，猶形之於心也，有形同而情乖，貌殊而心均者。……

〔註37〕參見湯用彤《魏晉玄學論稿》頁29，里仁書局。

　　　　然則心之與聲，明爲二物，二物誠然，則求情者不留觀於形貌，揆
　　　　心者不借聽於音聲也。察者欲因聲以知心，不亦外乎！

據此，可知形固不可恃以求情，而聲之與心既爲二物，其間自然沒有一定之聯
繫，若藉以資揆心，亦莫能得之。然音聲對人心之感應問題又何？〈聲無哀樂
論〉亦云：

　　　　然（音聲）皆以單複高埤善惡爲體，而人情以躁靜專散爲應。譬猶
　　　　遊觀於都肆，則目濫而情放；留察於曲度，則思靜而容端。此爲聲
　　　　音之體盡於舒疾，情之應聲亦止於躁靜耳。

蓋音聲細分則有單複高埤善惡之分別，而人之情感對於音聲之感應亦祇在於
躁靜而已。然躁靜者固不可以哀樂視之，而哀樂者本由人心內在而引發。由
是嵇康一旦最終落實於樂教問題之反省，所秉持之觀點較之傳統儒者之意見
自有更深層次之理解，〈聲無哀樂論〉云：

　　　　夫言移風易俗者，必承衰敝之後也。古之王者，承天理物，必崇簡
　　　　易之教，御無爲之治，君靜於上，臣順於下，玄化潛通，天人交泰。……
　　　　羣生安逸，自求多福，默然從道，懷忠抱義而不覺其所以然也。和
　　　　心足於內，和氣見於外。故歌以敍志，儛以宣情，然後文之以采章，
　　　　照之以風雅，播之以八音，感之以太和。導其神氣，養而就之；迎
　　　　其情性，致而明之；使心與理順，氣與聲相應。合乎會通以濟其美，
　　　　故凱樂之情見於金石，含弘光大顯於音聲也。……故曰移風易俗，
　　　　莫善於樂也。

按儒者治世原重樂教，其宗旨本在調適人心以至於諧和之狀態。由是先行假
設音聲乃依於人之情感而產生，故可調養人之情性以宣教化。而所謂移風易
俗莫善於樂者，即是肯定聲心之間有一聯屬之必然關係。然嵇康既持聲心二
元對立之論點，彼於樂教之理解，必偏向於心之一面下工夫。以爲古之王者
先施以無爲玄化之政，治上下合同，天人交泰，然後施諸歌舞采章風雅以宣
洩情志，導其神氣，迎其情性，以至於心平理順，聲氣相應，穆然相愛，大
道隆洽之境界。故由此可知，嵇康之所謂移風易俗者，本屬心之作用與活動，
而音聲之起，祇及於相應以呈顯此一活動現象而已。據此，觀其所得之結論
亦不難得知其究竟，〈聲無哀樂論〉云：

　　　　樂之爲體，以心爲主，故無聲之樂，民之父母也。至八音會諧，人
　　　　之所悅，亦總謂之樂，然風俗移易，本不在此也。

此謂樂由人心之所支配，而無聲之樂即以會通此心之所用。故風俗移易者本由乎心而不由乎聲。如是樂之為用者，即所以依附於風俗移易之後，而其功效以因順人心之所悅，進而臻於教化之實質意義。故論及先王用樂之意，嵇康亦強調其基本價值，〈聲無哀樂論〉亦云：

> 使絲竹與俎豆並存，羽毛與揖讓俱用，正言與和聲同發，……於是
> 言語之節，聲音之度，揖讓之儀，動止之數，進退相須，共為一體。
> 君臣用之於朝，庶士用之於家，少而習之，長而不怠，心安志固，
> 從善日遷，然後臨之以敬，持之以□，久而不變，然後成化，此又
> 先王用樂之意也。故朝宴聘享，嘉樂並存。是以國史採風俗之盛衰，
> 寄之樂工，宣之管絃，使言之者無罪，聞之者足以誡，此又先王用
> 樂之意也。

據此，嵇康之所謂樂教者，至此實又可與儒者傳統之說相契合。由是益可知嵇康實未嘗完全否定儒家樂教之實質意義，而是採不同的論證方式立論而已。是以近人論文每多疑嵇康本為反對儒家對樂之見解，或有謂聲心二元性質之對立，即正面否定儒家傳統之樂教觀念。按此一說若衡諸如上所引一二論證資料，恐有補充之餘地。蓋以移風易俗之根本理念為則，聲心二元性質之對立，實不無與儒家樂教立論有異。然若謂移風易俗則完全否定儒家樂教之基本觀念者，此或昧於彼對「先王用樂之意」之理解也。

總之，嵇康聲無哀樂之觀念，文中雖不無反對儒家正統派之音樂觀，而其致力於聲心二元性質對立間之理解，實為魏晉之際言意之辯後，另一最具理論系統之玄論思想。故觀其立論之依據，亦多本名實之概念以析言辨理，然終至辨析儒家先王用樂之宗旨，此或嵇康於儒家樂教之實質意義自有深刻之體認。

三、越名教順自然觀念之闡述

如前所述嵇康養生及聲無哀樂之觀念，究其旨義，實不無基於順任自然而立論。茲再觀其順任自然之理念，亦可同時針對超越名教之認知，再做分析。此原為名教與自然間肯定與否定一體兩面之論證，而表現於〈釋私論〉及〈難張遼叔自然好學論〉者，亦適足以呈現此兩者衝突取捨之執著精神，故觀其〈釋私論〉之作，即本諸道家自然主義之觀點以辨析君子小人間公私之分野。〈釋私論〉云：

　　夫稱君子者，心無措於是非，而行不違乎道也者。何以言之？夫氣
　　靜神虛者，心不存於矜尚，體亮心達者，情不繫於所欲。故能審貴
　　賤而通物情，物情順通，故大道無違；越名任心，故是非無措也。
　　是故言君子，則以無措為主，以通物為美；言小人，則以匿情為非，
　　以違道為闕。……由斯言之，夫至人之用心，固不存有措矣。

此所謂君子者即至人也，本為嵇康所標示理想人格之化身。據此，如以公私
詮釋君子小人之新義，君子之所謂公者，本在於心無措於是非，無措者即所
以泯除是非之價值觀，但虛心率性而行，自然不違道而已。凡此實皆本諸莊
子「不譴是非」說之義也。〔註38〕又嵇康以君子之世界，所謂「氣靜神虛」，
「體亮心達」者，實為一渾化之境界，〔註39〕此固為老莊超越名教後之理念
也。故一切矜尚、所欲皆不能存繫於君子之心中。由是君子之所以異於小人
者，其所謂公私之別，即在於名教是非之境域中有無措意而已。再者，嵇康
既一旦斷定君子以無措為主，而物情之通順如何，即又當為能否體現大道之
修養關鍵，故〈釋私論〉亦云：

　　故管子曰：『君子行道，忘其為身』，斯言是矣。君子之行賢也，不
　　察於有度而後行也。仁心無邪？不議於善而後正也；顯情無措，不
　　論於是而後為也。是故傲然忘賢，而賢與度會；忽然任心，而心與
　　善遇；儻然無措，而事與是俱也。

據此，君子之所謂通物為美，即在於顯情而無措也。蓋此原針對於小人之匿
情為非而論。小人既以匿情為非，多議而後動，本違道而為，然君子者，虛
心無措，通順物情而忘其所為而為。故顯情者，任心所為而不繫於所欲，常
因順物情而與事俱成。由是君子小人得失成敗之間，即所以繫此不匿（公）
與匿（私）之一端耳。又嵇康亦以顯情之真偽多敝於似是類非之間而莫辨，
故進一步再論及辨情之法則，〈釋私論〉亦云：

　　然事亦有似非而非非，類是而非是者，不可不察也。故變通之機，
　　或有矜以致讓，貪以致廉，愚以成智，忍以濟仁。然矜吝之時，不
　　可謂無廉，情忍之形，不可謂無仁，此似非而非非者也。或讒言似
　　信，不可謂有誠，激盜似忠，不可謂無私。此類是而非是也。故乃
　　論其用心，定其所趣，執其辭而準其理，察其情以尋其變。肆乎所

〔註38〕參見韋政通「《中國思想史》」頁663，大林出版社。
〔註39〕按渾化之概念承自牟宗三語，見「《才性與玄理》」頁338，學生書局。

始，名其所終。則夫行私之情，不得因乎似非而容其非；淑亮之心，
不得蹈乎似是而負其是。

顯情之眞僞，常因變通之機，或似非而非非，或類是而非是，此所以辨別君子
小人之間固需待時然後顯也。而嵇康所持「論其用心，定其所趣，執其辭以準
其理，察其情以尋其變」之觀點，即所以用心於機微而循名以竅實。由是嵇康
論顯情之眞僞，亦所以肯定重其名而貴其心之所用，使情僞是非之辨不得不顯。
然顯情無諱者固爲君子之行迹，或又多不能免於是非之累，終不可及於至善至
美之境界。此點原爲嵇康所體認，故復舉第五倫之例以明之。〈釋私論〉云：

　　或問曰：『第五倫有私乎哉？』曰：『昔吾兄子有疾，吾一夕十往省，
　　而反寐自安；吾子有疾，終朝不往視，而通夜不得眠。』若是可謂
　　私乎？非私也。答曰：『是非也，非私也。夫私以不言爲名，公以盡
　　言爲稱；善以無名爲體，非以有措爲負。今第五倫顯情，是非無私
　　也。矜往不眠，是有非也。無私而有非者，非（此一非字據牟宗三
　　案語補）無措之志也。』

按顯情者固屬無私，然或多爲是非之惑所蔽，故第五倫雖無匿情之嫌，而矜
往不眠，是有非也。有非則有措，有措則終不可及於至人之渾化境界，亦非
盡善盡美之情也，故嵇康最終之理想爲：

　　抱一而無措，則無私無非，兼有仁義，乃爲絶美耳。

由此，嵇康理想之至人境界亦顯然可見矣。抱一者即所以體合於大道，任心
於自然；而無措者則爲超越於名教之上，無所滯礙於是非情惑之所繫。蓋前
者本爲顯之工夫，而後者則爲遮之工夫，一遮一顯之間即所以臻於至人渾化
之境界也。

　　復次，嵇康亦以好學非自然之觀點，由人性之本然藉以根本否定名教經
典之本質。〈難張遼叔自然好學論〉云：

　　六經以抑引爲主，人性以從欲爲歡。抑引則違其願，從欲則得自然。

　　然則自然之得，不由抑引之六經，全性之本，不須犯情之禮律。

嵇康以人性從欲之本然爲順乎自然之反應，正所謂「好安而惡危，好逸而惡
勞，故不擾則其願得，不逼而其志從」也。而六經者原屬維繫名教社會之工
具，其目的本在抑引人性爲主。故全性之本即在於順性之自然，不當引經典
之禮律以抑引人性也。然經典何以抑引人性，嵇康則從人文進化之觀點，做
深刻之辨析。〈難自然好學論〉云：

洪荒之世，大樸未虧，君無文於上，民無競於下，物全理順莫不自
得。飽則安寢，飢則求食，怡然鼓腹，不知爲至德之世也。若此，
則安知仁義之端，禮律之文？及至人不存，大道陵遲，乃始作文墨
以傳其意，區別羣物，使有族類，造立仁義，以嬰其心；制其名分，
以檢其外；勸學講文，以神其教。故六經紛錯，百家繁熾，開榮利
之塗，故奔騖而不覺。是以貪生之禽，食園池之粱菽；求安之士，
乃詭志以從俗。

據此，嵇康以歷史退化之觀點以肯定上古無有名教，而民因以自得而不知以
爲義，相愛而不知以爲仁。及大道凌遲，智巧滋繁，後世一切仁義名分之制
作，亦適足以桎梏人心以至於開榮利之塗而已。由是人性之本然亦隨之而蕩
然，而六經即爲此名教制度之集大成者，後之學者資以致榮華之階，久而習
之，遂以爲自然。故嵇康最終從六經以爲榮華之塗觀點，進而極力反駁六經
爲太陽之說。〈釋私論〉云：

今子立六經以爲準，仰仁義以爲主，以規矩爲軒駕，以講誨爲哺乳，
由是塗則通，乖其路則滯。遊心極視，不覩其外；終年馳騁，思不
出位；聚族獻議，唯學爲貴；執書摘句，俛仰咨嗟；使服膺其言，
以爲榮華。故吾子謂六經爲太陽，不學爲長夜耳。今若以明堂爲丙
舍，以誦諷爲鬼語，以六經爲蕪穢，以仁義爲臭腐，覩文籍則目瞧，
修揖讓則變傴，襲章服則轉筋，譚禮典則齒齲；於是兼而棄之，與
萬物爲更始。則吾子雖好學不倦，猶將闕焉。則向之不學，未必爲
長夜，六經未必爲太陽也。

據此，嵇康以爲後世名教之世界，固以禮法爲則，然六經之典籍，正所以順
應巧僞之時運而作，而人多以之爲榮華之塗。由是學之者計而後習，大樸因
之以虧。故以太陽爲六經者絕非人性之自然，而好學者亦非本然之舉。蓋此
嵇康以名教與自然爲絕對性之矛盾衝突，以後起之名教固非自然之本質，故
當超越之，由是否定六經禮法，乃回復人性自然之本質，即所以直反於任心
自然之至人境界。而其所謂「越名教任自然」之理念，亦於此內在主觀之提
昇工夫而獲致肯定也。

　　綜觀如上嵇康越名教任自然之觀念，爲其對道家思想之修養工夫有深刻
之體認，其立論於儒道本質之差異尤有辨證意義之認知。由是老莊任心自然
之理念，亦適足以針對儒家本質之檢討，做深入之剖析明辨。故觀其理想人

格（至人、君子）之塑造，原是老莊任道無措之理解，而鄙棄六經禮法者，即因其會通於至人越名任心之理念矣。

第五節　向秀郭象之玄論思想

　　向秀字子期，其玄論思想雖與阮籍、嵇康同為針對《莊》學而立論，然所論內容已多不盡契合，展現其獨特觀點。阮嵇之《莊》學如前所述，大抵以「任自然而毀棄名教」為宗旨，故所得結論亦多以「越名任心」為極致。而子期之《莊》學，則從調合名教與自然為出發，故其目標亦如謝靈運〈辨宗論〉所云以儒道為一也。然子期之《莊子注》二十卷散佚已久，張湛《列子注》時有所引，固可管窺一二，但其全貌則終不可察矣。

　　又今通行本之《莊子注》，雖題為郭象注，然《世說新語》〈文學篇〉第十七條云：

> 初，注《莊子》者數十家，莫能究其旨要。向秀於舊注外為解義，妙析奇致，大暢玄風；唯〈秋水〉、〈至樂〉二篇未竟而秀卒。秀子幼，義遂零落，然猶有別本。郭象者，為人薄行有儁才；見秀義不傳於世，遂竊以為己注；乃自注〈秋水〉、〈至樂〉二篇，又易〈馬蹄〉一篇，其餘眾篇，或點定文句而已。後秀義別本出，故今有向郭二《莊》，其義一也。

按此一郭象注《莊》竊向秀案，《晉書》遂資之以補〈郭象傳〉。由是歷世學人如高似孫《子略》、王應麟《困學紀聞》、焦竑《筆乘》、胡應麟《四部正譌》、謝肇淛《文海披沙》、陳繼儒《續狂夫之言》、王昶《春融堂集》、袁守定《佔畢叢談》、《四庫全書總目提要》、《簡明目錄》、陸以恬《冷廬雜識》、劉宗周《人譜類記》及顧炎武《日知錄》，皆相率承之謂郭象莊子注抄襲向秀而來。然諸輩立論均乏客觀分析之依據，殊難折服人心。〔註40〕以致前人若錢曾《讀書敏求記》、王先謙《莊子集解》、吳承仕《經典釋文序錄疏證》則持懷疑之態度，惜亦終不能據確證以力辯。是以前人之意見固無濟於考論此一《莊注》竊案之究竟。至近人楊明照、壽普暄則列舉《經典釋文》、張湛《列子注》及現存之郭象《注》資以比對之結果，〔註41〕郭象之《莊注》

〔註40〕此可參考黃錦鋐先生對各家立論之分析。見《中國歷代思想史》第三冊〈郭象〉頁 1755～1756，商務印書館。

〔註41〕近人楊明照統計向秀、郭象之《莊子注》，計有八十九條，意義相同者有四十

與向秀之《莊注》竟多有文同義同，或文異義同者。由是可證《世說》之記載或非空穴來風。然若謂郭象直竊向秀之《莊注》，但點定文句而已，則恐或不盡然。蓋《郭注》視之《向注》，除文同義同外，其於文異部分，固多有增刪字句之痕迹，且亦有文義相異之例證，原不祇限於〈秋水〉、〈至樂〉、〈馬蹄〉三篇，減可知《世說》之說辭固未可據以完全確信也。故《晉書》卷四十九〈向秀傳〉云：「惠帝之世，郭象又述而廣之。」如證以今人例證之比較分析結果，述而廣之者則或近於事實。此郭象既依據向秀《注》而廣之，其大義精神固多有相會通處。由是今論郭象《莊注》之大義，視作向郭二人之思想者，亦未嘗不可。

一、郭象之自然獨化義

　　自然之一義，於老莊思想體系中原指道體之用。易言之即是形容「自己如此」之一種狀態，本章論阮籍一節曾有明說，茲不贅述。蓋自然者既非本體，原係宇宙論生化之概念，而此一概念若一旦衡諸人為之理念，實亦不得不維繫一對立有待之關係。是以老莊崇自然而黜人為者，即所以於此對立有待之世界，呈顯其自然無待之效果也。然此自然無待之理念，若一旦須依有待之世界得以呈顯者，固不足為自然理論之極致，而郭象所以窮極此一理論之完成者，即在於自然獨化義之提出。〔註42〕

　　按獨化之理念，本為老莊宇宙生化之有待關係中進一步之發展。然郭象所用之理則，亦在於從莊子渾化觀照世界之一點上推衍。《莊子》〈齊物論〉「惡識所以然，惡識所以不然」郭象注云：

　　　世或謂罔兩待景，景待形，形待造物者。請問？夫造物者，有耶？
　　　無耶？無也，則胡能造物哉？有也，則不足以物象形。故明乎眾形
　　　之自物，而後始可與言造物耳。是以涉有物之域，雖復罔兩未有不
　　　獨化於玄冥者也。故造物者無主，而物各自造，物各自造，而無所

　　　七條，相近者有十五條，相異者二十七條。（參見楊著〈郭象莊子注是否竊自向秀檢討〉一文，《燕京學報》第二十八期），又壽普暄曾引向秀所謂「隱解」和郭象注比較，所得結果，有向注而無郭注者計二十條，兩家注各異者十七、八條，相同者十八、九條。（參見壽著〈由經典釋文試探莊子古本〉一文，《燕京學報》第二十八期）。

〔註42〕據近人何啓民先生考證之結果，知向秀所提萬物生化義，仍主有生於無之說。故茲節所謂者僅及郭象之論述而已。（何民之說見《魏晉思想與談風》頁117～119，學生書局。）

待焉。此天地之正也，故彼我相因，形景俱生，雖復玄合，而非待
也。明斯理也，將使萬物各反所宗於體中，而不待乎外，外無所謝，
而内無所矜，是以誘然相生，而不知所以生，同焉皆得，而不知所
以得也。

此注郭象極力否定造物存在與作用的意義。先是辨析並排除罔兩、景、形與
造化之依待連鎖關係，由是物與物其間之因果亦不復成立，而萬物之所以存
在的事實，乃由於自己，自取，自造，自爾而已。因此，萬物之自化，乃不
成一有所執之絕對實用關係矣。〔註43〕故依此一層理念順勢再進推，則一切
萬物既渾化至一絕對之無待而存在，因之本此以言造化的存在意義時，亦正
是所謂「造物者無主，而物各自造」之獨化意涵而已。然而郭象所執之渾化
理則，原是取諸莊子玄同有無之基本理念而來，〈齊物論〉云：

俄而有無矣，而未知有無之果孰有孰無也。今我則已有謂矣，而未
知吾所謂之其果有謂乎？其果無謂乎？

莊子於有無之論辯，玄同渾化乃為溝通有無兩者間之最終極致。蓋此一經辯
解追溯中之有無之滯，本可渾化至一具體之無。〔註44〕由是有無可俱於一體
之中，以「自本自根」而自生自化。故郭象承之此一理念，乃所以創發其自
然獨化之基本理則也。然則郭象處理現象界有無之生化問題時，亦尤堅決秉
持其獨化之基本論點做更高層次之推衍，此固有異於傳統道家之說法。〈齊物
論〉「夫吹萬不同，而使其自己也。」郭注云：

……無即無矣，則不能生有，有之未有，又不能為生。然則生生者
誰哉？塊然而自生耳。自生耳，非我生也。我即不能生物，物亦不
能生我，則我自然矣。自然而然，則謂之天然。天然耳，非為也，
故以天言之。以天言之，所以明其自然也。……夫天且不能自有，
況能有物哉？故天也者，萬物之總名也。莫適為天，誰主役物乎？
故物各自生，而無所出焉，此天道也。

又〈知北遊〉「有先天地生者物邪？物物者非物，物出不得先物也，猶其有物
也。猶其有物也，無已。」郭注云：

誰得先物者乎哉？吾以陰陽為先物，而陰陽者即所謂物耳。誰又先
陰陽者乎？吾以自然為先之，而自然即物之自爾耳。吾以至道為先

〔註43〕參見唐君毅《中國哲學原論－原道篇》頁938，新亞研究所。
〔註44〕參見牟宗三《才性與玄理》頁245，學生書局。

之矣，而至道者乃至無也，既以無矣，又奚爲先！然則先物者誰乎
哉？而猶有物無已，明物之自然，非有使然也。

按老莊對宇宙生化之解釋，本爲依待之關係。故老子云：「天下萬物生於有，
有生於無。」又莊子謂道則云：「六極之下不爲生，先天地生而不爲久，長於
上古而不爲老。」，「神鬼神帝，先天地生。」是知老莊之所謂「無」，「道」
者，即宇宙生化之本體固先於一切形物之外而獨立存在。如是萬物生化依待
於「無」「道」者，自不成問題。然則此一理念郭象所堅持否定，其理又安在？
蓋獨化之理論架構，原在泯除形物與本體間生化之對待關係，而收斂於事物
自身以內觀照之。由是郭象視無者，即是一全然無意義之無，以其不能自生
者，乃理之必然。故郭象據此以宇宙萬物之生化，還諸萬物之自生自化者，
即所謂「塊然而自生」，「物各自生，而無所出焉」者也。蓋此乃明確否定生
化之本體存在於萬物之外，亦是萬物生化依待之第一因者，既非形物外之天
道或陰陽，而是內斂於萬物本身之自得、自生與獨化。以致郭象依循此萬物
自爾之生化直謂爲自然（自然而然，即天然者）者，乃是極力斷定萬物既以
自然爲體，亦尤其強調更以自然爲性者也。

　　綜觀郭象之自然獨化義，其所論者乃宇宙萬物生化之起然意義。然則此
一理說再落實於萬物本身之主觀境界時，即又衍生其逍遙義說。茲以下一目
續討論之。

二、向郭之自得逍遙義

　　如前所述，郭象宇宙論之獨化義，本是一絕對無待之生化理念，若由此
一無待之理念再推展於萬物自我主觀之境界，即又成爲其逍遙義之理論基
礎。按向、郭之逍遙精義，今可見者，《世說新語》〈文學篇〉第三十二條劉
孝標注云：

> 向子期、郭子玄逍遙義曰：『夫大鵬之上九萬，尺鷃之起榆枋，大小
> 雖差，各任其性；苟當其分，逍遙一也。然物之芸芸，同資有待，
> 得其所待，然後逍遙耳。唯聖人與物冥而循大變，爲能無待而常通；
> 豈獨自通而已？又從有待者不失其所待；不失，則同於大道矣。』

近人論向、郭之逍遙義，每多據此精義，析分爲三層而立說，一是從理上一
般說，二是分別說，三是融化說。〔註 45〕蓋此三說之觀點頗能使向、郭所論
逍遙之要旨更具條理，更有分明之程續，是以如下仍依此三說分述之。

〔註45〕同註44，頁 181。

　　首從理上之一般說者，即向、郭依宇宙本體論開展於萬物逍遙之第一層工夫。蓋宇宙論之理論基礎既建立於自然獨化之條件上，而逍遙之基本理論，亦勢必由獨化所演生之自得爲本。郭注〈逍遙遊篇〉，題注云：

　　　夫小大雖殊，而放於自得之場，則物任其性，事稱其能，各當其分，

　　　逍遙一也，豈容勝負於其間哉。

按莊子之逍遙境界，本在超越或泯除大小之差別限制。首篇舉大鵬與蜩鳩爲喻者，即因大小同是有所待，同是限於時空之限制而不自由。然物物若各安其所受之性，而自適其適，大者安其大，小者安其小，不作虛妄分別，不存彼我之見，則逍遙得矣。〔註46〕而向、郭即本此自得觀點出發，拈出一性分自足之說法。先是銷解大小之差別所引起之對待關係，故〈題注〉中所謂「自得」「當分」者，即是超越此大小形質之差異限制。〈逍遙遊〉「水淺而舟大也」郭注云：

　　　夫質小者，所資不待大，則質大者，所用不得小矣。故理有至分，

　　　物有定極，各足稱事，其濟一也。若乃失乎忘生之生，而營生於至

　　　當之外，事不任力，動不稱情，則雖垂天之翼不能無窮，決起之飛

　　　不能無困矣。

此謂有待之萬物，形質固有大小之異，而所資當各有不同。苟其大小得宜，各足稱事，則萬物皆逍遙。若各不足其性分，不安於內而求之於外者，即一切有待之萬物，復不至逍遙矣。故〈逍遙遊〉「上古有大椿者，以八千歲爲春，八千萬爲秋」郭注云：

　　　……夫物未嘗以大欲小，而必以小羨大，故舉大小之殊名各有定分，

　　　非羨欲所及，則羨欲之累可以絕矣。夫悲生於累，累絕則悲去；悲

　　　去而性命不安者，未之有也。

此注向、郭以爲萬物有大小之異，大可不欲小，而小必以羨大爲足。然大小之殊能有定分，原非羨欲可及，若以羨欲爲足，則必累其心而悲生。由是逍遙亦終不可及矣。必也自足其性分方可致其有待之逍遙。是以〈逍遙遊〉「蜩與學鳩笑之曰：『……奚以之九萬里而南爲？』」郭《注》云：

　　　苟足於其性，則雖大鵬無以自貴於小鳥，小鳥無羨於天池，而榮願

　　　有餘矣。故大小雖殊，逍遙一也。

蓋萬物以性分爲自足，彼此皆可臻於逍遙之境界，則一切形質之差異亦可超

〔註46〕參見張默生《莊子新釋》上冊，頁9，洪氏出版社。

越或泯滅之。由是有待之萬物固可透過此第一層一般理上之工夫，而得其充分之逍遙矣。

　　次由分別之說者，所謂「物之芸芸，同資有待，得其所待，然後逍遙耳。」本是確定一般人、物於有待關係中，原可通過一得其所待之工夫，而至於逍遙。如是就一般理上說，本在於強調自得其性分；若以分別上說者，又在於祇得依其所待以致成「無待」之逍遙而已。如此眞正無待之逍遙亦祇能期於聖人方始能有。故云：「惟聖人與物冥而循大變，爲能無待而常通」，即明指唯有聖人能通透於物我之玄同，而至絕對無待之逍遙也。故〈逍遙遊〉「若夫乘天地之正，而御六氣之辯，以遊無窮者，彼且惡乎待哉？」郭注云：

　　　　故乘天地之正者，即是順萬物之性也；御六氣之辯者，即是遊變化
　　　　之塗也；如斯以往，則何往而有窮哉！所遇斯乘，又將惡乎待哉！
　　　　此乃至德之人玄同彼我者之逍遙也。苟有待焉，則雖列子之輕妙，
　　　　猶不能以無風而行，故必得其所待，然後逍遙者，而況大鵬乎！夫
　　　　唯與物冥而循大變者，爲能無待而常遇，豈獨自通而已哉？

按莊子所言「乘天地之正，而御六氣之辯」者，即爲絕對無待之逍遙。此亦正爲〈天下篇〉所云：「上與造物者遊，而下與外死生無終始者爲友」及〈山木篇〉：「乘道德而浮游」之超然境界。蓋至人之逍遙，本在於玄同彼我而冥合於天地萬物。如是一切物我之對待關係既告解除，則萬物之自然皆爲天地之正（不變之本性），而天地間之變化亦不過六氣之辯（變易）而已。至人即依此天地之眞正本性於內，以應接一切事物節候之變化於外，故能極至無待而遨遊於無窮無限之宇宙中。準此，郭象以「順萬物之性」「遊變化之塗」釋之，殆亦甚精善貼切。故所謂「夫唯與物冥而循大變者，爲能無待而常通」，此又是指明唯聖人能於彼（物）我上持有一玄同冥合之工夫，方能體自然變化之道，超然於外物所圍，而契合於眞正無待之逍遙。故〈逍遙遊〉「其神凝，使萬物不疵癘而年穀熟，吾以是狂而不信也。」郭注云：

　　　　夫體神居靈而窮理極妙者，雖靜默閒堂之裏，而玄同四海之表，故
　　　　乘兩儀而御六氣，同人羣而驅萬物。苟無物而不順，則浮雲斯乘矣；
　　　　無形而不載，則飛龍斯御矣。遺身而自得，雖淡然而不待，坐忘行
　　　　忘，忘而爲之，故行若曳枯木，止若聚死灰，是以云其神凝也。其
　　　　神凝，則不凝者自得矣。世皆齊其所見而斷之，豈嘗信之哉？

此謂聖人之處世，所以異於常人者，正因凝神窮理，智照靈通，玄同宇內而

無心順物之故。由是性定於內,物冥於外,無罣於依待,而怡適自得,調暢逸豫,無所往而不逍遙也。然此終為聖人所獨美,而不為常人所體信者,此聖人所以異於常人之關鍵矣。

末則就融化說者,即體合於一般人、物與聖人間之逍遙關係而論。所謂「豈獨自通而已?又從有待者不失其所待;不失,則同於大道矣。」此明言聖人由眞正無待之逍遙,同時復參贊天地化育之功,而使萬物皆臻於逍遙之域。〔註47〕是以〈逍遙遊〉「至人無已、神人無功,聖人無名」郭注云:

> 又順有待者,使不失其所待,則同於大通矣。故有待無待,吾所不
> 能齊也;至於各安其性,天機自張,受而不知,則吾所不能殊也。
> 夫無待猶不足以殊有待,況有待者之巨細乎?無已,故順物,順物
> 而至矣。夫物未嘗有謝生於自然者,而必欣賴於針石,故理至則迹
> 滅矣。今順而不助,與至理為一,故無功。聖人者,物得性之名耳,
> 未足以名其所以得也。

此注向、郭以為聖人與物冥而循大變者,不惟無待,且順萬物之有待,而使其不失其所待者,即以聖人之逍遙,自有一種使物含生抱樸,各適其性之功化也。蓋此一功化在順萬物有待之逍遙,使各安於性,而天機自張,各歸於自然,而性足獨化。由是聖人於萬物之功化,亦各還復於萬物本身之自得,而聖人之己、功、名即又於此功化之過程中渾然迹滅矣。

故綜觀以上逍遙義三層次之推展,向、郭所據以立說者,實不外以有待與無待二界立論。首則以性分自足之觀點,以建立其一般性之理說;次則就分別為說,肯定聖人無待逍遙之絕對價值,非萬物所可及;終則又依融化說之,以聖人之無待功化芸芸者之有待,庶幾渾化於道術之中為極致之理想也。

三、向郭之寄言迹冥義

若以向、郭逍遙義之第三層再分析,逍遙之眞諦如終必待聖人之功化而完成,則勢必面對名教(人為)與自然一衝突課題之解決。夫道家之傳統理解,名教與自然本為衝突對立不相容之兩體,故老莊之激烈反對名教者,即所以確定自然之根本價值也。蓋此一思考型式固為道家思想順推之理則,魏末阮籍嵇康崇尚自然毀棄名教之立論宗旨,即順此理則之成熟反響。然晉初

〔註47〕 參見蘇新鋈《郭象莊學平議》頁 319,學生書局。

向秀郭象則又採逆推之理則，以調合自然名教爲鵠的，一者欲存儒家聖人之名，一者又欲明道家至人之實，期以用道合儒而達內聖外王之理想。然儒道立論，本多牴牾，調和其間之衝突者，則又當涉及方法論問題，而向、郭所提出者，即寄言與迹冥也。

　　夫寄言者，所以出意也。《莊子》〈山木〉「栗林虞人，以吾爲戮，吾所以不庭也。」郭注云：

　　　　以見問爲戮。夫莊子推平於天下，故每寄言以出意，乃毀仲尼，賤老聃，上揭擊乎三皇，下痛病其一身也。

按寄言出意之法則，實同於王弼得意忘象，得意忘言之說。〔註48〕然王弼得意忘象，得意忘言之法則原又可溯諸莊子「得魚忘筌」「得兔忘蹄」之言意觀。由是可知，向、郭所據以解《莊》者，仍是落於莊子之基本思想模式中。故觀向、郭調和儒道間名教與自然之衝突者，亦原是依循莊子思想理路之另一轉化而已。因此，寄言之旨既所以不滯於言者，則莊子之牴責仲尼，亦可就此法則獲諸平息矣。再者，向、郭復執此一平息儒道之衝突對異，以論儒道中聖人與神人之關係。〈逍遙遊〉「藐姑射之山，有神人居焉，肌膚若冰雪，綽約若處子。」郭注云：

　　　　此皆寄言耳，夫神人，即今所謂聖人也。夫聖人雖在廟堂之上，然其心無異於山林之中。世豈識之哉？徒見其戴黃屋，佩玉璽，便謂足以纓紱其心矣。見其歷山川，同民事，便足以憔悴其神矣。豈知至至者之不虧哉！今言王德之人而寄之此山，將明世所無由識，故乃託之於絕垠之外，而推之於視聽之表耳。

據此，向、郭以道家無爲之神人與儒家有爲之聖人合而爲一之論者，本在於調息儒道間之衝突。其所運用方式者，仍在於寄言出意之法則。是以聖人居廟堂之上可寄言於神人之處山林者，端在於其心之不虧而已。由是言之，自然與名教絕非截然對立，聖人與神人之關係，亦可依寄言之法則而渾化之。故王德之人所以可寄於此山，可託於絕垠之外者，即所以顯明聖人用世之意也。又寄言者雖可調和神人與聖人間自然名教之對立，然又當如何調和其間之對立，此點原屬人爲與自然間矛盾之化解。而向、郭如何論之？〈秋水〉「牛馬四足，是謂天；落馬首，穿牛鼻，是謂人。」郭注云：

　　　　人之生也，不可服牛乘馬乎？服牛乘馬，不可穿落之乎？牛馬不辭

─────────────

〔註48〕參見《中華文化百科全書》頁932，黎明出版社。

穿落者，天命之固當也，苟當天命，雖寄之人事，而本在乎天也。

此注所謂「苟當天命，雖寄之人事，而本在乎天也。」則從天命之觀點彌合人為與自然之差距，而使人為可本諸「天命之固當」之原則，以為順乎自然之本旨。由是以寄言出意所建立自然名教合一之理論體系亦於此獲致形上之依據矣。故再依循此一層依據推及於君臣間之用世，名教與自然間有為無為兩者之關係，亦完全可契合無間。〈天道篇〉「上必無為而用天下，下必有為為天下用，此不易之道也。」郭注云：

> 無為之言，不可不察也。夫用天下者，亦有用之為耳。然自得此為，率性而動，故謂之無為也。今之為天下用者，亦自得耳。但居下者親事，故雖舜臣為臣，猶稱有為。故對上下，則君靜而臣動；比古今，則堯舜無為而湯武有事。然各用其性而天機玄發，則古今上下無為，誰有為也。

此注極明顯者，向、郭既基於「天命之固當」，則君上臣下之義原不可易也。然則，有天下者固不可不為。但天下本應以君為體，以臣為用；君當體率性而動，以無為任物，而臣則為天下用者，亦「當親事有為，稱所司之職任」也；是以君寄臣之用而有為，臣依君之無為而自得其用，上下冥同體用，天下化矣。夫唯如是，既有為，既無為，而君臣間之有為無為亦所以相冥而為一也。〔註49〕是以儒道之有為與無為皆可合流以施諸政事之一體，而天下既因之復得其自為，故上下又無為矣。再者，儒道間之施用者又當如何進一層調配與契合，此涉及於向、郭於《莊》學另一迹冥義之理解。

夫迹冥者，所以別儒道各用之實質意涵也。此一論點《莊子》中已有申說，〈天運篇〉云：

> 夫六經，先王之陳迹也，豈其所以迹哉！今子之所言，猶迹也。夫迹，履之所出，而迹豈履哉。

按莊生以儒典之六經為先王所陳之迹，猶履之所出，固非履之本身。由是向、郭依循此一悟處，推及於「法聖人」之問題探討，亦相等於莊生之理解。〈胠篋〉「然而田成子一旦殺齊君而盜其國」郭注云：

> 法聖人者，法其迹耳。夫迹者，已去之物，非應變之具也，奚足尚而執之哉！執成迹以御乎無方，無方至而迹滯矣，所以守國而為人守之也。

〔註49〕參見顏崑陽〈莊子自然主義研究〉頁105，《師大國文研究所集刊》第二十號。

此注向、郭以爲迹者既爲已定之形式，勢必限於時間之效用。而執迹者，猶以舊法應新變，故每多拘滯而不能隨物以應化，甚者且將爲人資以利用，適爲盜本而已。故欲明聖人之所以迹者，須由迹以觀其冥，始克會通聖人之一體。又〈逍遙遊〉「堯治天下之民，平海內之政，往見四子藐姑射之山，汾陽之水，窅然喪其天下焉。」郭注云：

> 夫堯之無用天下爲，亦猶越人之無所用章甫耳。然遺天下者，固天下之所宗。天下雖宗堯，而堯未嘗有天下也。故窅然喪之，而嘗遊心於絕冥之境，雖寄坐萬物之上，而未始不逍遙也。四子者，蓋寄言以明堯之不一於堯耳。夫堯實冥矣，其迹則堯也。自迹觀冥，內外異域，未足怪也。世徒見堯之爲堯，豈識其冥哉！故將求四子於海外而據堯於所見，因謂與物同波者，失其所以逍遙也。然未知至遠之迹，順者更近，而至高之所會者反下也。若乃屬然以獨高爲至不夷乎俗累，斯山谷之士，非無待者也，奚足以語至極而無窮哉？

此注向、郭復以「自迹觀冥」法則以呈顯迹之所以迹（冥）之辨證關係。近人湯用彤先生云：「聖人者有內有外，有本有末。外末者，聖人之迹，內本者聖人之所以迹。聖人舉本統末，眞體起用。」〔註 50〕故堯雖有爲於天下，然其所以有爲者，正在於其無用天下爲。此前者固爲迹，而後者即爲冥，迹冥之間，內外殊異，理之必然。今郭《注》謂四子者，蓋寄言以說明堯之不一於堯，適所以由迹冥抽象之分解，再玄同於堯之一身也。惜世人多著於迹而離冥，「忘本逐末，廢體而存用」，徒名堯之塵垢粃糠，豈知有神人之實焉？故向、郭直溯堯之迹以觀其冥者，其目的原在使人體冥，由體冥而致迹，不再由法迹以致迹也。〔註 51〕由是體冥者實與致迹本維繫一前後體用之關係，而兩者間之呈顯，亦所以由雙遣而雙得。故離冥之迹固非所宜，去迹孤冥，亦終非盡善，必也彼我冥符，既忘其迹，亦忘其所以迹者，始臻於至道。故〈大宗師〉「彼，遊方之外者；而丘，遊方之內者也。」郭注云：

> 夫理有至極，外內相冥，未有極遊外之致而不冥於內者也，未有明於內而不遊於外者也。故聖人常遊外以冥內，無心以順有，故雖終日見形而神氣無變，俯仰萬機而淡然自若。夫見形而不及神者，天下之常累也。是故觀其與羣物並行，則莫能謂之遺物而離人矣；觀

〔註 50〕 參見湯用彤《魏晉玄學論稿》頁 114，里仁書局。
〔註 51〕 參見林聰舜《向郭莊學》頁 165，文史哲出版社。

其體化而應物，則莫能謂之坐忘而自得矣。豈直謂聖人不然哉？乃
必謂至理之無此。是故莊子將明流統之所宗以釋天下之可悟，若直
就稱仲尼之如此，或者將據所見之排之，故超聖人之內跡，而寄方
外於數子。宜忘其所寄以尋述作之大意，則夫遊外冥內之道坦然自
明，而莊子之書，故是涉俗蓋世之談也。

此注向、郭以爲聖人遊外以冥內者，迹冥亦所以由相得而相忘也。然或者見
其行迹，終不可昧其冥以觀之。故雖以羣物並行，體化而應物，亦能由遺物
離人以致坐忘自得。如是仲尼可依由「超聖人之內跡，而寄方外於數子」，進
而臻於迹冥渾化之圓境。至若「內不覺其一身，外不識有天地，然後曠然與
變化爲體，而無不通也」，本是向、郭於《莊子》一書之理解，所以由迹冥渾
化之圓境中，依順相得相忘之工夫，儒道之至極亦同時泯化於一體矣。

綜觀向、郭之寄言迹冥義，其目的莫不於聖人之人格有圓滿之觀照。蓋
寄言出意者原在於忘迹而存冥，而迹冥之極致，則又終之以坐忘之工夫，同
於大通爲圓境。故縱然以儒典六經爲迹，終無差異於仲尼與堯完美聖人人格
之理解。甚者，以莊生批駁儒家、非毀仲尼，亦完全無損於迹冥相得相忘之
實質意涵也。觀此由圓融之靜觀以會通方外方內互體關係之理解，向、郭於
《莊》學之精微處，實深得資以推展其玄解矣。

四、向郭之任性養生義

依向、郭逍遙義第一層性分自足之理說，萬物有待之逍遙，必由此而自
得。然萬物中之人又何由性分自足而自得，此固仍須從向、郭之養生義探尋
更深一層次之理解。

按向、郭注《莊》之養生義一如莊子言養生，即從生有涯、知無涯之相
對義說起，然向秀於注莊之前，原已有〈難嵇康養生論〉一文。今觀是篇中
若干養生觀念實與注《莊》之養生義有絶大出入，故吾人於論注《莊》養生
義之前，亦不得不先於該篇論文做一分析理解。

夫向秀之〈難養生論〉，其立論實以儒道調合之思想爲基本信念，故文中
亦多引儒家名教以資闡明道家自然之義。〈難養生論〉云：

夫天地之大德曰生，聖人之大寶曰位，（按：引《易繫辭》下文）；
崇高莫大於富貴（《易繫辭》下），然則富貴，天地之情也；貴則人
順已，行義於下，富則所欲得，以財聚人，此皆先王所重，關之自
然，不得相外也。又曰：富與貴，是人之所欲也。（《論語》《里仁語》）

但當求之以道，不苟非義。在上以不驕無患，持滿以損斂不溢。若
此，何爲其傷德耶？或覩富貴之過，因懼而背之，是猶見食之有噎，
因終身不殮耳。

據此，向秀認爲富貴欲求乃天地之實情，出於自然，本無可爭議。而傳統儒
家針對於富貴所持之諸項德性，藉以調和道家自然之說，兩者泯合之迹亦歷
然可見矣。由是既以富貴爲人心之自然傾向，若水之流下，人對富貴欲求之
關係勢必以任性自然爲則，自不應以逆之方向扼抑，但當以順之方向導之於
正軌而已。故由此一前提類推，人心於外物之對待關係，即智、情之所用者，
亦當以自然視之。〈難養生論〉又云：

夫人受形於造化，與萬物並存，有生之最靈者也。畢於草木不能避
風雨，辭斧斤，殊於鳥獸不能遠網羅，而避寒暑。有動以接物，有
智以自輔，此有心之益，有智之功也。若閉而默之，則與無智同。
何貴於有智哉？有生則有情，稱情而自然得，若絕而外之，則與無
生同。何貴於有生哉？

向秀以智情之所以用爲人異於草木鳥獸所稟自然之性，而養生者即所以順導
此自然之性而已，故智情之所用本不違「有生之情」（即自然）也。若捨天地
之大德，閉默其智，禁絕其情，勢必不能盡於自然之性，而養生亦必懸空無
著。故〈難養生論〉亦云：「苟心識可欲，而不得從，性氣困於防閑，情志鬱
而不通，而言養之以和，未之聞也。」由是「稱情則自然」，盡其所稟之性情，
所以不失其德也。然不失其德者又如何？向秀亦本儒家節之以禮說，以順導
人性中自然智性之所用，故〈難養生論〉云：

夫人含五行而生。口思五味，目思五色。感而思室，飢而求食。自
然之理也。但當節之以禮耳。令五色雖陳，目不敢視，五味雖存，
口不得嘗。

據此，向秀之養生觀念，實建立於儒道之調和基礎上，故當節之禮者，適所
以順導自然之情性至於一理性之境域也。

　　如上所論，是可知向秀之養生論－任性節禮，此一義說較之莊子自然適
性之說者，實不能盡合符節。近人亦推測是篇眞可謂「蓋欲發（嵇）康之高
致」，而故作俗論之謂。〔註52〕余則以爲向秀之根本理念，原具調合儒道之濃
厚色彩，苟發爲此論，或不無可能。再者，至於郭注《莊子》之養生義，或

〔註52〕同註44，頁211。

不盡於難養生論再敷陳者；甚者，更有不同之論說，此向、郭於莊子養生義實有更深層次之理解。然若斷言難養生義與注莊之養生義絕無關係者，此或亦不盡然。蓋向、郭之逍遙義可別爲三層說，何養生義不可容二說之存在，又逍遙既以有待無待爲常人與聖人之分別，何養生不可由任性節禮以至於自然適性之分別說者。故由以上一二類推之結果，誠可知〈秀傳〉雖云「蓋欲發康之高致」，其實不必定以俗論俗情視之也。

向、郭之莊注養生義，實本於《莊子》〈養生主篇〉重於自知之精神致養，故於心境之虛靜涵養，亦以捨棄外界知識之營逐，爲其內在本性自覺之提昇工夫。故〈養生主〉：「吾生也有涯，而知也無涯。以有涯隨無涯，殆已；已而爲知者，殆而已矣。」郭注云：

> 所稟之分各有極也。夫舉重携輕，而神氣自若，此力之所限也。而尚名好勝者，雖復絕脰，猶未足以慊其願。此知之無涯也。故知之爲名，生於失當，而滅於冥極。冥極者，任其至分而無毫銖之加。是故雖負萬鈞，苟當其所能，則忽然不知重之在身。雖應萬機，泯然不覺事之在己。此養生之主也。以有限之性尋無極之知，安得而不困哉？已困於知，而不知止，又爲知以救之，斯養而傷之者，眞大殆也。

按向、郭亦本莊子論養生，首從生有涯，知無涯相對義說起。蓋知識之增長，原與人心之欲望恒維持一相互牽引之張力關係，故欲望可推至無限，知識亦必隨之而無窮。如是一旦陷於無限之知識營求，則內在之本性亦支離愈甚。反之，若欲望一旦歸於純正之限度，自然不須對知識做無已之營逐，而反諸於心上虛靜之工夫，即得於養生之妙用也。由是養生之首要者，厥在於捨棄知識之營求。故「知之爲名，生於失當，而滅於冥極」者，乃指知識之營逐，適所以支離其自性。而必也滅於冥極者，即由反斂本性之自覺，以重歸其性分之自足。是以「任其性分而無毫銖之加」，「苟當其所能，則忽然不知重之在身」，「雖應萬機，泯然不覺事之在己」，此即直謂無待之自覺，正由否定知識之營逐，而肯定其心上之虛靜工夫也。由是「遣名知」以任心之自覺，亦成爲養生之主矣。又〈養生主〉：「爲善無近名，爲惡無近刑，緣督以爲經，可以保身，可以全生，可以養親，可以盡年。」郭注云：

> 忘善惡而居中，任萬物之自居，悶然與至當爲一，故刑名遠矣，而全理在身也，順中以爲常也。養親以適。苟得中而冥度，則事事無不可也。夫養生非求過分，蓋全理盡年而已。

此注向、郭正由《莊子》「緣督以爲經」一句以開展其義。順中者，即以虛心任物而與物俱化，既忘善惡之所執，而復歸於物之自生自化。是故「養親以適」，〔註53〕「事事無不可」，即所以於不過分（性分）之需求，而致其「全理盡年」也。又〈人間世〉：「瞻彼闋者，虛室生白，吉祥止止，夫且不止，是謂之坐馳。夫徇耳目內通，而外於心知，鬼神將來舍，而況人乎？是萬物之化，禹舜之所紐也，伏戲几蘧之所終，而況散焉者乎？」郭注云：

> 夫使耳目閉而自然得者，心知之用外矣。故將任性直通，無往不冥，尚無幽昧之責，而況人間之累乎？言物無貴賤，未有不由心知耳目以自通者也。故世之所謂知者，豈欲知而知哉？所謂見者，豈爲見而見哉？若夫知見可以欲而爲得者，則欲賢可以得賢，爲聖可以得聖乎？固不可矣。而世不知知之自知，因欲爲知以知之，不見見之自見，因欲爲見以見之，不知生之自生，又將爲生以生之。故見目而求離朱之明，見耳則責師曠之聰。故心神奔馳於內，耳目竭喪於外，處身不適，而與物不冥矣。不冥矣，而能合乎人間之變，應乎世世之節者，未之有也。

《莊》文此數句，正面積極說明無心任物，與物俱化之心神內斂工夫。故「徇耳目內通，而外於心知」者，即爲向、郭此注文之重心所在。夫耳目之用者本自通於心神之極處，由是物與心之關係，亦唯依此耳目之所用而決定。故耳目自通於心神，自不須隨外用之刺激而牽引，但僅爲心神與物間冥極之觀照而已，是以所謂「自見」「自知」與「自生」者，即指此外於心知之內斂工夫也。若則以耳目爲心知之外用，而物我間知，見、生之關係，亦必流於有意之造作。故「欲知而知」，「爲見而見」，「爲生而生」者，即耳目之用不能內通於心神而自知自見，徒落於外知之營逐，此正所謂「心神奔馳於內，耳目竭喪於外」也。而由此實又可得知向、郭於莊子養生義之極致理解，實本於直覺之心知理念也。蓋知覺之心知，本爲有意造作之知識；直覺之心知，即爲無心任物之自覺。前者原所以妨於心神之內斂，而後者亦如耳目之善用適可內通於心神之極處也。故養生所以「遺名知」者，乃指前者而爲言，至若後者，以其所以冥極於物，正自足其性分之自得，而養生亦唯資以賴焉。

〔註53〕按向、郭以「養親以適」注《莊子》「可以養親」句，揆諸上下文義，或有不妥。蓋此「親」當爲「新」之假借，「養親」實是「與日化新」之義。（此一論點可參考王叔岷〈莊子爲善無近名爲惡無近刑新解〉，《南洋商報》1973年新年特刊第三十七版）。

故〈人間世〉「福輕乎羽，莫之知載」郭注亦云：

> 足能行而放之，手能執而任之；聽耳之所聞，視目之所見；知止其
> 所不知，能止其所不能；用其自用，爲其自爲；恣其性內，而無纖
> 介於分外，此無爲之至易也。無爲而性命不全者，未之有也。性命
> 全而非福者，理未聞也。故夫福者即向之所謂全耳。非假物也，豈
> 有寄鴻毛之重哉？率性而動，動不過分，天下之至易者也。舉其自
> 舉，載其自載，天下之至輕者也。然知以無涯傷性，心以欲惡蕩知，
> 故乃釋此無爲之至易，而行彼有爲之至難，棄夫自舉之至輕，而取
> 夫載彼之至重，此世之常患也。

據此，向、郭之養生大義可謂至矣。蓋養生非求過分，全理盡年以獲其性命之全也。非求過分所以「恣其性內」之內得，任心應物而無所執累。是故任足之「行其自行」，任手之「執其自執」，順耳目之所聞見，止知能之所當止，「用其自用」，「爲其自爲」，自足於物我之性分，「兩無纖介於分外」。如是，一切物我之運行皆只是率性而動，自不須牽引歧出而假於外物。故雖至輕如鴻毛亦無所寄之，「舉其自舉」，「載其自載」無所依待而各得全焉。至若所謂「知以無涯傷性，心以欲惡蕩知」者，即是落於有待（假於物）之營逐中，自不足以處身冥物，復不能任物以自生。執累其心，溺之於所爲而不可使復其心，「行彼有爲之至難」，「取夫載彼之至重」苟資以養其生者，不亦遠乎？由是養生者，自當以其無所依待之全性，冥極於一切物我之對待關係，自聽而無聽相，自視而無視相，自知而無知相，自能而無能相，自生而無生相，若至於斯，庶幾養生全性之理得矣。

故綜觀向、郭之養生義，自冥極之觀點視之，原可會通其逍遙義之理解。蓋性分之自足適藉以耳目心知之內斂而落實；耳目心知之內通亦所以得其性分爲極致。準此，觀向、郭反復申說「遺名知」以任心順物者，本是秉持逍遙義說而會通於莊子養生去知之理說也。

第六節　裴頠之玄論思想

裴頠字逸民，其玄論思想本謀求於重建儒家社會禮法之名教價值。《晉書》卷三十五本傳云：

> 頠深患時俗放蕩，不尊儒術，何晏阮籍素有高名於世，口談虛浮，
> 不尊禮法，尸祿耽寵，仕不事事；至王衍之徒，聲譽太盛，位高勢

重，不以物務自嬰。遂相仿效，風教陵遲，乃著崇有之論以釋其蔽。
據此，則裴頠之崇有乃針對何、阮、王諸輩「貴無」玄論所衍生之行為流弊
而立論。然其所以反貴無而存實有者，本多傾向於具體之存在意義，蓋此一
論點〈崇有論〉開宗明義即有云：

> 夫總混羣本，宗極之道也。方以族異，庶類之品也。形象著分，有
> 生之體也。化感錯綜，理迹之原也。夫品而為族，則所稟者偏，偏
> 無自足，故憑乎外資。是以生而可尋，所謂理也。理之所體，所謂
> 有也。有之所須，所謂資也。資有攸合，所謂宜也。

按貴無派以道為無，萬有之存在原是虛無本體所衍化之結果。然則裴頠既以
道為萬有之總和，而非一獨立存在之本體。如是依此一觀點以論道之存在者，
乃為一具體之形式意義並非形上之抽象義。故「形象著分，有生之體」，「理
之所體，所謂有也」，本是就具體萬有之形象人物而言體，固無涉於形上之本
體意義也。〔註54〕然則，體既為具體之萬有，而萬有之存在亦所以繫於彼此
之對待關係方得以呈顯，是以萬物各體之有祇是「偏無自足」，而且須「憑乎
外資」以獨立自存也。至若一旦執此具體之有以審視貴無之玄論者，又將如
何？茲〈崇有論〉以三層式之論述再析之。〔註55〕

首則，依現實之觀點，明辨有無之存在價值。〈崇有論〉云：

> 夫盈欲可損而未可絕有也，過用可節而未可謂無貴也。蓋有講言之
> 具者，深列有形之故，盛稱空無之美。形器之故有徵，空無之義難
> 檢。

此裴頠本現實存在之觀點，以說明「無」不能成立之理由。所持之論點，乃
以為「有」既為存在之客觀事實，不能絕，亦不可絕；然「無」本非現實之
可見及，不能知，且不可知，其義固難檢而無徵。如是無之不存在之價值，
於現實經驗之理說自可得到肯定。

再則，裴頠又基於保生之觀點，提出貴無所以全有之說法。〈崇有論〉云：

> 人之既生，以保生為全；全之所階，以順感為務。若味近以虧業，
> 則沉溺之興起；懷末以忘本，則天理之真滅。故動之所交，存亡之
> 會也。夫有非有，於無非無，於無非無，於有非有。是以申縱播之
> 累，而著貴無之文，將以絕所非之盈謬，存大善之中節，收流遁之

〔註54〕參見龔鵬程〈崇有論駁議釋疑〉，《鵝湖月刊》第四卷第九期，頁 33。
〔註55〕此三層式論述之觀點承自何啟民先生之說法，唯本文立論或有小異。（何氏之
　　　　說可參見《魏晉思想與談風》頁 166～167。）

> 既過，反澄正於胸懷，宜其以無爲辭而旨在全有，故其辭曰「以爲
> 文不足」。若斯，則是所寄之塗，一方之言也。若謂至理信以無爲宗，
> 則偏而害當矣。

此裴頠依保生之觀點，由順情寡欲以立論。蓋「有之非有」者，乃戒以縱欲
傷生而爲言；而「無非無」者，即是說明寡欲保生！表面雖似虧損，但並非
消滅既有之個體，而是更完滿保全生命而已。〔註 56〕由是裴頠亦所以推知老
子倡言貴無者，其目的本在全有。故無之以爲言者，雖在於「絕所非之盈謬，
存大善之中節，收流遁於既過，反澄正於胸懷」，然其最終之宗旨，乃在於以
「全有」爲鵠的。觀此論點之提出，或可表現裴頠個人獨匠之慧心，或爲前
人所未發，然茲猶可略窺知者，實由王弼「老子是有者也，故恒言無所不足」
一語反面蛻化而來也。〔註 57〕

　　終則，裴頠亦從始生之觀點，否定「貴無」以無生有之謬說。〈崇有論〉云：

> 夫至無者，無以能生，故始生者，自生也。自生而必體有，則有遺
> 而生虧矣；生以有爲已分，則虛無是有之所謂遺者也。故養既化之
> 有，非無用之所能全也；理既有之眾，非無爲之所能循也。

按何晏王弼之主「貴無」說者，乃以「無生有」爲其理論之首一原則。故所
謂「有生於無」「恃無以生」者，實承於老子由無生有之原意順推而得。然裴
頠則以爲萬物既以有爲體，萬物之始生者，亦所以當歸根於自生而來。由是
自生之始固祇是體有絕非體無也。故自生者乃以有爲已分，則虛無者自當爲
有之所遺終非有之所體。而既經生化之有，亦祇能順有之用以全生，循有之
道以理眾，實不得以無濟有或復返於無矣。

　　綜觀如上裴頠《崇有論》三層式之論述，實又可導入兩關鍵性問題之檢
討。一者裴頠之崇有以駁斥王何之貴無是否得當？另者裴頠之崇有是否同於
郭象注《莊》之自然獨化義？茲再依次先後分述之。

　　按裴頠〈崇有論〉之有無概念，乃依據於現實經驗之觀點，故其所得之
結論，亦祇落實於形下之形式意義。依彼之見，有之存在既爲萬物形象之呈
顯，而無者乃僅爲非有（有之不存在）之空無義。如是有無之相對即爲一絕
對不相連續之對立概念而已。然則憑此一論點用之以駁斥王何之貴無玄論
者，實無法究其核心而論之。蓋王何之貴無，「無」乃是一超然獨立之形上本

〔註 56〕參見《中國歷代哲學文選》（《兩漢隋唐篇》）頁 384，木鐸出版社。
〔註 57〕參見唐長孺《魏晉南北朝史論稿》頁 333。

體義，與有之關係，固維繫一絕對連續之相生之意義。故所謂「天下萬物皆以無爲本」，「天下萬物復歸於無」者，即明確指明「無」之存在性質，自不因有之呈顯而泯其獨立價值。由是吾人可知裴頠之崇有與王何貴無之所論者，實有不同層次之殊異，則彼所駁斥貴無之玄義，縱可爭一時之口譽，終難信服人心也。〔註58〕

至若裴頠之崇有是否與郭象之自然獨化義同？其間異同關係如何？茲引兩家之精義如下：

△裴頠之〈崇有論〉：「夫至無者，無以能生，故始生者，自生也。自生而必體有，則有遺而生虧矣。」

△郭象之自然獨化義：「無既無矣，則不能生有，有之未有，又不能爲生。然則生生者誰哉？塊然而自生耳。」

按此兩家反貴無之說者，實甚顯然。以致近人乃有以爲裴頠之崇有與郭象獨化義大體相同。〔註59〕然若執此反貴無之共同理念遽以爲郭象之獨化義固承於裴頠之〈崇有論〉者，則即不然矣。蓋〈崇有論〉雖言自生義，然其自生乃根於有，而有既爲萬有具體形象之總和，則自生者恒需「憑乎外資」，依有待之條件而後完成也。反觀郭象之獨化義，彼之自生性質，本自根於絕對無待之條件而進行，故無既不能生有，而有是否生有，亦不爲郭象所執言。由是依郭象獨化義所闡釋之罔兩與形影之無待自生關係，固非〈崇有論〉之有待自生義所能詮釋涵容。此即兩家立論之關鍵所在，實又不可不察也。

〔註58〕此所以近人牟宗三先生亦深感裴頠之〈崇有論〉固不足以對治《老》《莊》之無也。（參見《才性與玄理》頁363，學生書局）。

〔註59〕執此一說者，如近人劉大杰。參見《魏晉思想論》頁53，里仁書局。

第四章　東晉時期玄論思想之內涵

前章論曹魏西晉時期之玄論思想，實即以儒道之合同離異爲各思想家樹立學理之要點，而自然名教之辨析，恆爲爭辯之目標。蓋此種學說之開展，原爲針對漢末以來名教與學術之式微而起，直可視爲吾國知識份子階層於傳統文化之反省與自覺。迨至東晉，歷久之儒道爭辯，實以呈顯理論衰竭之流敝，談辯人士所傾心者，厥在於辯論之技巧，溺心於「理中之談」，而於道家玄論思想之內涵，除略陳前人之理說外，鮮有獨立創發之思想。〔註1〕是以此一時期之玄論思想，論辯之談士固不足以持有前期之領導地位。此所以吾人當多求諸非談辯之論述也。蓋其中尤值稱述者有三焉：一、釋徒之格義佛理；二、葛洪養生學理之基礎；三、張湛《列子注》之玄論思想。如下茲以三節次分述之。

第一節　釋徒之格義佛理

佛學傳入吾國，實可上溯於兩漢。桓靈之世，支婁迦讖、竺朔佛即已譯有《道行般若經》。其後吳支謙又有《道行》異譯之《大明度無極經》，朱士行西行得梵本九十章，無羅叉、竺法蘭復譯出《放光般若經》。至西晉時竺法護譯《光讚般若》及《小品經》七卷，衛士度亦有《摩訶般若波羅密道行經》一卷，由是可知東晉前佛經之迻譯已頗具規模。然於曹魏西晉時期仍終無法與儒道分合之玄論思想爭衡或並論，今揆其原因，乃因佛學初入中國，

〔註 1〕按此一觀點參考《世說新語》〈文學篇〉支道林與許椽諸人之辯理條，所謂眾人「但共嗟詠二家之美，不辨理之所在。」又〈排調篇〉桓南郡與道曜講老子條、荀鳴鶴與陸士龍二人之問答條，皆可見此時談風之一般情形。

所譯述之經典尚停滯於草創時期，辭多簡陋意短，且此時知識份子亦幾全心於自然名教之論辯，自無暇究心於佛理之探析。以是前期玄論思想之內涵，佛學思想原在學術以外，其影響吾國談辯人士之思想理致實屬有限。

然至東晉時期，知識份子爭辯之玄理既已虧缺，學術重心亦不得不隨之轉移，而適時佛學即應運而起。一者則以佛經譯述之質量倍增，其中以曇摩蜱、竺佛念之《般若經抄》、鳩摩羅什之《大小品般若經》並譯最足稱道；另一者則以此時高僧輩出，此可於《高僧傳》略知端倪。然其時高僧亦多承前期譯經之態度，以大乘之般若學爲論學之宗旨。此或前期老莊爲主之玄論思想內涵，頗近於般若空觀之思想。〔註2〕故大小品之般若學於東晉時期，亦極盛一時也。

再者，因於前期之譯經，多以佛理附會中國傳統文化，即本老莊之玄理或術語以解釋佛學之義理者，此謂之「格義」。〔註3〕蓋西晉晚期，河間之竺法雅與康法朗等人，曾以佛經中之事數，配擬中國古典之事數以說佛理。而東晉初期以格義論佛學之風尤加盛行，不唯孫綽〈道賢論〉以天竺七道人比於竹林七賢，〔註4〕且般若性空之學，研習之高僧乃依玄理以釋佛理。由是產生派別之格義佛學，而有所謂六家七宗之說，唐元康《肇論疏》云：

> ……宋莊嚴寺釋曇濟作六家七宗論。論有六家，分成七宗。第一本無宗，第二本無異宗，第三即色宗，第四識含宗，第五幻化宗，第六心無宗，第七緣會宗。本有六家，第一家分爲二宗，故成七宗也。

此六家七宗均爲吾國釋徒對於般若性空本無之解釋，其各派系之代表人物，吉藏《中論疏》、《山門玄義》、慧達《肇論疏》、元康《肇論疏》、《中論述義》各有異說，茲列一表如下：

〔註2〕按老莊之玄理，一言以蔽之，即對具體物象之消解與超越，此原與大乘般若以空（萬法無自性）之概念，自有基本上相同之理趣。

〔註3〕按格義一詞，最早見於僧叡之〈喻疑論〉：「漢末魏初，廣陵、彭城二相出家，並能任持大照。尋味之賢，始有講次。而恢之以格義，迂之以配說。」（《出三藏記集》卷五）

〔註4〕按〈道賢論〉今不存，今可依梁《高僧傳》之記載，知其比附之人物爲：西晉竺法護比山濤，帛法祖比嵇康，東晉之于法蘭比阮籍，支道林比向秀，竺法深比劉伶，于道邃比阮咸，竺法乘比王戎。

曇　濟	中論疏	山門玄義	慧達疏	元康肇論疏	中論述義
本無	道安		道安	竺法汰	道安
本無異	琛法師	竺法深			
即色	關內：支道林	支道林	支道林	支道林	支道林
識含	于法開	于法開			
幻化	壹法師	釋道壹			
心無	溫法師	釋僧溫 竺法溫	竺法溫	支敏度	竺法溫
緣會	于道邃	于道邃			

　　按此六家七宗之論，可見當日般若性空義眾說紛紜。今人湯用彤先生嘗綜合般若各宗，別爲三派：第一爲二本無，闡釋本體之空無，以道安及竺法深爲首；第二爲即色、識含、幻化以及緣會四家，悉主色無，而以支道林爲最有名；第三爲支愍度之心無義。〔註5〕蓋此本無、即色、心無三宗義說，固爲當時般若學之主流。是以不惟〈中論疏因緣品〉所稱：「什師未至，長安本有三家義」，即指此三宗之義說，而姚秦僧肇〈不眞空論〉亦標舉此三家義說而責難之。茲將三宗之義說及僧肇之不眞空義，物不遷義與無知義，略述於後，以見當時玄學化格義佛學之一斑。

一、道安之本無及竺法深之本無異義

　　道安之本無說，今原始資料已佚。茲探析此一派思想之內涵，亦惟依照後代學者之評述資料，或略可揭其學說之一二。據吉藏《中觀論疏》卷二云：

> 釋道安明本無義，謂無在萬化之前，空爲眾形之始。夫人之所滯，
> 滯在末有（原誤作「未」，今正）。若託心本無（原誤作「詫」，今正），
> 則異想便息。

依此，道安以空寂至靜爲萬法之本性，即其所謂之本無義也。以是「無」與「空」實爲同指一事，而眾生之所滯者，滯在末有，而異想芸生。如是若安其心歸於本無之境界，了悟一切諸法本性是空，則性空之理全而異想息矣。由是觀之，其所理解之「本無」義，實已落入何晏王弼之貴無也。故「無在萬化之前，空爲眾形之始」，實爲其「格義」所得之論證。又《名僧傳抄》〈曇濟傳〉述七宗論云：

〔註 5〕　參見湯用彤《漢魏兩晉南北朝佛教史》頁 277，鼎文書局。

> ……第一，本無，立宗曰：如來興世，以本無弘教（弘字原文係佛字，此據慧達《肇論疏》校改），故《方等深經》，皆備明五陰本無。本無之論，由來尚矣。何者？夫冥造之前，廓然而已，至於元氣陶化，則群象稟形；形雖資化，權化之本，則出於自然。自然自爾，豈有造之者哉？由此言之，無在元化之先，空爲眾形之始，故稱本無。非謂虛豁之中能生萬有也。

觀之，可知道安取資王何貴無之玄義以闡釋「本無」者，乃取其形上之基本義。故所持「無在元化之先，空爲眾形之始」，則無異於視本體在現象之前。此所以其本無仍滯於時間先後之概念也。故以之釋般若之空義，自不足以呈顯諸法自性空寂之絕對本質。蓋般若所揭之空義，本「因緣所生法，我說即是空」之觀點而論，以是般若之空即不能落於「前」與「始」之時間觀念加以解釋，僅可謂其「當體即空」也。〔註6〕此道安或受格義時風之影響所致，其對般若空義之誤解若是。然道安亦頗尚能自覺「諸法空無」之先決義，理推而得本無爲一至靜不動之概念。故「非謂虛豁之中能生萬有」者，自與老子「有生於無」之觀念並非完全相同。唯以其終不能顯明此一觀念之界限問題，實亦無法充分契合般若空義之本旨也。

又唐元康《肇論疏》釋慧達《肇論序》「六家七宗」云：「第一本無宗，第二本無異宗……第一家分爲二宗，故成七宗也。」此二宗，一爲道安義，即如上述。而一者即爲竺法深義。蓋本無與本無異義初本合爲一家，其後分爲二宗，故其間所論自當同中復有異者也。茲論本無異義。吉藏《中論疏》卷五引琛（應作深）法師之言云：

> 本無者，未有色法，先有於無，故從無出有，即無在有先，有在無後，故稱本無。

又安澄引《山門玄義》第五卷，《二諦章》云：

> 復有竺法深即云：諸法本無，壑然無形，爲第一義諦，所生萬物，名爲世諦。

按此宗與本無宗同主「無」爲現象之本體，萬法之自性。然本無宗之「無」原取至靜不動之概念，而此宗則全與老子「有生於無」之理同。以是竺法深所執著一形上意義之「無」，較道安之說尤甚。〔註7〕唯此宗所執之無，雖爲

〔註6〕參見《中國歷代思想家（三）》，藍吉富，〈道安〉頁18～19，商務印書館。
〔註7〕參見勞思光《中國哲學史》頁241，三民書局。

萬物由之而生，然所謂無者終究不詳其究竟義。而「未有色法」「豁然無形」者，本非指「非有非無」之無，乃謂實無之涵義。故若依據此一理解以釋般若者，則或去空義之本旨益遠矣。

二、支道林之即色義

此宗除支道林之即色，復有關內之即色義。吉藏《中觀論疏》云：

> 第二即色義。但即色有兩家。一者，關內即色義，明即色是空者。此明色無自性，故言即色是空，不言即色是本性空也。此義爲肇公所呵，肇公云：此乃悟色而不自色，未領色非色也。次支道林著《即色遊玄論》，明即色是空，故言即色遊玄論。此猶是不壞假名，而說實相。與安師本性空故無異也。

蓋吉藏所分即色之兩家義。關內之即色義，以明即色是空，色無自性爲主，而未言即色之本性空寂。如是仍不免於假色色而後爲色。以致後爲僧肇所呵，謂其「未領色之非色也」。至若支道林之即色義，乃從「因緣生」以說空義，與關內即色原是異趣。彼以本性即空之觀點，闡述即色是空之理。此點吉藏雖未明說，但《世說新語》〈文學篇〉第三十五條「支道林造即色論」劉孝標注引《集妙觀章》即有云：

> 夫色之性也，不自有色；色不自有，雖色而空。故曰色即爲空，色復異空。

又安澄《中論疏記》卷三引《山門玄義》第五卷云：

> 第八支道林《即色遊玄論》云：夫色之性，色不自色，不自，雖色而空，知不自知，雖知而寂。彼意明：色心法空名眞，一切不無空心色是俗也。

依此二則所引。支道林之即色者，以色不自有，而明言即色是空，是其本因緣和合而後有以明空義也。然色不自有者，色原是假名，而「色心法空名眞」亦是不壞於假名以說實相。此點吉藏固已明之。而所謂「與安法師本性空故無異」實又不盡然，此一則以不壞假名以說實相，一則尚以不說假名而但明實相也。〔註8〕如是道安所言即與支道林之說，雖同以諸法性空爲宗旨，然前者固由王何玄論之本無作理解，而後者即以因緣生之觀點，以留存色名不壞假名爲極致。蓋以留存色名而不廢假名爲說者，實與向、郭莊義爲近。此又

〔註8〕參見何啓民〈東晉之般若學〉，《海潮音》第四十二卷第一期，頁15。

孫綽比支道林於向秀，而謂「二子異時，風好玄同」也。故不惟支道林〈妙觀章〉「色不自有，雖色而空」，與郭《注莊子》〈知北遊〉「即明物物者無物，又明物物之不能自物，則爲之者誰乎哉！」之理念近似。是以莊子逍遙一義，支道林亦尤能依據向、郭兩家之義說而獨標新理。《世說新語》〈文學篇〉第三十二條云：

> 《莊子》《逍遙篇》，舊是難處，諸名賢所可讚味，而不能拔理於向、郭之外。支道林在白馬寺中，將馮太常共語，因及逍遙。支卓然標新理於二家之表，立異議於眾賢之外，皆是諸名賢尋味所不得，後遂用支理。

又劉孝標注引支氏〈逍遙論〉又云：

> 夫逍遙者，明至人之用心。莊生建言大道，而寄旨鵬鷃，鵬以營生之路廣，故失適於體外；鷃以在近而笑遠。有矜伐於內心。至人乘天正而高興，遊無窮於放浪；物物而不物於物，則遙然不我得，玄感不爲。不疾而速，則消然靡不適，此所以爲逍遙也。若夫有欲當其所足；足於所足，快然有似天眞，猶飢者一飽，渴者一盈，豈忘烝嘗於糗糧，絕觴爵於醪醴哉？苟非至足，豈所以逍遙乎？

如上兩段記述，向、郭論逍遙以「任性自得」爲中心之論旨，不爲支道林所完全接受。故《高僧傳》卷四本傳云：「夫桀跖以殘害爲性，若適性爲得者，彼亦逍遙矣。」蓋依支道林之見，逍遙之本旨，在於如何超越「任性自得」之範疇，以呈現「至人之心」，達於至人之境界。準此，其所體現者，乃純爲修養境界上之事，而非限制於形骸之自足而已。故此亦全屬精神生活之超越，固不爲外物所拘滯，而謂「物物而不物於物」也。據此，吾人實可洞悉支道林之逍遙境界，且仍落實於徹底破除與超越於萬物依待之逍遙，而直論至人絕對無待之逍遙。此皆象注《莊子》所已有之義（即逍遙分別說之聖人無待逍遙），其據以立論，自無疑也。然所謂「標新理於二家之表」，則又何指乎？按支道林除明確否定向、郭「各任其性，苟當其分」爲逍遙外，至其所謂至人之逍遙原本建立於即色之義說。故「物物而不物於物」者，乃指至人之心，寂然不動，所造皆通，應物逍遙之思想，亦當由其不壞假名以說實相之義得來。夫實相無相，湛然常寂，寂然常照，而不滯於世相。〔註9〕如此世相既不

〔註9〕參見劉果宗《支道林在玄學興盛時代之地位》，《佛教人物史話》頁76～77，大乘文化出版社。

可滯，則呈顯於此心之外物，亦由超越昇華之主客關係而泯絕相忘，色空一體。故依此感通與證悟道體之立論，通透萬物，「玄感不爲，不疾而速，則逍然靡不適，此所以逍遙也。」夫唯如是，則吾人誠可知支道林不唯會心向郭《莊子注》之逍遙精義，且頗能融合般若即色義於《莊》學之思想體系中。如就格義佛學之體認，擴充玄學思想之範疇，而特「標新理於二家之表，立異義於眾賢之外」也。

三、支愍度與竺法溫之心無義

七宗之第六爲心無宗，元康《肇論疏》謂爲支敏（本作愍）度所創，吉藏則以爲溫法師所論。據此可知心無一義，亦原有二家之說。然今據《世說新語》〈假譎篇〉第十一條「愍度道人始欲過江」一事，心無義實支愍度於渡江前既與另一傖道人所共立。若再依劉孝標於此條注並引舊義與無義爲說者，則支愍度之前，實原已有心無之說。茲述之如左：

> 舊義曰：種智是有（原作有是，今正），而能圓照，然則萬累斯盡，謂之空無，常住不變，謂之妙有。而無義者曰：種智之體，豁如太虛，處而能知，無而能應，居宗至極，其唯無乎！

按支愍度之心無義，元康《肇論疏》中以「物上不起執心」爲立說之宗旨，實從無義「豁如太虛，虛而能知，無而能應」推求心體之理念所得。〔註10〕而舊義之云有，乃是妙有，而非實有。再者以盡累之謂空，故雖有而不滯，雖空而不空者，此又與前期玄論思想之崇有觀念，頗有契合之機也。

至若竺法溫之心無義，其說見於吉藏《中觀論疏》卷二：

> 第三溫法師用心無義。心無者，無心於萬物，萬物未嘗無。此釋意云：經中說諸法空者，欲令心體虛妄不執，故言無耳。不空外物，即外物之境不空。

此是就佛家修持之境界立言。「無心於萬物，萬物未嘗無」者，即是肯定外物爲實有，色復爲眞色。若一旦心體虛妄不執，雖不空外色，而心體即寂滅矣。此一義說安澄《中論疏記》卷三引《山門玄義》第五亦言之甚詳。其論云：

> 第一釋僧溫，著心無二諦論云：『有，有形也；無，無像也。有形不可無，無像不可有；而經謂色無者，但內止其心，不空外色。』此壹公破。反明色有，故爲俗諦；心無，故爲眞諦也。

〔註10〕同註5，頁270。

《山門玄義》所引，其下又有〈二諦搜玄論〉。謂竺法溫所提之心無論云：

> 夫有，有形者也；無，無像者也。然則有象不可謂無，無形不可謂有（原作無，今正），是故有爲實有，色爲眞色，經所論色空者，但內止其心，不滯外色。外色不存餘情之內，非無而何？豈謂廓然無形，而爲無色者乎。

按兩段所引，大同而略異，然其宗旨乃在辨析心體與外有主客之對待關係。「內止其心，不滯外色」，即是由空無此心之所執，以呈顯色境之獨立性。而其所謂般若之空義，亦根本於心體不著外色之簡單推理而得。故物可爲實有，色可爲眞色，兩者與主體之本性，自可藉由心無之一層工夫，而推遠兩者間相互觀照之無限距離。由是則其義說，爲空心不空境甚明也。然若執此一義說，以釋般若空義，又有基本之殊異。是以如一旦明辨有無之相對價值，實亦與前期玄論思想之貴無稍有差別。蓋竺法溫係明顯受貴無思路影響，謀以離棄客體實有之外色，以立其心無之義說。唯以執著於有無之相對觀念，勢必不能契合般若因緣生之空義本旨矣。

四、僧肇之不眞空義，物不遷義與無知義

如上所述東晉初期三家之般若義說，咸多資取於前期玄論觀念闡述空義之思想。自是此格義佛學之結果，各執一偏，莫有定則。然迨及鳩摩羅什於安帝隆安五年（401）始來長安，中土佛學研究一時再掀高潮。不唯大乘空宗經典陸續迻譯完成，且羅什親身講述大乘佛學諸論後，影響吾國當時般若之學術思想，固屬必然。而其中融合中土玄義與佛學義理尤有獨創之見地者，即羅什弟子僧肇之不眞空義，物不遷義與無知義也。

（一）不眞空義

僧肇梁《高僧傳》卷七本傳謂其「歷觀經史，備盡墳籍，志好玄微，每以莊老爲心要」，可見其早年曾受老莊思想之洗禮。然本傳又云：「嘗讀《老子》《道德章》，乃歎曰：美則美矣，然期棲神冥累之方，猶未盡善。」亦可知其後專意溺心於佛學之研究者，原是基於個人對於老莊之玄論思想既有不以爲然之感受。故由其先後理念之演變歷程，表現於《不眞空論》，首則不僅批評早期三家之般若空義，復由其格義之理說，進而發展其獨創之理論體系。〈不眞空論〉云：

> 心無者，無心於萬物，萬物未嘗無。此得在於神靜，失在於物虛。

即色者，明色不自色，故雖色而非（或作未，今正）色也。夫言色者，但當色即色，豈待色色而後爲色哉？此直語色不自色，未領色之非色也。本無者，情尚於無，多觸言以賓無。故非有，有即無；非無，無亦無。尋夫立文之本旨者，直以非有非眞有，非無非眞無耳。何必非有，無此有；非無，無彼無。此直好無之談，豈謂順通事實，即物之情哉？

據此，僧肇批評三家之般若義說，原是辨析本體與現象有無之關鍵問題。蓋以此心無爲說者，支愍度既以「物上不起執心之義」立論，僧肇亦釋之「無心於萬物」者，恰當其分。唯以心無者既知心體之空無爲用，得於心神，本爲禪定之空，不涉對象，自有一面之理說，然不以萬物爲虛，徒使般若空義僅流於偏執之見而已。如是僧肇評云「失於物虛」者，即指此而言。再者，以即色立義者，即以色不自色爲宗。色雖不自有，然不壞假名以說實相，猶偏重於崇有之一面（即不否定現象界之存在意義）。由是並不排斥他色性之可能性，〔註 11〕色色而後爲色，則般若之空義即由因緣生起，皆非眞空可比。僧肇會心此一觀點之流敝，自然提出「未領色之非色」之譏評。惟以本無釋空義者，僧肇所述，實則與前所引諸家於本無所下之定義稍有不同，蓋道安以「無在萬化之前，空爲眾形之始」，「非謂虛豁之中能生萬有」爲立論之本旨，而僧肇所破之本無，謂「情尚於無」「觸言賓無」似指虛豁之中能生萬有，〔註 12〕自與道安所論不同。然僧肇又以本無「貴無」釋空之原則（本體空無）頗不以爲然，「非有，有即無，非無，無亦無」即以離有而理解本體現象之空無者，自又與常理相背。故云「此直好無之談，豈謂順通事實，即物之情哉！」依僧肇之本意，有無之概念既爲本體與現象之所依存，而如何化解此雙重之對立關係？僧肇則更進一步認爲，合同一體，方是契合般若之空義本旨。因此，本無之義說實流失之於離有而不論。由是僧肇所揭示不眞空義之宗旨，即由理解萬法（物）雙重之呈顯，有效辨析有無於本體與現象之存在意義，以開展其獨創之理說。〈不眞空論〉云：

《摩訶衍論》云：『諸法亦非有相，亦非無相』，《中論》云：『諸法不有不無者，第一眞諦也』。尋夫不有不無者，豈謂滌除萬物，杜塞視聽，寂寥虛豁，然後爲眞諦者乎？誠以即物順通，故物莫之逆；即僞

〔註 11〕參見韋政通《中國思想史》頁 756，大林出版社。
〔註 12〕同註 5，頁 251。

即眞，故性莫之易，性莫之易，故雖無而有；物莫之逆，故雖有而無。
雖有而無，所謂非有；雖無而有，所謂非無。如此，則非無物也，物
非眞物。物非眞物，故於何而可物？故經云：『色之性空，非色敗空』。
以明夫聖人之於物也，即萬物之自虛。豈待宰割以求通哉。

按僧肇以萬法雙重（有相與無相）呈顯之觀點，再資取「不有不無」之有無
特質，以理推出有無之有效論證。故物我之觀照，亦循此一特質而相互遮顯。
然則，物我間非有非無之關係當如何維持？此中僧肇又依心物兩方面言之：
其一，心必爲空靈之體，方能即物順通，而物莫之逆，此是主觀之條件；其
二，物之存在，自當呈顯「即萬物之自虛」之客觀本質，如是物雖非無物，
亦非眞物，而不眞空之意義即告成立。由是物我之觀照，自當俱起俱滅，物
我同根。故能心即於非有之現象世界（物非眞物）以求眞實之本體，物即不
易其性，而我亦不滯（莫之逆）於物。是以心既不滯於物，則順通以呈顯心
體之物者，雖非實有，亦又不可謂「非無」也。依此可知，僧肇所謂非有非
無之不眞空義，即由心物相互順通以呈顯，而遮外物以顯本心者，如是勢必
不流於「待宰割以求通」，方是其眞諦所在。

再者，物之呈顯，原是依般若之空義當由因緣湊合而完成，此一觀點僧
肇亦執之以釋物之存在爲「不有不無」之本質。〈不眞空論〉云：

《中觀》云：『物從因緣，故不有；緣起，故不無。』尋理即其然矣。
所以然者，夫有若眞有，有自常有，豈待緣而後有哉？譬彼眞無，無
自常無，豈待緣而後無也？若有不能自有，待緣而後有者，故知有非
眞有；有非眞有，雖有不可謂之有矣。不無者，夫無則湛然不動，可
謂之無。萬物若無，則不應起；起則非無，以明緣起，故不無也。

按不有不無者即非有非無，物既依因緣湊合而存在，則因緣湊合前或後，物
即歸滅之狀態，而物自不可謂爲眞有。但既物依因緣湊合而存在，亦不可謂
物爲非無。如是物之有物即莫能明指，非眞有，非眞無，不有不無，此適所
以爲僧肇再求得一不眞空之理說也。然則，不有不無之「有」，「無」實質意
義，又何所指？〈不眞空論〉云：

言有，是爲假有以明非無，借無以辨非有。此事一稱二，其文有似
不同，苟領其所同，則無異而不同。然則萬法果有其所以不有，不
可得而有；有其所以不無，不可得而無。何則？欲言其有，有非眞
生；欲言其無，事象既形。形象不即無，非眞非實有。然則不眞空

義顯於茲矣。

夫有無之概念如依因緣湊合離散之理解，實爲一體兩面之相對意義，即所謂「事一而稱二」也。蓋有既待因緣湊合而存在，則有必非有一「眞生」，然有自以「事象既形」而呈顯，此又所以非無。由是，言有以爲稱者，即在於闡明物之假有，非所以空無所有也。再者，因緣湊合爲有存在之必要條件，有即非自有而存在，乃又可謂之「無」者，以說明物非本有之自性也。如是言之，因其不有不無之呈顯，有無之觀念固可對立，但於不眞空義中其形質之意義則實無任何差別矣。

（二）物不遷義

依僧肇之理解，「非有非無」之概念既爲萬法因緣生起之實質意義，而其間存在之動靜問題如何？彼亦有物不遷論討論之。

按前期之玄論思想者於有無生化之理解，皆依託於時間之概念而呈顯。然僧肇既以「非有非無」定爲同時存在之一體概念，如是自可免去考慮有無生化之時間意義，而究心於如何安排物於時間之執實意義，資以證明因緣所湊合之現象爲一獨立之自性本質。首先，以動靜之辨析，展示其理論之端緒。〈物不遷論〉云：

> 《道行》云：『諸法本無所從來，去亦無所至。』《中觀》云：『觀方知彼去，去者不至方。』斯皆即動而求靜，以知物不遷明矣。夫人之所謂動者，以昔物不至今，故曰動而非靜。我之所謂靜者，亦以物不至今，故曰靜而非動。動而非靜，以其不來，靜而非動，以其不去。然則其造未嘗異，所見未嘗同。逆之所謂塞，順之所謂通，苟得其道，復可滯哉！

據此，僧肇即動而求靜之理念，引證於《道行》與《中觀》之言，本在說明此論之所本。觀其理論之構架，亦從俗見之理念進行反面之論證，而提出動靜未始異之義說。故俗見既以「物不至今」之「不來」爲動而非靜，而僧肇則以「物不至今」之「不去」謂爲靜而非動。由是，僧肇之所論者，原是不滯於時間之遷流而立說。是以時間既不遷流，則動之現象自爲靜之呈顯，而萬法之存在，亦各具其絕對獨立之靜止意義，故於動中以求靜者，雖動而常靜也。

再者，呈顯於不遷流時間中之事物，其各別間獨立之意義爲何？〈物不遷論〉又云：

> 人則求古於今，謂其不住，吾則求今於古，知其不去。今若至古，
> 古應有今；古若至今，今應有古。今而無古，以知不來；古而無今，
> 以知不去。若古不至今，今亦不至古，事各性住於一世，有何物而
> 可去來。

蓋俗見之所蔽，在於時間之不住。故所謂「今若至古，古應有今，古若有今，今應有古」，此是依感性直覺臆斷之結果。〔註13〕然而不知通過理性對時間形態做分析，以致為僧肇所戡破。依其之見，物於時間上所呈顯於古今之意義，古之形態既不見於今之形態，今之形態抑且不見於古之形態中。由是，理推而得：物於不遷流之時間上，所呈顯之各別存在本質，既不能來亦不能去。恆維持一「各性住於一世」之獨立意義也。

終則，僧肇又據此以理解因果之關係，其義說頗能為佛教之因果報應諸教義提供思辨理論之依據。茲引之如下：

> 是以如來，功流萬世而長存，道通百劫而彌固。成山假於始簣，脩
> 途託於初步，果以功業不可朽故也。功業不可朽，故雖在昔而不化。
> 不化故不遷，不遷故，則湛然明矣。故經云：『三災彌綸，而行業湛
> 然。』信其言也。何者，果不俱因，因因而果。因因而果，因不昔
> 滅，果不俱因，因不來今。不滅不來，則不遷之致明矣。

據此，僧肇於因果之理解，其所持之觀點，即以物不遷義為極則。故因果於時間之意義，自不具聯繫之呈顯。昔之因既不能因今之果而消滅殆盡，今之果雖假昔之因而來，然昔之因本身絕不能過渡於今之果中。由是因果既於時間上各自存在而莫能來往變易之特質。則如來「功流萬世」「道通百劫」之功業，實可於時間不化不遷之形態中，而尋得長存彌固之理論基礎矣。

（三）無知義

吾人已知，僧肇既以萬物為非有非無之即虛世界，且提出動靜一如萬物不遷之觀點。由是發自心體所呈顯主觀之知，當為空靈之體時，方能於虛妄不執之物中順通應化而無所取捨。〈答劉遺民書〉云：

> 非有所以不取，非無所以不捨，不捨故妙存即真，不取故名相靡因，
> 名相靡因，非有知也，妙存即真，非無知也。

「名相靡因」「妙存即真」即由空靈之心體呈顯於萬物中不取不捨之雙重實效。而雙重實效所反應之心靈活動，既非經驗之認知，亦非空無之茫然。如

〔註13〕同註11，頁759。

是，僧肇即轉化此主觀心體之觀照，開展其般若無知義之探索，以相應於般
若空義之理解。〈般若無知論〉云：

> 是以聖人虛其心而實其照，終日知而未嘗知也。故能默耀韜光，虛
> 心玄鑒，閉智塞聰，而獨覺冥冥者矣。然則智有窮幽之鑒，而無知
> 焉；神有應會之用，而無慮焉。神無慮，故能獨王於世表；智無知，
> 故能玄照於事外。智雖事外，未始無事；神雖世表，終日域中。所
> 以俯仰順化，應接無窮。無幽不察，而無照功。斯則無知之所知，
> 聖神之所會也。

據此，僧肇所論般若之無知原是一獨立於世表事外之虛心冥照而已。以其無
所取，神自無慮而獨王於世表，復以其無所捨，智則窮幽而玄照於事外。蓋
此神智之用乃以無知之知為極則，一則無待於經驗之認知，二者無棄於世事
之自虛。是以雖虛其心，以無知為知，而能實照於萬物，又未嘗知也。但既
以神智為無取無捨之觀點，自又能於世事呈顯其不即不離之妙用關係。故智
玄照於事外，未始無事，神雖應會於世表，亦終日域中。由是從空靈心體（聖
人之神智）之無知即以萬物之自虛，適所以俯仰順化，應接無窮；無幽不照，
而無照功也。

　　至若聖人無知之神智所及於萬物之自虛，其間相互冥照之微妙關係，〈般
若無知論〉另有明確之陳述：

> 然其為物也，實而不有，虛而不無。存而不可論者，其唯聖智乎？
> 何者？欲言其有，無狀無名；聖以之靈。聖以之靈，故虛不失照；
> 無狀無名，故照不失虛。照不失虛，故混而不渝；虛不照，故動以
> 接麤。是以聖智之用，未始暫廢。求之形相，未暫可得。故《寶積》
> 曰：『以無心意而現行。』《放光》云：『不動等覺而建立諸法。』所
> 以聖迹萬端，其致一而已矣。是以般若可虛而照，真諦可亡而知，
> 萬物可即而靜，聖應可無而為。斯則不知而自知，不為而自為矣。
> 復何知哉？復何為哉？

蓋聖人內有獨鑒之神智，冥照萬法之實相，故內雖照而不滯於知，外雖實而
無狀無名，內外寂然，物我冥　。此所以聖人無知即物之玄照也。是以萬法
雖有而非有，以其所以非有，則無須執於有而為不無之自虛空境。聖人以靈
固可虛而不失其照之無知，而萬法通透於聖人之無知，即所以呈顯其照而不
失其虛之自性。由此，僧肇之般若無知義，本涉及於至高空靈之心體與對象
界之層次寂滅問題，而總收束於萬法唯心（無知之心）之道理。此觀其論中

引《寶積》及《放光經語》，適可洞悉其用心之機微。末後並承上總結般若無知之義說，語雖近浮詞，然於無知之玄理特性實已涵容無遺矣。

　　由上所述，般若空義於東晉初期之發展，歷道安、支道林、支愍度及竺法溫諸人之格義結果，呈顯一玄佛融合之義理。此固不足以論佛學之眞諦。迨僧肇之起，以個人獨立思考之智性及客觀條件之配合，不惟初期般若三宗之空義遂爲之所破，且創發更形週密完備之理論體係。至此般若學於吾國學術之範疇亦可說已有確定成果。但觀其理論之架構，雖已漸脫格義之影響，然終不能完全離棄依老莊玄理釋說佛學之理論方式。此中明顯之迹者，除諸論中語多談玄之浮詞外，而前引三論中亦可證與前期之玄論頗有互爲發明之論點。蓋《不眞空論》中「非眞有非空無」之理念，本在於調合有無之對立以釋般若空義之眞諦；《物不遷論》乃抽離實相之變化於時間之遷流中，以呈顯其永恆靜止之自性；而無知論所說之無知實與莊子捨棄名教經驗，以至心齋坐忘與冥合萬物之機趣相去不遠。至此吾人可知，姑不論僧肇所論般若之學是否盡符合般若之原始眞諦，彼尚不能徹底排除前期玄論之用語與論理方法，實顯然可見。此又所以近人頗有以爲魏晉佛學純爲玄學之一派者，〔註14〕殆非於理無據也。

第二節　　葛洪之玄論思想——養生之理論基礎

　　曹魏西晉時期玄論思想之發展，養生論自嵇康、向秀之互爲論難起，已成爲主要論題之一。及至東晉，王導所揭之三大名理，養生論亦爲其中勝理之一。由是其時養生之觀念，實爲一時玄論風尙之所趨。而葛洪生當東西晉之交，歷經長期變亂與戰禍，適當天下隱逸求仙之風盛行之時期，又以其本人「少好學……性寡欲，無所愛翫」，及「爲人木訥，不好榮名」之個性，且濡染於先人道教氣息。〔註15〕遂於博文深治，精辯玄賾，析理入微之際，乃導其智性之發展致力於養生理論之鑽研。其所著《抱朴子》分內外篇，即闡述其對治世與養生所抱持之不同理念，而〈自敘〉卷第五十云：

　　　　其《內篇》言神僊方藥鬼怪變化養生延年禳邪去禍之事。屬道家。

　　　　其《外篇》言人間得失，世事臧否，屬儒家。

────────────

〔註14〕參見湯用彤《魏晉玄學論稿》頁 136，里仁書局。

〔註15〕據《晉書》卷七十二〈葛洪傳〉，可得知洪從祖玄，吳時學道得仙，號爲葛仙公。並曾侍其鍊丹術授弟子鄭隱。後洪就隱學，悉得其法。

依此，葛洪外儒內道之迹，及其論學之本末先後，涇渭分明。是以《內篇》
既云：「屬道家」者，此可確知其既倡言神僊養生之道教方術，而努力探索建
構者，實在於賦予諸端方術一學理之基礎。由是其所論神僊養生之思想，多
關涉道家形上玄理，此屬自道家哲學轉入宗教道教之關鍵，實爲道教理論之
建立者也。〔註16〕

　　首先，彼養生理論之基礎，猶然延襲前期玄論思想之餘續，特標本體之
旨意。《暢玄卷》第一云：

> 玄者自然之始祖，而萬殊之大宗也。眇眛乎其深也，故稱微焉；
> 緜邈乎其遠也，故稱妙焉。其高則冠蓋乎九宵，其曠則籠罩乎八
> 隅。光乎日月，迅乎電馳。或倏爍而景逝，或飄澤（一本作飆）
> 而星流，或混漾於淵澄，或雰霏而雲浮。因兆類而爲有，託潛寂
> 而爲無。淪大幽而下沉，凌辰極而上游。金石不可比其剛，湛露
> 不能等其柔。方而不矩，圓而不規。來焉莫見，往焉莫追。乾以
> 之高，坤以之卑。雲以之行，雨以之施，胞胎元一，範鑄兩儀。
> 吐納大始，鼓冶億類。囘旋四七，匠成草昧。彎策靈機，吹噓四
> 氣。幽括沖默，舒闡粲尉（一本作鬱）。抑濁揚清，斟酌河渭。增
> 之不溢，挹之不匱。與之不榮，奪之不瘁。故玄之所在，其樂不
> 窮，玄之所去器弊神逝。

據此，葛洪以玄爲自然之本體，原是從老子「玄之又玄，眾妙之門」一語所
推展之論證。故玄之爲物，既爲自然之始祖，萬殊之大宗，本具有超越萬有
之形質概念，卓然於言象之表，以呈顯一絕對獨立之形上意義。如是，萬有
不僅依其而待生起，「胞胎元一，萬鑄兩儀。吐納大始，鼓冶億類」，以成就
萬有存在之形質；即萬有存在之前提，亦就此形上獨立之玄而各得其所依循
之條件而運作。故「玄之所在，其樂不窮，玄之所去，器弊神逝」也。由此
可知，「玄」實無所不有，無所不能，無所不爲，而無所不在。再者，彼又藉
道之描述，茲以配合玄義之引申。〈道義卷〉第九云：

> 道者，涵乾括坤，其本無名，論其無，則影響猶爲有焉，論其有，
> 則萬物尚爲無焉。隸首不能計其多少；離朱不能察其髣髴。吳札晉
> 野竭聰，不能尋其音聲乎窈冥之內；猦猱狒猪（藏本作涉猪）疾走，
> 不能迹其兆朕乎宇宙之外。以言乎邇，則周流秋毫而有餘焉；以言

〔註16〕參見李豐楙〈葛洪養生思想之研究〉，《靜宜學報》第三期，頁1。

乎遠，則彌綸太虛而不足焉。爲聲之聲，爲響之響，爲形之形，爲
影之影。方者得之而靜，員者得之而動，降者得之而俯，昇者得之
以仰。強名爲道，已失其眞，況復乃千割百判，億分萬析，使其姓
號，至於無垠，去道邈邈，不亦遠哉？

葛洪之所謂道，亦和前引之「玄」義，實爲超越自然形質之本體意義。唯其
間略有差異者，玄之一義原從本體之消極理說，而「道」者則從本體之積極
效用而立論。〔註17〕故超越形質概念之道，除具有「無名」之完整獨立性外，
即其效用而爲言，則落於全有之涵容意義。如是此道既不受時空遠邇之局限；
而萬有亦依此道以運作變化，不惟「爲聲之聲，爲響之響，爲形之形，爲影
之影」之萬象繽紛呈顯外，即萬象動靜俯仰間之形質關係亦可據以詮釋。故
所謂「方者得之而靜，員者得之而動，降者得之而俯，昇者得之而仰」者，
實爲抽象之本體，一變而爲萬象常態之呈顯也。

　　再者，依本體之理類推，其所謂神仙養生之所據者，亦從體自然之玄道
以致其所用。此又玄道之妙處，自爲其所深論者。〈暢玄卷〉第一云：

夫玄道者，得之乎內，守之者外，用之者神，忘之者器，此思玄道
之要言也。得之者貴，不待黃鉞之威，體之者當，不須難得之貨。
高不可登，深不可測。乘流光，策飛景，凌六虛，貫涵容，出乎無
上，入乎無下，經乎汗漫之門，遊乎窈眇之野，逍遙恍惚之中，徜
徉彿彷之表。咽九華於雲端，咀六氣於丹霞，徘徊茫昧，翱翔希微，
履略蜿虹，踐蹒璇璣，此得之者也。

此一段葛洪對玄道之描述，本是脫離道家之言道，轉而以言道教養生神仙之
道也。蓋其間過渡之迹至爲明顯者，除反覆申言玄道之奧妙作用外，末則得
道體玄之佳境，實又迥異於莊子之逍遙旨意矣。按莊子之逍遙，原在於銷解
形骸與外物之拘滯關係，促使個體之精神從適性與無待中呈顯一絕對之自由
狀態；然葛洪既傾心於道教養生神仙之道，自當以貴長生全有形爲極致之宗
旨。然而長生全形一旦透過「知玄」之工夫，既洞悉萬有循玄道以得常態之
呈顯，亦進而不假求於外物，且復以知足爲貴也。故〈暢玄卷〉第一云：

其次則眞知足，知足者則能肥遯，勿用頤光山林。……動息知止，
無往不足。棄赫奕之朝華，避僨車之險路。……泰爾有餘歡於無爲

───────────────
〔註17〕按此近人何啓民先生亦認爲「稚川之所謂玄，偏於體說，而道則偏之於用。」
　　　　（見《魏晉思想與談風》頁201）。

之場，等忻然齊貴賤於不爭之地。含醇守樸，無欲無憂，全眞虛器，
居平味澹。恢恢蕩蕩與渾成等其自然；浩浩茫茫，與造化鈞其符契。
如闇如明，如濁如清。……巍然不喜流俗之譽，坦然不懼雷同之毀。
不以外物汩其至精，不以利害污其純粹也。……無常心於眾煩，而
未始與物雜也。

前者體玄道以致養生神仙之所用，此則以知足爲貴，嘉肥遁高蹈之趣者，實
與老子「見素抱樸，少私寡欲」之理同。蓋養生所以全眞虛器，棲神沖漠，
無欲無慮，摒絕俗塵，與世無爭，而與造物爲一也。故含醇守樸，無心於俗
累，眾煩不足縈其心神，而形者亦賴神以全焉。由是養生神仙之道，即從形
神互相觀照之構想，進而開展其存形命氣之雙重理論。〈至理卷〉第五云：

夫有因無而生焉，形須神而立焉。有者，無之宮也；形者，神之宅
也。故譬之於堤，堤壞則水不留矣，方之於燭，燭糜則火不居矣。
身（刻本作形）勞則神散，氣端則命終。根竭枝繁，則青青去木矣；
氣疲欲勝，則精靈離身矣。夫逝者無反期，既朽無枯理，達道之士，
良所悲矣。

依此，葛洪之所謂形神並論者，意謂形雖賴神以立，神須因形以存，此誠爲
嵇康〈養生論〉中「修性以保神，安心以全身」之基本信念。然神仙養生本
以長生全形爲極致，神既體妙於玄道，勢必又偏執於存形之一端。故「有者，
無之宮也；形者，神之宅也」，即是肯定「有」「形」之存在價值，而爲神者
所以賴茲以呈顯也。是以葛洪譬之於堤，方之於燭者，本在於特標形存之重
要性；然形存者必就客觀條件以輔成之，由是彼所爲方藥服食禳邪却禍之道
術，亦於是不致落空矣。再者，所謂「氣竭則命終」，「氣疲欲勝，則精靈離
身」者，實爲延續兩漢以來氣化哲學論之一般觀點，〔註18〕而葛洪亦於〈至
理篇〉中同時論及人與氣之關係：

夫人在氣中，氣在人中，自天地至於萬物，無不須氣以生者也。

按人與氣之關係，戰國晚期之莊子固已提及。〈知北遊〉云：「生也死之徒，
死也生之始，孰知其紀？人之生，氣之聚也；聚則爲生，散則爲死。……故
曰：通天下一氣耳。聖人故貴一。」蓋依莊生之見，氣之聚散，但爲自然之
現象，若氣之本體則無所謂聚散，此即生命之本原，而爲聖人所貴之一。然
葛洪既肯定形存之價值，人之存在，不唯形神之配合，且氣在人中，人自然

〔註18〕參見林麗眞《抱朴子內外篇思想析論》頁 65，學生書局。

是稟於氣而生。如是葛洪於氣之理解，自又較莊生益加深刻細微。故人、氣之關係不唯繫於生聚死散，且又如〈極言卷〉第十三所云：「受氣各有多少，多者其盡遲，少者其竭速」，則直謂個體生命之長短，乃衡於氣量之多寡而定。由是氣之修持工夫亦所以爲其所專注之論點，而行氣、寶氣之觀念遂可循此而順勢提出。〈至理卷〉第五云：

> 防堅則水無漉棄之費，脂多則火無寢曜之患，龍泉以不割常利（《意林》作新），斤斧以日用速弊，隱雪以違暖經夏，藏冰以居深過暑，單帛以慢鏡不灼，凡卉以偏覆越冬；泥壤易消者也，而陶之爲瓦，則與二儀齊其久焉；柞楢（藏本作柳）速朽者也，而燔之爲炭，則可億載而不敗焉；轅豚以優畜（藏本作牲）晚卒，良馬以陟峻早斃，寒蟲以適已倍壽，南林以處溫長茂，接煞則彫瘁於凝霜，值陽和則鬱藹而條秀，物類一也，而榮枯異功，豈有秋收之常限，冬藏之定例哉！

據此，葛洪以氣之量、質爲決定事物生成壞滅之主要關鍵。如以氣之量足，則物必無朽滅之理，然欲使氣長存不竭，自須避免或減省外用之耗量，而以寶氣爲主。故「龍泉以不割爲利，斤斧以日用速弊」「轅豚以優畜晚卒，良馬以陟峻早斃」者，乃純以氣量之消費多寡，以爲衡諸事物成壞之唯一標準；再者，物若藉外力之方式，轉變其氣之質，亦可延長其存在時間。是以「泥壤易消，陶之爲瓦，可與二儀齊久，柞楢速朽，燔之爲炭，可億載不敗」，此端在質變所致耳。即是依物理以順推人命之生滅長短亦可得相同之推論。蓋氣量之存養，自當以寶氣爲長生之消極條件，而由物所得變化氣質足以延長存在時間之論證，此不唯使人之長生獲致一理論之依據，即其所爲導引行氣及金丹服食諸端方術，亦賦予一積極之學理意義矣。

綜上所述，葛洪之玄論思想，本在建立道教養生神仙之理論基礎，而其所資取者，乃道家玄道之形上學理。然即以神仙養生爲極致之立論宗旨，自不復如魏晉一般玄論思想者以宇宙本體論，作爲玄論之重心，反而轉化暢論玄道之奧妙體系，以致其養生神仙之學理依據而已。故循形上玄義所理解之養生論證，自得道體玄、知足安性爲其理論之端緒起，以至存形命氣之引證，實可見出從道家形上哲理，過渡於道教養生神仙之一段思路歷程。由是彼之玄論思想雖可與道家之形上哲理有層次上之契合，若一旦落基於存形命氣之討論，自與道家存神養性之宗旨異趣。〔註 19〕然其於魏晉論養生中，原爲一

〔註 19〕按此一觀點，反應於葛洪對莊子齊生死之理解，尤爲明顯。〈勤求卷〉第十四

最具系統之哲理論述者，此與方術派之倡養形存氣者實又大不同矣。

第三節　張湛列子注之玄論思想

《列子》一書，劉向《別錄》云：〔註20〕

> 臣向言、所校中書《列子》五篇臣向謹與長社尉臣參校讎《太常書》
> 三篇、《太史書》四篇、臣向書六篇、臣參書二篇、內外書凡二十篇、
> 臣校除復重十二篇、定著八篇。……而《穆王》《湯問》二篇、迂誕
> 恢怪，非君子之言也。至於《力命篇》，一推分命；《楊子》之篇，
> 唯貴放逸，二義乖背，不似一家之書，然各有所明，亦有可觀者。

依此，可知劉向之前，《列子》一書固已存在。但諸篇離析分散，雖經向董埋
成帙，或可覩其原貌。唯以〈力命〉、〈楊子〉二篇立義乖背，不似一家之書。
豈其然哉？然今本通行之《列子》，乃東晉張湛輯佚而成。彼於〈列子注序〉，
言此書始末甚詳：

> 湛聞之先父曰：吾先君與劉正輿、傅穎根，皆王氏之甥也，並少遊
> 外家。舅始周，始周從兄正宗、輔嗣皆好集文籍，先得仲宣家書，
> 幾將萬卷。傅氏亦世為學門，三君總角競錄群書。……先君所錄書
> 中有《列子》八卷。及至江南，僅有存者。《列子》唯餘《楊朱》、《說
> 符》、《目錄》三卷。比亂，正輿為楊州刺史，先來過江，復在其家
> 得四卷。尋從輔嗣女壻趙季子家得六卷。參校有無，始得全備。

如湛所言屬實，則《列子》至東晉初篇帙復離散，但所存三卷之一目錄，當
是劉向《新書敘目》，亦應在八篇之外。〔註21〕是所存三卷，實二卷耳。故湛
於劉正輿家中尋及四卷，並從王弼女壻趙季子家復得六卷，共十三篇，參校

云：「莊周貴於搖尾塗中，不為被網之龜，被繡之牛，餓而求粟於河侯，以此
知其不能齊死生也。」此以俗情曲解齊生死，實不解莊生適性逍遙之精神境
界。又同卷云：「俗人見莊周有大夢之喻，因復共張齊生死之論，蓋詭道強達，
陽作違抑之言，皆仲尼所為破律應煞者也。今察諸有此談者，被疾病則遽針
灸，冒危險則甚畏死。然末俗通弊，不崇真信，背典誥而治子書，若不吐反
理之巧辯者，則謂之樸野，非老莊之學。故無骨殖而取偶俗之徒，遂流源於
不然之說，而不能自反也。」乃益以俗情否定莊子齊生死之說，殊為不當。
然此亦說明葛洪所持論者，誠有偏於形存之一面，以致無法體察莊生齊一生
死之精神修養也。
〔註20〕按劉向《別錄》已佚，茲據嚴可均校輯《全漢文》卷三十七引。
〔註21〕參見嚴靈峰《列子辯証及中心思想》頁8，時報出版公司。

有無，遂得列子全書八篇，正合劉向《別錄》所定之數。唯湛所輯之《列子》八篇，歷代學者若柳宗元《柳州文集》、高似孫《子略》、黃震《黃氏日抄》、宋濂《諸子辨》，以迄近代梁啓超《古書眞僞及其年代》、章太炎《菿漢微言》、馬叙倫《僞書考》咸因書中內容駁雜，說明《列子》爲僞作。甚者如梁氏、章氏直謂殆爲湛所自造。蓋《列子》一書內容駁雜，前所引劉向《別錄》，固有以〈楊子〉、〈力命〉兩篇立義乖背，疑其非一家書語。而張湛注及《列子》亦有相同之看法。彼〈列子注〉序云：

> 然所明往往與佛經相參，大歸同於老莊。屬辭引類特與莊子相似。《莊子》、《愼到》、《韓非》、《尸子》、《淮南子》、《玄示》、《旨歸》多稱其言，遂注之云爾。

此一段序語甚重要，諸家疑《列子》爲僞造者，殆由此起。如章太炎氏云：「觀〈張湛序〉，殆其所自造，湛謂與佛經相參，實則有取於佛理爾。」蓋章氏針對湛序「往往與佛經相參」一語，推測有取於佛理之可能性或可信，然觀《湛序》疑湛自造列子者，則嫌武斷。按〈湛序〉中言及《列子》之成書始末，參校異本之過程至爲明確，自造之可能性誠屬不高。唯以湛蒐羅整理《列子》之殘缺資料，是否資料已出於後人所僞造，或彼另有取諸其他子書與佛經加以補全者，自不能排除其可能性。故彼雖於〈序〉中引諸事多稱其言以證此書之不誣，實不足以成有效之論證。再者近人亦有分析全書之內容，證此書不唯與〈湛序〉中所引諸事有相似之迹，至若《管子》、《晏子》、《論語》、《山海經》、《墨子》、《呂氏春秋》、《韓詩外傳》、《說苑》、《新序》、《新論》、《穆天子傳》、《家語》亦不難尋及與之有雷同之詞句。〔註 22〕由是吾人可知今本《列子》大多出於僞造，固無須置疑，然以其聚斂眾書而成，自難明確顯示一家之思想。如是即張湛或涉於僞造之行列，吾人亦不足據以分析其思想之一斑，故茲節之所論者，爲採謹愼之態度，但用其序及注文而已。

一、萬物生化義

　　夫前期玄論思想之發展，宇宙萬物生化之探索，所持之論點不外貴無（有生於無）與反貴無（萬物自生自化）兩大理論系統。蓋前者固爲道家傳統之說法，而後者乃爲向郭注《莊》獨化義之眞諦。至若張湛所持之觀點，則頗有融合兩說於一爐之傾向，故於諸篇注中亦同時存在兩系統之說辭。茲先述

〔註22〕參見朱守亮《列子辨僞》頁 429～457，《國文研究所集刊》第六號。

其承自郭象玄論觀點而據以立論者如下：

《列子》〈天瑞篇〉：「夫有形者生於無形」張湛注云：

> 謂之生者，則不無；無者，則不生。故有無之不相生，理既然矣，
> 則有何由而生？忽爾而自生。忽爾而自生，則不知其所以生；不知
> 所以生，生則本同於無。本同於無，則非無也。此明有形之自形，
> 無形以相形者也。

又〈天瑞篇〉：「夫禾稼、土木、禽獸、魚鱉，皆天之所生，豈無之所有？」張湛注云：

> 天尚不能自生，豈能生物？人尚不能自有，豈能有物？此乃明其自
> 生自有也。

又〈湯問篇〉：「然則亦有不待神靈而生，不待陰陽而形，不待日月而明」張湛注云：

> 夫生者自生，形者自形，明者自明，超然自爾，固無所因假也。

蓋生者自生，即謂物外絕無所謂主宰生物之道體，故有生於有，非生於無。如是有無既不相生，則萬物生化之第一因自不能具有相對之存在條件，而萬物個體之生化亦所以呈顯忽爾及不知之絕對意義矣。再者依循忽爾自生不知自化之理推，自又與郭象同轍，遂衍生其物「無所因假」之觀點。故《列子》〈天瑞篇〉「形動不生形而生影，聲動不生聲而生響」張湛注云：

> 夫有形必有影，有聲必有響，此自然而並生，俱出而俱沒，豈有相
> 資前後之差哉？郭象注《莊子》論之詳矣。而世之談者，以形動而
> 影隨，聲出而響應。聖人則之以為喻，明物動而失本，靜則歸根，
> 不復曲通影響之義也。

張湛以為形影之存在與聲響之相生，原是自然而同時出沒之關係，根本無須依恃彼此前後之對待關係而呈顯。但張湛又推及聖人明示「動則失本，靜則歸根」者，全在闡明解釋萬物生化之一般現象。蓋動者，在於顯明既有之無窮演化；而靜者，則於既有之現象復返歸其本體之存在（歸根）。然本體所指又何？張湛認為本體既由靜態始得呈顯，勢必不復同於既有之現象。若非既有之現象，自當又須承認另一與有相對體之存在。此或張湛不願放棄貴無─有生於無之道家傳統說法。於是另一與郭象相反之生化觀念，遂可於《列子》諸篇注中同時並存。《列子》〈天瑞篇〉：「故有生者，有生生者；有形者，有形形者；有聲者，有聲聲者；有色者，有色色者；有味者，有味味者。」張

湛注云：

> 形、聲、色、味皆忽爾而生，不能自生者也。夫不能自生，則無爲
> 之本。無爲之本，則無當於一象，無係於一味；故能爲形氣之主，
> 動必由之者也。

又同篇「皆無爲之職也」張湛注云：

> 至無者，故能爲萬物之宗主也。

按張湛以爲萬有之形、聲、色、味俱出於自然，而自然是以「無」爲之本者，即承認相對於既有之本體存在。然此本體既超然於萬有現象之上，雖爲萬有之宗主，自無須依藉一象一味而得呈顯。由是萬有之生化，乃一反前「生者自生，形者自形」，「自生自有」之論證。故此兩說之存在，實屬矛盾之命題。但既「忽爾而生，不能自生」，則生化之理論架構，又以「無」爲之本；然則有與無之生化關係又當如何處理，此亦爲彼所提及。《列子》〈天瑞篇〉「無動不生無有生有」張湛注云：

> 有之爲有，恃無以生；言生必由無，而無不生有。此運通之功必賴
> 於無，故生動之稱，因事而立耳。

論有之爲有，乃一恃無之運通結果。如是「有非無所生，不過由無而生耳。」〔註23〕而「無不生有」者，即否定有無之本體與現象之關係。但無既非有之本體，則前所謂爲萬物宗主之說法，自當無法成立。然則「運通之功必賴於無」者，此又不致完全否定「無」於有之生化關係。由是無之存在，至此遂不需依本體之意義呈顯，有之自生亦不失其忽爾不知之絕對獨立性。故無雖有運轉之功，自不能據有生化第一因之主體地位，而有之爲有即由「無」而生，又非所以生於無也。蓋此乃張湛調合兩生化說矛盾命題之嘗試，唯以其間自圓之說法，誠難前後通融無碍矣。

二、命定與肆情義

　　若依萬有生化承自郭象義（自生自化）之觀點，一旦應用於人事之檢討，即爲命定之思想。〔註24〕如再以之進推及於人情之理解，則又可致其肆情之理念。然則何謂命定？何謂肆情？其間兩者既爲不協調，何由調合？茲又爲

〔註23〕參見楊伯峻《列子集釋》卷第一〈天瑞篇注〉引，中華書局。
〔註24〕按萬有生化若依自生原則推衍，實包容兩層涵義。一爲自然而然，一爲不得不然。蓋宇宙一切現象即於自然而然且不得不然之情況運行，則理推人事之進展亦可得相同之認知，此便爲命。

張湛展開之另一論題。

首則，何謂命定？彼於〈力命篇〉題注云：

> 命者，必然之期，素定之分也。雖此事未驗，而此理已然。若以壽
> 夭存於御養，窮達係於智力，此惑於天理也。

觀此，彼之所謂命定者，非指俗論之宿命，原為一自然之命定論。以其有必然之期，素定之分者，自當無制命者可言。由是〈力命篇〉「既謂之命，奈何有制之者邪？」張湛注云：

> 不知所以然而然者，命也，其可制也。

既非外力可制，則命之一切皆於冥中自相驅使以自然而然，而非決定於人事之巧拙，如是人事之智力固不能左右之。此於〈力命篇〉「天福」一詞，張湛注之尤詳：

> 自然生耳，自然泰耳，未必由仁德與智力，然交履信順，得騁一己
> 之志，終年而無憂慮，非天福如之何也。……自然死耳，自然窮耳，
> 未必由凶虐與愚弱。然肆凶之心，居不賴生之地，而威之死地，是
> 以死得死者，故亦曰天福者也。

依彼之見，人之生死泰窮若以表面視之，似由報應身招，或出於智力應事之結果；然經實質分析，則生得生者，死得死者，泰得泰者，窮得窮者，全為天福（命）之所定，絕非人事智力所能運成變易也。

再者，何謂肆情？彼又於〈楊朱篇〉題注云：

> 夫生者，一氣之暫聚，一物之暫靈，暫聚者終散，暫靈者歸虛。而好
> 逸惡勞，物之常性。故當生之所樂者，厚味、美服、好色、音聲而已
> 耳。而復不能肆性情之所定，耳目之所娛，以仁義為關鍵，用禮教為
> 矜帶，自枯槁於當年，求餘名於後世者，是不達乎生生之趣也。

據此，張湛論及肆情縱欲，實為其養生之論點。觀其所體悟覺察者，乃以生為「氣之暫聚」、「物之暫靈」為其基本論點，而順理推衍任性極情之論點，勢必以得盡當生之樂為達乎生生之趣也。蓋此一肆情縱欲之理念，其旨原以「去自拘束之累」為目的，而張湛實又有過逸之言。故惜名拘禮，內懷仁義，逆性求名（虛名），長年枯槁，自然非其所貴。由是，肆情極性乃所以闡明於物我之關係，無需拘執於禮法之間。故〈楊朱篇〉：「及其病也，無藥石之儲；及其死也，無瘞埋之資。」張湛注云：

> 達於理者，知萬物之無常，財貨之暫聚。聚之，非我之功也，且盡

> 奉養之宜；散之，非我之施也，且明物不常聚。若斯人者，豈名譽
> 所勸，禮法所拘哉？

茲論物之聚散，亦同於命定之論，全由萬物「忽爾而自生」所演繹而成。蓋萬物與化爲體，體隨化而遷，化不遷停，物豈守故？故忽爾自生，散聚無常，皆自然爾，非我之所爲也。如是達於肆情之理者，自不必刻意從俗，違性順物，失俯仰之暫樂，而抑情欲於名譽禮法之拘限也。

至若命定之理原是堅信宇宙間不知而然之自然力量，而肆情之理且盡當生之樂，蓋此兩理本互爲矛盾之說法，然則何由並存而不偏執一端，此又張湛主張採取折衷其間之觀點，保有以兩者所以存在的理由。彼於〈力命篇〉「朕豈能識之哉？朕豈能識之哉？」注云：

> 此篇（〈力命篇〉）明萬物皆有命，則智力無施；〈楊朱篇〉言人皆肆
> 情，則制不由命；義例不一，似相違反。然治亂推移，愛惡相攻，
> 情僞萬端，故要時競，其弊孰知所以？是以聖人兩存而不辯。將以
> 大扶名教，而致弊之由不可都塞。或有恃詩詐力以干時命者，則楚
> 子問鼎於周，無知亂適於齊。或有矯天眞以殉名者，則夷齊守餓西
> 山，仲田被醢於衛。故列子叩其二端，使萬物自求其中。苟得其中，
> 則智動者不以權力亂其素分，矜名者不以矯抑虧其形生。發言之旨
> 其在於斯。嗚呼！覽者可不察哉！

依此注文可知，張湛處理命定與肆情之衝突問題，其所持者即叩其二端，使萬物自求其中之法則。蓋物得其中者，知命固定於先，則智雖動於後，不以恃詐力以干時命；達於肆情之理，任性極情，亦所以不矯其天眞以殉名。故恃命以動智，則處順以去逆，就利而違害，自不以權力亂其素分；而適性任情，但肆情以待終，無所顧戀，雖有矜名亦不以矯抑虧其形生者也。如是命可定，情可肆，居中履和，而終身俱全矣。

三、闡內弘外義

《列子》一書雖內容至爲龐雜，而其中心之思想張湛注序中尤有歸納之說明。彼云：

> 其書大略：明群有以至虛爲宗，萬品以終滅爲驗；神會以凝寂常全，
> 想念以著物自喪；生覺與化夢等情，巨細不限一域；窮達無假智力，
> 治身貴於肆任；順性則所以皆適，水火可蹈；忘懷則無憂不照。此
> 其旨也。然則所明往往與佛經相參，大歸同於老莊。

按此一注序文字本爲張湛對《列子》一書之體認，然彼注此書之過程，亦頗可窺其思想理路之偏向。唯其中尤須注意者，即「萬有以至虛爲宗，萬品以終滅爲驗」者，實呈顯其冥寂爲宗之思想內質，而所論者雖含有佛家思想，蓋仍以老莊思想爲依歸。故末云：「所明往往與佛經相通，大歸同於老莊」。由是吾人欲檢討其思想理論之總體，自須從老莊玄論以闡發之。

　　夫魏晉玄論所開展內道外儒之學，本爲闡內弘外之思想架構。唯自王何以道附儒迄於向郭以儒附道之迹冥，其所討論者本爲一理想之內質問題，而此一理念至張湛《列子注》尤頗有進一層之論述。如〈楊子篇〉「名者，固非實之所取也。雖稱之弗知，雖賞之不知，與株塊無以異矣。」注云：

　　　　觀形即事，憂危之迹著矣。求諸方寸，未有不嬰拂其心者。將明至

　　　　理之言，必舉美惡之極以相對偶者也。

此張湛以至理之言，本存諸事物之極處，而非形表之迹可見。蓋因形表之迹，苟求諸方寸，不唯嬰拂其心，即循形迹之名以責爲善之迹亦不可致及。故〈楊朱篇〉「若實名貧，僞名富」注云：

　　　　爲善不以爲名，名自生者，實名也。爲名以招利而世莫知者，僞名

　　　　也。僞名則得利者也。

蓋爲善之迹即自生之實名，實名既不求之於外，故本無名。然僞名者徒以招利所致，不僞則利不彰，故爲名者自無其實矣。由是形表之迹固非彼所著意，而肆情所去自約束之累者，即指此而言。〈楊朱篇〉題注云：

　　　　……而復不能肆性情之所安，耳目之所娛，以仁義爲關鍵，用禮教

　　　　爲矜帶，自枯槁於當年，求餘名於後世者，是不達乎生生之理也。

肆情者，即所以盡其奉養之宜，達乎生生之理。苟惜名拘禮，違道求名，溺於形表之迹，何得適性任情乎？故萬有即以肆情爲則，仁義禮教所以去者，去其形迹之名也。故名即不可執，而所恃者亦當以至虛爲宗（內質）。又〈天瑞篇〉「虛者無貴也」彼注云：

　　　　凡貴名之所以生，必謂去彼而取此，是我而非物。今有無兩忘，萬

　　　　異冥一，故謂之虛。虛即虛矣，貴賤之名，將何所生。

依此，貴名之所以生者，乃爲虛靜之理，非心慮之表，形骸之外。然所當求而得之者，即我之性也。故有無兩忘，萬異冥一，即內安諸己，全其眞性，唯靜唯虛，得其所居而已。如是內守虛靜之理，而外無形迹之累者，亦所以自冥寂於聖人之眞，智周萬物，咸無不通。故〈仲尼篇〉「孔丘能廢心而用形」注云：

夫聖人既無所廢，亦無所用。廢用之稱，亦因事而稱耳。故俯仰萬

機，對接事務，皆形迹之事耳。冥絕而灰寂者，固泊然而不動矣。

蓋聖人既應物而稱其用，本無心著意於形迹之間。故俯仰萬機，對接事務，皆爲事迹以導眾，非所以顯其眞也。然冥絕而灰寂，泊然而不動者，乃爲合其體心氣神而同於無，務使形智即不違，復遠其外用，致其泊然之氣，自通於神理之獨運，以忘其心神而與無爲一也。〔註25〕由是泊然而不動者，即從轉化形迹之工夫，而爲絕滅之境。然此絕滅之境，適所以聖人爲聖之根由，亦即張湛所尤強調者。故〈仲尼篇〉「三皇善任因時者，聖則丘弗知」，注云：

孔丘之博學，湯武之干戈，堯舜之揖讓，義農之簡朴，此皆聖人因

世應物之麤迹，非所以爲聖者。所以爲聖者，固非言迹之所逮者也。

非言迹所逮之所以爲聖者，即謂冥絕而灰寂之境也。蓋聖人體心冥寂，日用而百姓不知，至若所因世應物之迹，固爲常人之事，誠不足以爲聖人之至眞。然聖人道濟天下，智周萬物，彼因世應物之博學，干戈、揖讓、簡朴，固爲形表之迹，而能顯其駁世，應變無碍者，亦非所以不爲之徵。如是聖人既居宗體備，妙悟至虛之理，故能無爲而無不爲也。若此須經由至虛之工夫方可冥寂於聖人絕滅之境，已非言傳之迹可及，而張湛闡內弘外之旨者，實所以明聖人功化之德焉。

綜上所述，張湛《列子注》之玄論思想，原多括取前期玄論思想之學理，而謀融會貫通之。殆其時玄理漸衰，佛學已盛。彼融會前期玄論之成說，復與佛經相參者，或爲延續玄論思潮之所及迫。由是《列子注》不唯萬有生化欲謀合貴無與反貴無之矛盾關係，而命定與肆情欲以叩其兩端而得其中理爲則，即闡內弘外之旨，亦頗有會通向郭迹冥與佛學寂滅之傾向。蓋此時玄論思想已至末期，融通當時風氣不僅行於釋徒與葛洪之間，而《列子注》所反映之時代精神，尤爲代表吾國正統玄論思想發展之總結意義矣。

〔註25〕 參見《列子》〈仲尼篇〉「我體合於心」，「心合於氣」，「氣合於神」，「神合於無」張湛注諸條。

第五章　魏晉玄論思想者
之意識形態與生活

　　魏晉之際乃吾國歷史上動亂之時代。先者曹氏之篡權，繼則司馬氏威逼曹室，以致天下多故，殺戮頻仍。而知識分子居處其間，上焉者咸多恪守士大夫強烈尊嚴，或時進雅言，糾舉時弊，或默而自守，居以待變；然下焉者乃多逢迎權貴，背主求榮，或假以名教，黨同伐異，或虛僞性成，齷齪笑人。由是時風丕變，其影響學術思想發展者，即爲玄虛之學，此前章所述，可見一斑。若其波及知識分子之言行者，則又爲當時士風怪誕之一特殊現象。然則學術人心本諸一途，前者既經闡述，後者自無不論之理。故本章即針對前章所論之各玄論者，迹其行事，略述其個別之意識型態與生活。

　　再者，殆自范寧著〈罪王何論〉，痛詆王弼、何晏二人罪深於桀紂，歷來才士每多持以「清談亡國」「玄風敗俗」之論點，鄙薄魏晉知識分子之行迹者。然此一議論前人之陳說，清人朱彝尊、錢大昕及近人容肇祖、王韶生諸先生均有異議之提出，觀其論證過程咸多可取，誠能使人耳目一新，唯以所論簡略。由是本章即循諸先生之觀點，進一步澄清各玄論者之意識型態與生活，期以獲得一更客觀之認識。如下以三節次分述之。

第一節　玄論思想者之仕宦心理

　　夫魏晉談風暢行於士族社會，故凡善談能言之士每多曾身居朝廷宦職，〔註1〕有者乃魏室貴戚而爲司馬氏政權打擊之對象。如是魏晉玄論者實與當時

〔註 1〕此可參閱林麗眞〈魏晉清談名士之類型及談風之盛況〉所歸納談士們的社會
　　　　地位論中大臣一條。(見《書目季刊》第十七卷第三期，頁 97)。

政權之動態或轉移不無利害之關係。

　　按曹氏之政權本爲寒族勢力之崛起，本缺乏世家大族之社會基礎。故自文帝崩阻之後，每多幼主臨朝，其政權即呈現極不穩定之狀態。而代表世家大族之司馬氏一旦握掌朝中重權，覰時局之有機可待，覬覦之心由生。以致施其詭詐，玩弄政權，曹室威信日以式微。由是何晏之輩，本其與曹室姻親之關係，〔註2〕目此遷廢存亡之關鍵，更思致犬馬之力。如彼於正始八年秋七月上書齊王芳云：

　　　　善爲國者，必先治其身，治其身者，愼其所習。所習正則其身正，
　　　　其身正則不令而行；所行不正則其身不正，其身不正則雖令不從。
　　　　是故爲人君者，所與遊必擇正人，所觀覽必察正象，放鄭聲而弗聽，
　　　　遠佞人而弗近，然則邪心不生，而正道可弘也。（《魏志》卷四《少
　　　　帝紀》）

援引《論語》大義以力勸少帝爲政親賢之用心，效忠之志，茲可見矣。蓋當其時，司馬氏威逼曹室，何晏不能不感受其間勢力消長之危機。而身爲魏室姻親，其不能引身自退以避禍者，則以心忠於公室也。〔註3〕以致擔任尙書職務，主持選舉，「其宿與之有舊者，多被拔擢」（《魏志》卷九注引《魏略》）此勢有不得不然也。然既擢用私人，乃「內外之職眾，各得其才」（《晉書》卷四十七〈傅玄傳〉），誠欲以一己之力力匡曹室，重整朝廷威信。唯因少帝闇於內情，輔政之曹爽復不能力斷大事，雖憑一己之心力之延攬人才，終不能挽曹室於既頹之命運。故處此進退無據之時局，仕宦之矛盾心理，《世說新語》卷十〈規箴篇〉第六條注引《名士傳》即言之詳矣：

　　　　是時曹爽輔政，識者慮有危機。晏有重名，與魏姻親，內雖懷憂，
　　　　而無復退地。著五言詩以言志云：『鴻鵠比翼遊，羣飛戲太清。常畏
　　　　天網羅，憂禍一旦并。豈若集五湖，從流唼浮萍。永寧曠中懷，何
　　　　爲怵惕驚。』因管輅言懼而著詩也。

依此段資料，誠可得知彼非不知遠憂禍之及臨，徒以身名之所繫，勢難求得退路以圖自存。故管輅與之論《易》，戒之以「位峻者顛，輕毫者亡」之大義，豈又不能理解哉？如是進而無由展其抱負，退而無處以自守，以致終爲司馬氏所害，豈偶然哉！故正始十年，司馬懿奏免大將軍曹爽事成（史稱高平陵

　〔註2〕《三國志》卷九：「晏、何進孫也。母尹氏，爲太祖夫人（注引《魏略》曰：
　　　　太祖爲司空時，納晏母並收養晏。）晏長於宮省，又尙公主，少以才秀知名。」
　〔註3〕參見王韶生〈何晏與魏晉學術之關係〉，《崇基學報》第三卷第一期，頁13。

政變），凡依爽之名士，若何晏、丁謐、鄧颺、畢軌、桓範勢難免於被誅戮之命運。而此一權力爭奪事起，天下名士減半矣。然陳壽撰《三國志》，儼於司馬氏淫威，不敢為何晏立傳，僅述其生平事略，附於《曹爽傳》中及傳末。傳末雖未有曲筆，而傳中述何晏事略，實不無誣衊之辭，以致其他短書小說或依附會，鄙其行迹者，多有可見。幸以向殘存一、二真象之論證，縱不足盡推翻舊史之陳說，但後人據以想見何晏儒者之風貌實不遠矣。

再則，自正始十年高平陵政變司馬氏奪權計成，更加肆無忌憚。遂於嘉平三年至咸熙元年，十數年間，繼續行其誅戮之手段，重則動夷三族，其恐怖之烈實不下於漢末董卓之亂政。由是天下名士，受戮尤多，幾至人人不足以自保。以致高蹈執著者則一改其宿志，或匿其行迹，謹慎求全，或處時局之鉅變，而思以怪誕行徑，以求自存，蓋此中尤以阮籍、嵇康為此一類型之代表人物；而有者迫於苟全性命計，遂不得不曲全於司馬門下，假名教禮法以黨同伐異，是向秀、郭象、裴頠之流即屬此一類型之人物。茲分別述之：

《晉書》卷四十九〈阮籍傳〉云：

> 籍本有濟世志，屬魏晉之際，天下無故，名士少有全者，籍由是不與世事，遂酣飲為常。

按阮籍父瑀，本為魏丞相椽，知名於世。而籍初有濟世志者，固承先人之遺風。然彼個性本近於老莊，不拘形骸，復覩時局之不可為，遂一改其初衷而極力擺脫政權爭奪之矛盾關係。故蔣濟之召，託以病免；曹爽之徵，因以疾辭，終不克久任其事者，豈非其遠識哉！而後文帝欲為武帝求婚於籍，醉六十日，不得言而止者，益可見籍之用心良苦矣。由是彼雖發言玄遠，罔視禮法，致有傷風敗俗之譏，帝輒每保護之，此或以阮籍本無與司馬氏明確對立之衝突立場也。故彼雖縱滿懷憂憤矛盾之情緒，以其不露對抗朝廷政權之行迹，致使鍾會之徒每欲因於時事之然否以羅織其罪，而終不可得者，於政事所持之謹慎態度若是。以是所以見容於司馬氏，非無由也。

至若嵇康者流，亦與阮籍同以極力避免政事之矛盾關係。唯以阮籍性稍內斂，自無存心對抗司馬氏之行迹。而嵇康性剛烈，且於高平陵政變前一年「以魏長樂亭主壻，遷郎中，拜中散大夫。」（《世說新語》〈德性篇〉註引《文章敍錄》）乃與曹室建立姻親關係，〔註4〕此實為司馬氏所尤加提防。再者，

〔註4〕按此何以嵇康不如阮籍之有遠識，近人莊萬壽云：「嵇康為何在曹爽何晏要敗的前夕與曹家支族成親，恐怕是雙方家庭世誼的原因，不是他個人所能抉擇。」（見《嵇康年譜》頁108，三民書局）。

彼激烈反司馬氏之意識型態亦不時顯露於思想行動之間。故其所著〈管蔡論〉以二叔：

> 皆服教殉義，忠誠自然，是以文王列而顯之，發、旦二聖，舉而任之，非以情親而相私也。……逮至武卒，嗣誦幼沖，周公踐政，率朝諸侯，思光前載，以隆王業。而管、蔡服教，不達聖權，卒遇大變，不能自通，忠於乃心，思在王室，遂乃抗言率眾，欲除國患，翼存天子，甘心毀旦，斯乃愚誠憤發，所以激禍也。

此雖闡明管蔡殉義，即顯然以暗射毋丘儉、文欽以起兵壽春。〔註5〕而反諷司馬氏之議論，真可謂「亂羣惑眾」「有敗於俗」者也。由是其後呂安事起，鍾會譖康於文帝曰：「言論放蕩，非毀典謨，帝王者所不宜容」，實非於理無據矣。若其反司馬氏之行動者，又與毋丘儉起兵一案有關。《三國志》《魏志》卷二十一〈王粲傳〉注引《世語》云：

> 毋丘儉反，康有力，且欲起兵應之，以問山濤，濤曰：『不可。』儉亦已敗。

按毋丘儉本是曹爽派系中人，嵇康有意參與反抗司馬氏之政治活動，豈其基於曹室之姻親關係乎？且彼欲起兵應之，乃欲借重其個人於洛陽知識分子間之號召力量。〔註6〕而山濤出言勸止，或使之免於是難，然此事必為司馬氏所譖悉。以致呂安事後，鍾會能挾私怨讒害嵇康，易言之，即能惑動司馬昭之心，實因嵇康有顛覆性之活動也。〔註7〕否則以康於知識分子間之精神號召，縱有言論放蕩之行舉，罪不至於死。必也因此種政治立場之衝突尤為司馬氏所不能諒解。是以嵇康之被誅戮，呂安事件雖為罹難之導因，而此事嵇康未有作激烈反抗，而司馬氏能為鍾會讒言所動者，其來有自矣。

再者，依附司馬門下之知識分子若向秀、郭象、裴頠諸輩，彼之政治立場及態度則與阮、嵇不同，然各皆有其自守之原則，此固鍾會，何曾輩所不及矣。茲先述向秀。向秀者，本為嵇康之友。《世說新語》〈言語篇〉第十八條注引〈向秀別傳〉，其言略云：

> 秀字子期，河內人。少為同郡山濤所知，又與譙國嵇康、東平呂安友善，並有拔俗之韻。其進止無固必，而造事營生業，亦不異常。……

〔註5〕 參見何啓民《竹林七賢研究》頁239，學生書局。
〔註6〕 同4，頁167。
〔註7〕 參見余英時《漢晉之際士之新自覺與新思潮》，《新亞學報》第四卷第一期，頁111。

與嵇康偶鍛於洛邑，與呂安灌園於山陽，不慮家人有無，外物不足拂其心。……後康被誅，秀遂失圖。乃應歲舉到京師，詣大將軍司馬文王。文王問曰：『聞君有箕山之志，何能自屈？』秀曰：『常謂彼人不達，堯意本非所慕也。』一坐皆悅。隨次轉至黃門侍郎，散騎常侍。

據此，向秀前後異志者，因康之被誅，恐不足自保故也。蓋秀所持之養生觀點，本異於康，乃不以富貴爲不可爲。彼初與康、安共鍛鐵，灌園者，冀所以苟安於一時。及康之被誅，懾於司馬氏淫威，慮此不足以自存。遂棄箕山之宿志，而棲身於司馬門下。此其進止無堅持之原則也。故《晉書》〈本傳〉云：

後爲散騎侍郎，轉黃門侍郎，散騎常侍，在朝不任職，容迹而已。

「在朝不任職，容迹而已」，尤見彼仕宦之精神，是以向秀本身既無固定之政治立場，能容迹於司馬門下而壽終者，此必然也。

又若郭象之輩，亦與向秀同，然彼之仕宦，尤較秀爲顯赫。《晉書》本傳云：

郭象字子玄，少有才理，好老莊，能清言。……州郡辟召不就。常閒君，以文論自娛。後辟司徒掾，稍至黃門侍郎。東海王越引爲太傅主簿，甚見親委，遂任職當權，薰灼內外，由是素論去之。

夫象生當天下多故之際，彼能迭經遷陟，任事用勢，稱心適意，傾動一府者，實與化解諸多政治上對異之矛盾立場有關。故彼雖暢言《莊》學，所以不廢君臣間尊卑之大義。如於《莊子》卷二〈齊物論〉「如是皆有爲臣妾乎？」注云：

若皆私之，則志過其分，上下相冒，而莫爲臣妾矣。臣妾之才，而不安臣妾之任，則失矣。故知君臣上下，手足外內，乃天理自然，豈眞人之所爲哉！

又同卷「其遞相爲君臣乎？」注云：

夫時之所賢者爲君，才不應世者爲臣。若天之自高，地之自卑，首自在上，足自居下，豈有遞哉？雖無錯於當而必自當也。

據此，郭象明言君臣之倫，重尊卑之序說者，不唯符合其「合自然與名教爲一」之注《莊》宗旨，且適爲統治者對被統治者間尋求最合理之學理依據。由此誠可推知，郭象之仕宦乃爲一君臣上下階級意識之服從關係，而彼之注

《莊》，不唯藉以解嘲，〔註8〕且故作調合之論也。故居於司馬門下，則完全無須執著於政治立場之矛盾問題，抑且強化君臣尊卑之價值觀，此本爲司馬氏一統政權所尤能接受者。以致憑其豐贍之才理，頗能引致在位者之重視與辟召，實與其善於調適處亂世之仕宦心態也。

再者，裴頠之輩，先人裴秀雖曾爲曹爽辟爲掾，然爽既誅，幸免於難。迨見用於司馬氏，以才能卓越，遂爲開國勳業弘茂之功臣。故頠承先人餘蔭，彼之仕宦既具有先決性之限制，且賈充即頠之從母夫，與司馬氏有外戚之關係。由是頠之政治立場趨同於司馬氏，終以效忠朝廷爲己志。故彼之所論其立足點則往往以司馬王朝爲中心，如《晉書》〈本傳〉云：

> 頠以賈后不悅太子，括表請增崇太子所生謝淑妃位號，仍啓增置後衛率吏，給三千兵，於是東宮宿衛萬人。遷尚書，侍中如故，加光祿大夫。每授一職，未嘗不殷勤固讓，表疏十餘上，博引古今成敗以爲言，覽之者莫不寒心。

按裴頠仕宦之進展，雖與外戚不無關係。然彼忠於司馬王朝之心迹，固有公而忘私之儒者風範。故所重者，乃針對社稷之整體綱常問題，而虛浮之徒，背棄名教綱常之行徑，適爲彼所大加聲伐者。又《晉書》〈本傳〉云：

> 頠深患時俗放蕩，不尊儒術，何晏、阮籍素有高名於世，口談虛浮，
> 不尊禮法，尸祿耽寵，仕不事事，至王衍之徒，聲譽太盛，位高勢重，
> 不以物務自嬰，遂相仿效，風教陵遲，乃著崇有之論，以釋其蔽。

據裴頠〈崇有論〉，姑不論痛詆何晏、阮籍、王衍是否基於學術體系之對異，然諸輩素有高名，或位高勢重，而尸祿耽寵，仕不事事，實爲彼所尤痛惡者也。故依彼之見，仕宦者乃當以儒術自尊，則維繫整體綱常名教之政治道德勢必不容見棄，而諸輩玄談之士既相競反禮法破壞整體之綱常，恰與彼仕宦之道德意識異趣。如是頠之借名教以批駁向、阮、王諸玄談之士者，雖不必定有對立之政治立場，而所秉持之仕宦態度與原則，實非頠所能認同。

迨及過江之後，玄論思想之重心本集中於釋徒之格義佛學，及葛洪張湛之玄義闡述。然彼輩之仕宦除釋徒以離棄仕途不計，葛洪與張湛亦曾任宦職。唯以張湛嘗仕至中書郎（據《世說新語》〈任誕篇〉第四十三條注引《張氏譜》云）外，《晉書》本無其傳，且散見《世說》〈任誕篇〉注引各資料，亦無片言隻字提及彼仕宦行迹。故茲所論亦僅及於葛洪一人而已。

〔註8〕參見黃錦鋐〈魏晉之莊學〉（收錄於《莊子及其文學》頁178，東大圖書公司。）

按葛洪乃出自仕宦之家，彼之《抱朴子》〈自敍〉云：

> 洪祖父（系）學無不涉，究測精微，文藝之高，一時莫倫，有經國
> 之才。……洪父（悌）以孝友聞，行爲士表，方冊所載，罔不窮覽。
> 仕吳……晉軍順流，西境不守。博簡秉文經武之才，朝野之論，僉
> 然推君。

據此，葛洪父祖皆有秉文經武、經國安邦之才略。故而後洪之仕宦意識，不
無受及先人之影響。然彼個性近於道教人物之緣故，初本無意於仕宦，遂專
心致意於神仙養生之祕術。迨至太安二年，迫於時勢，不得不投身於軍旅。《晉
書》〈本傳〉云：

> 太安中，石冰作亂，吳興太守顧祕爲義軍都督，與周玘等起兵討之，
> 祕檄洪爲將兵都尉，攻冰別率，破之，遷伏波將軍。冰平，洪不論
> 功賞，徑至洛陽，欲搜求異書以廣其學。

此次葛洪出仕將兵都尉，殆有兩方面之因素：一者「既桑梓恐虞，禍深憂大，
古人有急疾之義」，一者「又畏軍法，不敢任志」。〔註9〕由是彼之投身軍旅乃
基於莫可奈何之抉擇。而一旦亂事既平，即不論功賞，徑詣洛陽，欲廣尋異
書者，不改其著書立說之初衷也。故其後海內迭起變亂，洪雖履經時賢推薦，
蒙獲遷陞。然終非其所願，益且堅篤閑養著述之志趣。又《晉書》〈本傳〉云：

> 洪見天下已亂，欲避地南土，乃參廣州刺史嵇含軍事，及含遇害，
> 遂停南土多年，征鎮檄命一無所就。後還鄉里，禮辟皆不赴。元帝
> 爲丞相，辟爲掾。以平賊功，賜爵關內侯。咸和初，司徒導召補州
> 主簿，轉司徒掾，遷諮議參軍。干寶深相親友，薦洪才堪國史，選
> 爲散騎常侍，領大著作，洪固辭不就。以年老，欲鍊丹以祈遐壽，
> 聞交趾出丹，求爲勾屚令。帝以洪資高，不許。洪曰：『非欲爲榮，
> 以有丹耳。』帝從之。洪遂將子姪俱行。至廣州，刺史鄧嶽留不聽
> 去，洪乃止羅浮山鍊丹。嶽表補東宮太守，又辭不就。嶽乃以洪兄
> 子望爲記事參軍。在山積年，優游閑養，著述不輟。

據此，葛洪之仕宦本極順暢，然每推辭而不赴者，因目睹天下已亂，勢不能
有爲故也。故避地南土，遂有不返之決心。即堅篤其初衷之志趣，專意於閑
養著述之優游生活。由是彼之仕宦實本非其所願，但用世之心，實受先人影
響，以致彼仕宦與辭官歸隱之意識恒留存進退矛盾心理。及一旦目睹於天下

〔註9〕 參見林麗眞《抱朴子內外篇析論》頁2，學生書局。

亂極，年事漸增，久浮宦海，乃漸悟「性苟不堪，各從所好」之人生意義，是以一再摒絕時賢之賞識推薦者，誠欲一償其宿志也。

　　總上所述，魏晉諸玄論者之仕宦實多非能各遂其志者，有者因姻親之關係，而成為權力鬥爭之打擊對象，如何晏嵇康輩；有者屈身於司馬門下，而不得不持妥協之仕宦態度，如阮籍、向秀、郭象輩；有者承於前人遺風，其仕宦本具有先決上之限制，或欲抽身於仕途，亦終不可得，此又裴頠、葛洪之輩者乎？由是魏晉諸玄論者既於仕宦多迫於不得已之狀況，其心中之苦悶亦可想見。然有者誠能化解仕宦之苦悶而致力於朝政，而有者遂轉化其仕宦之苦悶以對當時禮法做一責難式之批判，蓋其中前後承轉之關係亦有可觀者，茲以下節次再討論之。

第二節　玄論思想者之禮法批判

　　東漢末期之朝政，宦官與士大夫之間維繫一激烈衝突之關係。蓋東漢之士大夫重名節，尚操守，慨然以澄清天下為己任。及一旦目睹朝中宦官之亂權，遂羣體非議朝政之不當，而首當其衝者，即形成與宦官間互相廝殺之一連串流血事件。迨及袁紹引兵殺盡朝中宦官，歷久之士大夫與宦官爭鬥雖告一段落，然漢末之羣雄爭戰，政權之最後歸結仍落於代表宦官一系之曹操手中，彼輩既鑑於先人之慘酷教訓，其意識型態亦多少帶有壓抑士人集團之色彩。即由建安八年至二十二年間所下四道求才令，謀以銷解士族間「鄉閭清議」之傳統成例，實可見其行事之端倪。再者，彼輩亦洞悉欲從久經變質之名教社會，重整一統之政權局面，以其出身閹宦家族，既乏士族之社會基礎，勢必不得不仰仗名法之治以樹其威望。故曹魏時期法令滋章、刑獄繁興，不唯士大夫頗受壓抑，即天下百姓亦苦不堪矣。而上起孟德，下逮元沖，其風愈演而彌甚。《三國志》卷十三〈王肅傳〉注引《魏略》云：

> ……至太和、青龍中，中外多事，人懷避就。雖性非解學，多求詣太學。……弟子本亦避役，竟無能習學，冬來春去，歲歲如是。

又同書同卷同傳云：

> 景初間，宮室盛興，民失農業，期信不敦，刑殺倉促。肅上疏曰：『……凡陛下之所行刑，皆有罪之吏，宜死之人也。然眾庶不知，謂為倉促。故願陛下下之於吏而暴其罪。鈞其死也，無使汙于宮掖而為遠近所疑。』……。

又高堂隆以其時軍國多事，用法深重，上疏曰：

> 今有司務糾刑書，不本大道，是以刑用而不措，俗弊而不敦。（《三
> 國志》卷二十五《本傳》云）

如上所引各例，即可得知明帝之法治措施實頗危害當時士大夫及百姓之一般
生活。詳茲所記，則不難確信正始年間何晏王弼玄論思想所闡述之聖人無名
及施政無爲之政治理想，實乃針對當時曹室名法之治所做之批判。何晏〈無
名論〉云：

> 爲民爲譽，有名者也。無譽，無名者也。若夫聖人，名無名，譽無
> 譽，謂無名爲道，無譽爲大，則夫無名者可以言有名矣，無譽者可
> 以言有譽矣。

蓋當其時，曹氏積極於名法之治，天下咸懼其威勢。而何晏倡以聖人無名無
譽爲貴者，豈非反諷其苛政擾民之施政措施？又《論語集解》〈爲政〉第二：
「子曰：爲政以德，譬如北辰，居其所而羣星共之。」彼引包咸注云：

> 德者，無爲。猶北辰之不移而衆星共之。

又《文選》卷十一何平叔〈景福殿賦〉有云：〔註10〕

> 招中正之士，開公直之路，想周公之昔，戒慕咎繇之典謨。除無用
> 之官，省生事之故，絕流遁之繁禮，反民情於太素。

按何晏本儒者出身，彼之論政自以儒家觀點爲中心。而所引之前兩例，前者
率以「無爲」詮釋爲政之德，後者則以省除繁苛之禮法爲施政之理想，此皆
施政秉持無爲原則之旨也。至如王弼則發揮此意尤爲深刻。彼注〈易·觀〉
之象云：

> 統說觀之爲道，不以刑制使物，而以觀感化物者也。神則無形者也。
> 不見天之使四時，而四時不忒；不見聖人使百姓，而百姓自服也。

又注《老子》二十七章「是以聖人常善救人，故無棄人」云：

> 聖人不立刑名以檢於物，不造進向以殊棄不肖。輔萬物之自然而不
> 爲始，故曰無棄人也。不尚賢能，則名不爭；不貴難得之貨，則民
> 不爲盜；不見可欲，則民心不亂。常使民心無欲無惑，則無棄人矣。

又《老子》三十二章「民莫之令而自均」注云：

> 我守其眞性無爲，則民不令而自均也。

〔註10〕據李善注引《典略》曰：「魏明帝將東巡，恐夏熱故，許昌作殿，名曰景福。
既成，命人賦之，平叔遂有此作。」

又《老子》五十八章「其政悶悶」注云：

> 言善治政者，無形，無名，無事，無政可舉。

按王弼發揮老子無爲之政治學說，而堅持反對刑名制物者，明顯有其特殊之社會背景。蓋其一面大力批評名法之治，一面即主張信守眞性無爲之政治措施，彼反曹室政風之態度尤較何晏爲嚴厲。如是，正始年間，何王之玄論思想，雖大倡玄風，然實際仍未遺落世務，且矜心於評議時政者，適可見當時士大夫猶承襲東漢以來清議之風氣。

迨正始之後，曹爽事敗，司馬氏即掌握大權，則一反曹室名法之政風，務尚寬簡。然自是司馬氏脅迫曹室幼主，復濫行殺戮之手段以誅除政敵，以致天下名士牽連既眾，死其大半。而此時曹室諸臣則爲苟全性命計，咸多黨附司馬門下，引以維繫禮教法統自居，遂行其賣主求榮之醜行。〔註11〕若賈充之徒，本襲父（逵，魏豫州刺史・陽里亭侯）爵爲侯，然竟黨從司馬氏，嗾成濟以成高貴鄉公之禍；且如晉初元老：石苞、鄭沖、王祥、荀顗、何曾、陳騫之徒亦多爲鄉愿苟合之徒，彼輩虛僞性成，拘泥小節小儀，於政治方面所表現之人格固屬卑劣。由是阮籍、嵇康之輩居處其間，一則既不甘與當時詐僞鄙俗之社會共存，一則內心自覺之境拓已深，故彼言論間自然多鄙視其時之禮俗君子。〔註12〕阮籍〈大人先生傳〉云：

> 且汝獨不見失虱（蝨）之於褌（禈）中乎？逃乎深縫，匿乎壞絮。
> 自以爲吉宅也。行不敢離縫際，動不敢出褌襠。自以爲得繩墨也。
> 飢則嚙人，自以爲無窮食也。然炎丘火流，焦邑滅都。羣虱死於褌
> 中，而不能出。汝君子之處區之內，亦何異夫虱之處褌中乎？悲夫！
> 而乃自以爲遠禍近福，堅無窮也？

依此阮籍以域中君子之崇禮守法，遠禍近福，比喻爲虱之處於褌中。適足以說明彼對當時禮法之士堅持嚴厲批判之精神。蓋阮籍本有濟世志，少年即浸潤儒學，〔註13〕彼於禮法之本質固有深洽之體認。及目睹虛僞變相之世俗禮

〔註11〕按司馬氏乃東漢儒學大族之後，彼之欲代曹魏，自以假維繫禮法傳統爲藉口。
而其時魏臣亦多親附之，此可由嘉平六年，司馬師謀廢齊王芳一事得知矣。（見
《魏志》卷四注引《魏書》云）

〔註12〕參見余英時〈漢晉之際士之新自覺與新思潮〉，《新亞學報》第四卷第一期，
頁113。

〔註13〕按《世說新語》〈任誕篇〉第十條注引〈竹林七賢論〉曰：「諸阮前世皆儒學，
善居室。唯咸一家尚道棄事，好酒而貧。」是可知籍早年信爲儒學之士無疑。
又其〈詠懷詩〉云：「昔年十四五，志尚好《詩》《書》。被褐懷珠玉，顏閔相

法，痛心已極，故不唯譏評當時拘守禮法之權貴人士，而於世俗禮法所立之虛僞形象，遂多有激烈嘲諷之批判。其〈詠懷詩〉第六十七云：

> 洪生資制度，被服正有常。尊卑設次序，事務齊紀綱。容飾整顏色，
> 磬折執圭璋。堂上置玄酒，室中盛稻粱。外厲貞素談，戶內滅芬芳。
> 放口從衷出，復出道義方。委屈周旋義，姿態愁我腸。

又〈獮猴賦〉云：

> 禮多似而匪類，形乖殊而不存，外察慧而內無度兮，似韓非之囚秦。
> 揚眉額而驟呻吟，似巧言而偏眞，蕃從復之繁眾兮，猶伐樹而喪鄰。
> 整衣冠而偉服兮，懷項王之思歸，躭嗜慾而盼視兮，有長卿之妍姿。

上述兩例，皆足以說明阮籍對世俗禮法實已徹底喪失信心。蓋當其時，禮法非但不足賴以維繫人心之道德信念，竟成爲統治階級誣害庶民之依據，而攀附司馬氏之權貴，復多假借虛飾之禮法以自欺欺人，外易其貌而內隱其情者，屢見不鮮。如是世俗之禮法儀軌，不唯促使禮法之本質蕩然，且徒然空有其名所造成之流弊，亦適以構成權貴階級壓榨庶民之合理說辭。因此，明乎此種現實之顛倒狀況，然後始能確知阮籍激烈批判禮法者，實在於不齒當時上階層之詐僞行爲，進而否定一切世俗禮法之形質意義也。〈大人先生傳〉有云：

> 君立而虐興，臣設而賊生。坐制禮法，束縛人民，欺愚誑拙，藏智
> 自神，強者睽眠而凌暴，弱者憔悴而事人。

彼不惜否定君臣一倫之價值，以銷解禮法束縛弱者之虛僞意義。又：

> 今汝（域中君子）尊賢以相高，競能以相尚，爭勢以相君，寵貴以
> 相加，驅天下以趨之，此所以上下相殘也。……汝君子之禮法，誠
> 天下殘賊亂危死亡之術耳。

亦以禮法最終必然致亂之觀點，以排除禮法制度存在於世俗社會之根本意義。蓋此阮籍一方面批擊世俗君子倚恃禮法之虛僞面目，一方面即徹底否定世俗禮法之實質意義也。以致彼之生活乃多有故做任誕之行徑，此固有意以行動反諷世俗禮法之士乎（茲於下節討論）？然一旦追溯其任誕生活之動機，彼反世俗禮法之用心，實乃基於揭露現實之眞相，刻意做出反動激烈之批判，以呈現禮法之荒謬本質。復次，嵇康之反禮法，是以其內心自覺縱逸已久，對於一切禮法之人事，盡有不能忍受之意。〈與山巨源絕交書〉云：

> 又縱逸來久，任意傲散，簡與禮相背，嬾與慢相成，而爲儕類見寬，

與期。」此亦說明彼早年確有篤好儒學之經驗。

不攻其過。又讀《老》《莊》，更增其放，故使榮進之心日頹，任實之情轉篤。……吾不如嗣宗之賢，而有慢弛之闕，又不識人情，闇於機宜，無萬石之慎而有好盡之累，久與事接疵釁日興，雖欲無患其可得乎？

據此，嵇康之不能忍受禮法本與其特殊之個性有關。其實，嵇康家世本爲儒學，〔註14〕彼之思想原有濃厚之儒家色彩，所爲六言詩即是頌揚堯舜之功化，其一云：

二人功德齊均，不以天下私親。高尚簡樸茲（另本作慈）順，寧爲四海蒸民。

其二云：

萬國穆親無事，賢愚各自得志。晏然逸豫內忘，佳哉爾時可喜。

此頌贊堯舜之功化，從兼善天下立言，嵇康對於儒家理想聖人人格深表嚮往。然彼於冠帶之後，感於時勢之不可爲，雅志不得施，〔註15〕遂不得不任其特殊之個性發展而爲出世之意識。其〈幽憤詩〉云：

爰及冠帶，憑寵自放。抗心希古，任其所尚。託好老莊，賤物貴身。志在守樸，養素全眞。

按嵇康及冠之年，在正始四年，此時思想之轉變，實由儒而好道也。〔註16〕故所謂「抗心希古」者，本是對上古禮法之崇信，而上古以下之禮法，實不爲彼所容受，其理安在？〈難自然好學論〉釋之云：

夫民之性，好安而惡危，好逸而惡勞；……洪荒之世，大樸未虧，君無文於上，民無競於下，物全理順，莫不自得。飽則安寢，飢則求食，怡然鼓腹，不知爲至德之世。……及至人不存，大道陵遲，乃始作文墨以傳其意，區別羣物，使有族類，造立仁義，以嬰其心；制其名分，以檢其外；勸學講文，以神其教。故六經紛錯，百家繁熾，開榮利之塗，故奔騖而不覺。……求安之士，乃詭志以從俗。操筆執觚，足容蘇息；積學明經，以代稼穡，是以困而後學，學以致容；計而後習，好而習成。

〔註14〕據《魏志》卷二十一〈王粲傳〉注引嵇喜爲〈康傳〉云。

〔註15〕按嵇康懷才不得志，可由其述志詩得知。其一云：「……殊類難偏周，鄙議紛流離。轗軻丁悔吝，雅志不得施。」

〔註16〕按此若再據其兄嵇喜所作之〈嵇康傳〉：「長而好《老》《莊》之業，恬靜無欲。」益可知康之託好老莊，乃爲冠帶以後之事，固無疑也。

依此，嵇康批判上古以下之禮法，所持之觀點，實以順性自然為標準。彼視上古之禮法（包括倫理道德與政治制度）乃完全合乎順性自然之條件，故上下相安莫不自得。〔註17〕還視上古以下之禮法，則全以違反順性自然為原則，以致不唯束縛人性之自然發展，且智巧滋繁，人情萬端，計而後動，競能相尚。甚者上古以下之統治者即循此禮法制度，欺愚弄詐，各遂其私，以滿足一己無限欲望。此點嵇康尤有嚴厲之詰責。其〈大師箴〉一文云：

> 下逮德衰，大道沉淪，智慧日用，漸私其親。懼物乖離，攘臂立仁，
> 利巧愈競，繁禮屢陳，刑教爭施，天性喪真。季世陵遲，繼體承資，
> 憑尊恃勢，不友不師，宰割天下，以奉其私。故君位益侈，臣路生
> 心，竭智謀國，不吝灰沉，賞罰雖存，莫勸莫禁。若乃驕盈肆志，
> 阻兵擅權，矜威縱虐，禍蒙丘山。刑本懲暴，今以脅賢。昔為天下，
> 今為一身。下疾其上，君猜其臣，喪亂弘多，國乃隕顛。

據此，嵇康斷定禮法自上古以後，已成為統治者私心自用。此不僅禮法合乎自然之原始本質盡失，且經統治者私心運作之結果，臣民固受其害，而國家喪亂之興，亦從此起。由是而知嵇康批判禮法之失當，端在於統治者之責任說法，雖不必明確指責某一政權之禮法措施，然此厥為誅心之論，亦殊不得謂其全非針對司馬氏而言也。是以彼不依循阮籍不惜廢棄君臣一倫之關係以銷解世俗禮法之形質意義者，自有其政治上強烈抗議之對象哉！

　　至若阮嵇後之向秀、郭象、裴頠、葛洪、張湛及釋徒，彼輩既與司馬氏無任何政治立場之對立關係，且除釋徒外，均能安其心於司馬門下，故於政治制度之禮法，咸能容受無疑。〔註18〕唯以個人倫理道德所必須遵循之禮法，即世俗情與禮之矛盾關係，仍普遍存在於當時社會之一般現象。由是諸玄論者對於世俗之禮法之批判，乃又轉化為另一辨證關係之理解。茲以此一命題之討論，但舉郭象《莊子注》及張湛《列子注》中若干例證以說明之。此依先後略述於下：

《莊子》〈大宗師篇〉「是惡知禮意」郭象注云：

> 夫知禮意者，必遊外以經內，守母以存之，稱情而直往也。若乃矜

〔註17〕參見盧建榮《魏晉自然思想》頁152～158，聯鳴文化有限公司。
〔註18〕按向郭雖以刑名禮法皆為外在之形迹，然已巧妙地調和政治禮法與自然間之矛盾關係。至若裴頠葛洪輩即以維護政治禮法為則，並強烈地批判王何阮諸人毀棄禮法之行為。（裴說可見其〈崇有論〉；葛說則可見其《抱朴子》中《譏惑》及《疾謬》兩篇之論述）。

> 乎名聲，牽乎形制，則孝不任誠，慈不任實，父子兄弟，懷情相欺，
> 豈禮之大意哉！

據此，郭象所討論者乃個體感情與世俗禮節之關係問題。彼以名聲、形制視
爲不能「稱情而直往」者，悉與阮嵇之看法同。如前述，嵇康之蔑視世俗禮
法，實因其違反順性自然之原則。而郭象所論者，即可視爲對嵇康「全性之
本，不須犯情之禮律」（〈難自然好學論〉）一語之更進一層之發揮。〔註19〕故
彼於世俗禮法之批判，亦仍是完全針對於「矜乎名聲」「牽乎形制」之虛僞一
面立論。如是禮與情之存在，於其意識形態中猶是對立之矛盾關係。是以禮
在俗內，情在方外，實分而不合矣。

然世俗現實活動之情禮又當如何呈現其並存關係？又〈大宗師〉「而我猶
人猗」注云：

> 人哭亦哭，俗內之迹也。齊死生，忘哀樂，臨尸能歌，方外之至也。

據此，郭象以「俗內之迹」與「方外之至」辨析情禮不相容受之矛盾關係。
依彼之理解，方外之至，直致任眞，率情而往，既冥同於生死，忘哀樂於胸
中，既超然乎形名之表，豈俗內之迹所能及乎？由是用區中之禮俗（方內之
近事），施之於方外，即鄙陋之甚也。（見〈大宗師篇〉「丘則陋矣」郭注。）
此象乃依從莊子齊一生死之觀點所及於情禮相對矛盾性之理解。明乎此，則
彼於其他世俗禮法所持之批判原則，則亦不外於此矣。如〈天運篇〉「圍於陳
蔡之間，七日不火食，死生相與鄰，是非其眯邪？」郭注云：

> 夫先王典禮，所以適時用也。時過而不棄，即爲民妖，所以興矯效
> 之端也。

又〈外物篇〉「儒以金椎控其頤，徐別其頰，無傷口中珠」郭注云：

> 詩禮者，先王之陳迹也，苟非其人，道不虛行，故夫儒者乃有用之
> 爲姦，則迹不足恃也。

世俗之禮法，即約定俗成者亦多由先王典禮所延續而來。郭象認爲先王之典
禮爲已去之陳迹者，即先王之典禮仍祇是俗內之迹而已。既爲俗內之迹，勢
必當不足以及於方外之至情也。由是而知郭象對於世俗禮法所持之觀點，當
是取於適時而用之原則，既無必定之法則，必因時遞變；否則，先王之陳迹
亦祇是成爲民妖、姦僞之具而已。

〔註19〕 參見余英時〈名教危機與魏晉士風的轉變〉，《食貨月刊》復刊第九卷第七、
　　　　八期合刊，頁258。

其次，張湛《列子注》中有關情禮問題之討論，亦是針對世俗禮法先作辨折之論述，《列子》〈仲尼篇〉「而魯之君臣日失其序……其如天下與來世矣？」注云：

> 治世之術實須仁義，世既治矣，則所用之術宜廢。若會盡事終，執而不舍，則情之者寡而利之者眾。衰薄之始，誠由於此。以一國而觀天下，當今而觀來世，致弊豈異？唯圓通而無閡者，能惟變通，不滯一方。

據此，張湛視治世之術既須時移勢異，則仁義禮法勢必應過時即廢，若偏執於此，將成衰薄之始。蓋其說法顯然與前引郭象之看法並無不同。然湛之《列子注》本在發揮肆情之理論，是以「情之寡者」，端因拘泥於世俗既成之禮法，苟欲肆情，固當以廢禮為先決條件。故〈楊朱篇〉「戚戚然以至久生，百年千年萬年，非吾所謂養。」湛注云：

> 惜名拘禮，內懷於矜懼憂苦以至於死者，長年遐期，非所貴也。

惜名拘禮既非養生肆情之所貴，則世俗禮法亦不可從。又〈楊朱篇〉「而欲尊禮義以夸人，矯情性以招名，吾以此為弗若死矣。」《注》云：

> 達哉此言！若夫刻意從俗，違性順物，失當身之暫樂，懷長愁於一世。雖支體具存，實鄰於死者。

此禮法與情性互不相容之說法，亦與阮嵇之見解無不同。唯張湛則更進一步指明，肆情暫樂與世俗禮法之彼此之矛盾性。如是禮與情之衝突既取於「肆情廢禮」之立場，則彼於世俗禮法採否決之批判觀點，亦由此而確定矣。

總上所述，可知魏晉諸玄論者於禮法之批判，實可分為三階段。先者王何之禮法批判乃針對於曹室名法之治而起，彼輩或不堪當時政治制度之措施，而倡以道家無為政治之理想作為時政之針砭。再則阮嵇目睹於世俗禮法之虛偽成風，或基於個人之內心之自覺，堅持其政治立場之對立，咸各以蔑棄禮法以為時風之反動與抗議。終則司馬氏既一統宇內，諸玄論者感於時勢，復集中於闡明禮法與情性兩不相容之矛盾對立關係，或欲為禮法尋其真諦，或欲為肆情以棄禮法，則均以為世俗禮法固有再討論辨析之餘地。由是依此三階段之禮法批判，亦可得知玄論思想者雖各以反禮法為極致，然以其所處時風與政治立場殊異，以致其於禮法批判之主旨亦各有不同之面貌也。

第三節　玄論思想者之任誕生活

　　如前所述，魏晉玄論思想者多於時政或時風表現其反動之自覺精神，此固可視爲個別意識形態之反抗。然此一時期另有一特殊現象者，即諸玄論思想者之生活亦或多或少均有趨向任誕之作風。〔註 20〕蓋此風氣之形成，可歸納爲二：一者本爲反抗之意識形態之具體表現；一者或與當時《老》學及《莊》學盛行或不無關係。由是此一時風乃爲玄論者心靈超脫之具體生活呈顯，抑且適足以引發吾人得悉魏晉玄論思想者如何使老莊思想世俗化、生活化之課題。再者此一生活之表現亦頗涉及於玄論者之人格問題。基於以上三論點之澄清與闡述，茲不另立一節討論之。

　　夫何晏王弼乃正始玄論思想之中心人物，彼輩雖不無反禮法之傾向，然以其皆出身於儒家大族，且正值曹室力倡名法，嚴禁虛浮之時風下。〔註 21〕彼之生活表現，不敢有過激之任誕行爲。唯以其後何晏既成爲司馬氏打擊之政敵對象，以致舊史小說所記或每多誣蔑之辭，此非吾人所能一一爲其辯解者。茲以一般所熟悉之三事略論之如左：

1. 娶金鄉公主一事

《三國志》卷九〈曹爽傳〉注引《魏末傳》云：

> 晏婦金鄉公主，即晏同母妹。

按此一敗亂家族倫理之行爲，《魏末傳》所記不知依據何說。恐或黨同司馬氏者所爲，故有以反倫常之詞語詆毀何晏。然宋裴松之曾爲其辯解云：

> 《魏末傳》云晏取同母妹爲妻，此搢紳所不忍言，雖楚王之妻嫂，
> 不是甚也已。設令此言出於舊史，猶將莫之或信，況底下之書乎？
> 案《諸王公傳》，沛公出自杜夫人所生。晏母姓尹，公主若與沛公同
> 生，焉得言與晏同母？

此辯之審矣。明乎此！乃知何晏娶同母妹之說固子虛烏有也。

2. 傅粉一事

《三國志》卷九注引《魏略》云：

〔註20〕按「任誕」一詞，首用於《世說新語》一書中。據近人古苔光先生綜觀《世說》〈任誕篇〉所記載，乃佑任誕是縱任放誕，不拘小節，不循禮法之函義。（參見古苔光《魏晉任誕人物的分類與行爲的探究》，《淡江學報》第十二期，頁 287）。

〔註21〕如魏文帝黃初三年、魏明帝太和四年均曾下詔，提擢通經術、達文法之士，罷退浮華不務道本之徒。

晏性自喜，動靜粉白不去手，行步顧影。

蓋以傅粉一事誣人者，早見東漢梁冀之誣李固云：「大行在殯，路人掩涕，固獨胡粉飾貌，……曾無慘怛傷悴之心。」（見《後漢書》卷六十三〈李固傳〉）按李固乃漢室忠臣，大行在殯而胡粉飾貌者，誠屬枉詞。茲以何晏粉白不去手，即疑其有傅粉自飾者，亦不可信。今可據《世說新語》〈容止篇〉第二條云：

何平叔美姿儀，面至白，魏文帝疑其傅粉；正夏月，與熱湯餅，既噉，大汗出，以朱衣自拭，色轉皎然。

魏晉名士之美姿儀者，固不乏何晏一人，他如衛玠、裴楷、嵇康、王衍、夏侯湛、潘岳、王濛之徒，均曾以容儀享名一世。（俱見《世說》〈容止篇〉）而晏面白固是事實，以致雖為文帝所猜疑，然驗之即明，乃《世說》言之詳矣。顧以《魏略》所記，或以晏之美姿儀本姿外貌，或以傅粉微訕其生活之任誕，此一者自與文帝同識，再者亦與李固受枉殆無不同矣。〔註22〕

3. 服寒食散一事

《世說新語》〈言語篇〉第十四條云：

何平叔云：『服五石散，非唯治病，亦覺神明開朗。』

又《注》引秦丞祖〈寒食散論〉云：

寒食散之方，雖出漢代，而用之者寡，靡有傳焉。魏尚書何晏首獲神效，由是大行於世，服者相尋也。

按何晏之服寒食散，本與東漢以來方士煉丹長生之風氣盛行有關。且自漢末以來，儒術與方術已有合流之傾向。〔註23〕何晏服寒食散之精神，原非具獨創。然則彼既非專以治病為驗，而得其神明開朗之效者，此又其不僅以方術之長生為志也。蓋「神明開朗」，或為何晏暫求解脫政治上現實痛苦之說辭。此又可由彼服寒食散後之狀況以說明。《三國志》卷二十九〈方伎傳注〉引〈輅別傳〉云：

何之視候，則魂不守宅，血不華色，精爽烟浮，容若槁木，謂之鬼幽。

據此，管輅見及何晏容儀之說辭，實可想像何晏久服寒食散後之形貌。〔註24〕蓋何晏雖服寒食散頗有精神爽朗之效益，然久服後之痼疾，當非其所不知。

〔註22〕參見王韶生〈何晏與魏晉學術之關係〉，《崇基學報》第三卷第一期，頁13。
〔註23〕此一觀點可參閱《後漢書》所記何休、張楷及〈方術列傳〉中許曼、趙彥、韓說、董扶諸人之事蹟。
〔註24〕參見古苔光〈魏晉人物的分類與行為的探究〉，《淡江學報》第十二期，頁303。

而彼終身服食者，必有其不得已之隱衷與悲愴也。如一旦逕以任誕作風譏之，恐失其本志矣。

由以上三事之論述，尤可知何晏乃非有以任誕作風破壞世俗禮法者。誠或有之，乃出於時人之誣辭。而彼之服寒食散，雖不無任誕作風之傾向，然絕無藉此復有怪異之行徑者，此其心態純正之反映，實又非其後之服食者所可及也。

再者，王弼亦為此時期之重要玄論人物，雖清人錢大昕亦以為「輔嗣位雖未顯。而見知於平叔尤深，當非徒以浮譽重者。」（《潛言堂集》卷一）然以其生平事蹟，所見者誠不足以證知其生活作風之一斑，茲略。

夫阮籍、嵇康乃反世俗禮法之代表人物，彼輩意識型態之激烈反應，既於前節述之。若其具體生活之反禮法者，固由憤激之情而起，是以其老莊思想之生活化、世俗化亦多有過激之任誕行徑者。茲先述阮籍。

《世說新語》〈任誕篇〉第二條云：

> 阮籍遭母喪，在晉文王坐進酒肉；司隸何曾亦在坐，曰：『明公方以孝治天下，而阮籍以重喪，顯於公坐飲酒食肉，宜流之海外，以正風教！』文王曰：『嗣宗毀頓如此，君不能共憂之，何謂？且有疾而飲酒食肉，固喪禮也！』籍飲噉不輟，神色自若。

阮籍喪母而飲酒食肉，固為何曾輩守禮法之士所不容受。然既飲噉不輟，神色自若者，殊不得謂其全非針對何曾輩而發也。蓋阮籍乃深明禮法本質者，以其不堪世俗禮法之虛偽，而有激情抗俗之行為，故彼之不拘禮法者，誠難免去矯情偽作之嫌疑。〔註25〕以致彼之青白眼對人，本非無心之舉。《晉書》〈本傳〉云：

> 籍又能為青白眼，見禮俗中人，以白眼對之。及嵇喜來弔，籍作白眼，喜不懌而退，喜弟康聞之，乃齎酒扶琴造焉，籍大悅，乃見青眼。

阮籍之傲然世情者，殊不得禮法之士所堪容。而彼激情所發之行為，實有意自棄於世俗禮法之外，以自行其是。故裴楷視之為方外之士，不崇禮典者，誠得籍之本志也。由是籍之任誕行徑亦以全然不顧禮法為原則。《世說新語》〈任誕篇〉第七條云：

> 阮籍嫂嘗還家，籍明見與別。或譏之。籍曰：『禮豈為我輩設哉？』

〔註25〕 參見韋政通〈阮籍的時代和他的思想〉，《中國哲學批判》，水牛出版社。

阮籍不以「嫂，叔不通問」(《曲禮》)之禮法自限。又同書同篇第八條云：

> 阮公鄰家婦有美色，當壚酤酒。阮與王安豐常從婦飲酒，阮醉，便
> 眠其婦側。夫始殊疑之，伺察終無他意。

阮籍亦不以「男女授受不親」之禮法自限。而婦之夫伺察終無他意者，或可察知阮籍之反世俗禮法，乃祇及於禮法之外在形式而已，其本心則實未嘗有敗亂禮法之本質。又同書〈簡傲篇〉第一條云：

> 晉文王德盛功大，坐席嚴敬，擬於王者。唯阮籍在坐，箕踞嘯歌，
> 酣飲自若。

阮籍無視於司馬氏之禮法者，其任誕若此，或彼久不復遵循世俗之禮法所致。然司馬氏所以能寬容其縱恣行爲，雖不無阮籍「口不論人過」之謹愼態度有關，而能止於達而不亂之任誕作風，誠能爲司馬氏所接受無疑。此又由彼誡後輩阮渾者，益可見其用心。《世說新語》〈任誕篇〉第十三條云：

> 阮渾長成，風氣韻度似父，亦欲作達。步兵曰：『仲容已預之，卿不
> 得復爾。』

注引〈竹林七賢論〉云：

> 籍之抑渾，蓋以渾未識已之所以爲達也。

阮籍不願後輩阮渾效已者，乃以任誕作風之所以達者，雖爲矯情之僞作，然終不得以敗亂禮法本質爲主。此原爲籍有以自守之原則。若後進不達其心，而徒縱恣其形骸者，必流於敗亂禮法之本質而後已，此固非彼之所願也。

復次，嵇康反禮法之任誕生活，亦多爲激情而後起，然尤較阮籍過之。茲可舉數則之記載爲例：

《昭明文選》卷四十三引錄嵇叔夜〈與山巨源絕交書〉云：

> 頭面常一月十五日不洗，不大悶養，不能沐也。每常小便而忍不起，
> 令胞中略轉乃起耳。

> 臥喜晚起，而當關呼之不置，一不堪也。

據此，嵇康生活疏懶之具體寫照歷歷在目。又同書云：

> 抱琴行吟，弋釣草野，而吏卒守之，不得妄動。

是康之愛好自然之天性，悠然自得。又同書云：

> 危坐一時，痹不得搖，性復多蝨，把搔無已，而當裹以章服，揖拜
> 上官，三不堪也。

是康之不重容儀，爲人所不堪。又同書云：

　　素不便書，又不喜作書，而人間多事，堆案盈几，不相酬答，則犯
　　教傷義，欲自勉強，則不能之，四不堪也。

是康之不喜文事，懶於應付。又同書云：

　　不喜弔喪，而人道以此爲重，已爲未見恕所怨，至欲見中傷者，則
　　懼然自責，然性不可化，欲降心順俗，則詭故不情，亦終不能獲無
　　咎無譽如此，五不堪也。

是康之鄙棄俗禮，厭煩人事。又同書云：

　　不喜俗人，而當與之共事，或賓客盈坐，鳴聲聒耳，囂塵臭處，千
　　變百技，在人目前，六不堪也。

是康之不喜俗人俗事，誰與共事。又同書云：

　　心不耐煩，而官事鞅掌，萬機纏其心，世故煩其慮，七不堪也。

是康之不好仕事，不耐官事。又同書云：

　　又每非湯武而薄周孔，在人間不止此事，會顯世教所不容，此甚不
　　可一也。

是康之不好經典，每多譏評。又同書云：

　　剛陽疾惡，輕肆眞言，遇事便發，此甚不可二也。

是康之好論人過處，難於收拾。

　　茲以嵇康之「七不堪」「甚不可二」之各例，乃是自述之任誕作風，雖其
中不無遁辭之成份，然亦不得謂其全非事實也。蓋嵇康之個性，或由天成，
或由後天養成。所謂「七不堪」者，皆在說明彼不願受制禮法之束縛，而自
甘淡泊無爭於世；所謂「甚不可二」者，原在強調彼非毀典謨，疾惡如仇之
本性絕非世所堪容。故其自覺「不識人情，闇於機宜」，憤而力辭山巨源之荐
者，即表明決不願屈身於司馬門下也。又《晉書》卷四十九本傳云：

　　初，康居貧，嘗與向秀共鍛於大樹之下，以自贍給。潁川鍾會，貴
　　公子也。精練有才辯，故往造焉。康不爲之禮，而鍛不輟。良久會
　　去，康謂曰：『何所聞而來？何所見而去？』會曰：『聞所聞而來，
　　見所見而去。』會以此憾之。

按此事《世說新語》〈簡傲篇〉第三條並注引《魏氏春秋》均有述及。大意略同。
蓋嵇康以名士身分而自甘鍛鐵治生者，固是「輕視傲俗」之生活表現。〔註26〕
而鍾會至，不爲之禮，竟發以尖刻之言辭者，此實爲嵇康所以自覺不及阮籍之

〔註26〕參見何啓民《竹林七賢研究》頁108，學生書局。

賢處也。故康〈與山巨源絕交書〉云：

> 阮嗣宗口不論人過，吾每思之，而未能及。……吾以不如嗣宗之賢，
> 而有弛慢之闕。

嵇康非不知彼之任誕作風足以遘禍者，徒以個性使然而無法自我克制。然其本心實未嘗不企慕嗣宗之爲人，故彼於臨誅前所昭示之〈家誡〉，除誡以立志、去外物內欲、守信守節諸道德訓示外，亦多陳述小心戒愼之言辭。其文略云：

> 若行寡言，備愼自守，則怨責之路解矣。……夫言語，君子之機，
> 機動物應，則是非之形著矣，故不可不愼。……坐言所言，自非高
> 議，但是動靜消息，小小異同，但當高視，不足私答也。非義不言，
> 詳靜敬道，豈非寡悔之謂。……若有小是不足是，小非不足非，至
> 竟可不言以待之，就有人問者，猶當辭以不解，近論議亦然。

嵇康頗有自知於個性及任誕作風之缺失，故彼之敦勉後輩者，其心態固與阮籍稍不同矣。

　　如上所述阮籍嵇康之任誕生活，可知彼輩之行爲雖無不以反抗世俗禮法爲目的，然尙未忘懷禮法之本質及道德之綱紀。是以阮籍母死後，乃有「飲酒三升，舉聲一號，嘔血數升，廢頓久之」之感人孝行。（見《世說新語》〈任誕篇〉注引鄧粲《晉紀》）而嵇康臨誅猶勉子敦以人臣禮法之大義。且兩人尤深誡後輩勿效己者，其用心良苦，於斯可見。而後進不達其心而妄爲放蕩形骸，卒致敗義傷教，中原版蕩，阮嵇可不任其過也。

　　夫向秀、郭象、裴頠者，乃安其志於司馬門下之徒，彼輩之生活，固無如阮嵇之過激任誕作風。故向秀先時與山濤、嵇康、呂安相知爲友，嘗有一段竹林任誕生活外，〔註27〕餘則無可察尋矣。至若郭象、裴頠表現於善談辯之一面，雖不失爲名士之風範，然皆非任誕生活之表現，本節亦略焉。

　　迨至過江之後，重要之玄論思想者以其本非當時談辯之士，彼輩之生活亦多無流於任誕之現象者。如前所論引之諸釋徒，咸能嚴守僧侶應有之戒律，卓然有其自守之生活規範，實有別於魏晉名士不拘禮法之任誕行徑也。又葛洪之輩，彼之思想雖有儒道兼融之傾向，然本身乃持重禮法之士，故其生活自無任誕之習氣。唯以張湛之徒，彼之意識型態固有反禮法之傾向，而其生

〔註27〕按向秀與嵇康呂安交往之任誕生活，可據《世說新語》《言語篇》第十八條注
　　　　引〈向秀別傳〉云：「少爲同郡山濤所知，又與譙國嵇康、東平呂安友善。並
　　　　有拔俗之韻，其進止無固必，而造事營生業，亦不異常。與嵇康偶鍛於洛邑，
　　　　與呂安灌園於山陽，不慮家人有無，外物不足怫其心。」

活或有任誕之作風。《世說新語》〈任誕篇〉第四十三條云：

> 張湛好於齋前種松柏，時袁山松出遊，每好令左右作挽歌。時人謂
> 『張屋下陳屍，袁道上行殯。』

又注引裴啓《語林》曰：

> 張湛好於齋前種松，養鴝鵒；袁山松出遊，好令左右作挽歌。時人
> 云云。

又同書同篇第四十五條云：

> 張驎（注云：張湛小字也。）酒後挽歌甚淒苦。桓車騎曰：『卿非田
> 橫門人，何乃頓爾至致？』

茲所引三則記載，或可略窺知張湛乃性有獨好之癖。然除末者飲酒後以挽歌
助興外，其他誠不易見其有何任誕之作風；而《世說》既收錄於〈任誕篇〉
中必有其特殊之涵義，徒以史料闕略，無從查證矣。

第六章　魏晉玄論思想對當時文風之影響考察

　　吾國文學觀念之進展，自周秦至南北朝乃一由混而析之時期。〔註1〕蓋魏晉時，不僅玄論之談辯彌漫於整個社會風氣，且及於文學風氣之影響，即一轉周秦兩漢以來質實之載道文學觀念，而爲重視抽象原理，忽視具體事物；重視神理情味，忽略形骸粗迹之文論思想也。由是此一明顯之影響，不唯詩風境界丕變，發展成爲玄言詩，隱逸詩，遊仙詩，山水詩；而文論思想之轉變（唯美文學觀），尤有深遠之啓迪作用。是其與前代文風比較，倘就其個別之風貌及理論架構析之，固有涇渭之別也。

　　本章僅就魏晉玄論思想對當時詩風之影響，及對當時文論思想自覺之影響，試就其相互間影響關係，稍作一鳥瞰式之考察。

第一節　對當時詩風之影響

　　夫正始以來之玄論風氣，不啻支配學術重心，並於詩風亦產生玄虛之影響。《文心雕龍》〈明詩篇〉云：

> 正始明道，詩雜仙心，何晏之徒，率多浮淺，唯嵇志清峻，阮旨遙深，故能標焉。

又同書〈時序篇〉云：

> 自中朝貴玄，江左稱盛，因談餘氣，流成文體。是以極世迤邐，而辭意夷泰，詩必柱下之旨歸，賦乃漆園之義疏。

〔註 1〕參見郭紹虞《中國文學批評史》〈自序〉頁 1，文史哲出版社。

按劉勰《文心雕龍》成書之年代，據近人推證之結果，係齊中興二年四月事。
〔註2〕此上溯曹魏正始以迄晉室偏安江左，適有一恰當之時間距離，彼之析評
固屬極肯切之論斷。所謂「詩雜仙心」者，即指正始玄風漸興之後，學者唯
道家之宗；其對於當時詩風之影響，亦多雜有道家玄論思想。及至東晉遷都
江南，此風更盛。因襲玄論談辯之餘習，文體亦遂流衍為玄理之詩文。故時
風愈艱難，文辭意境反愈安閑舒泰。而詠詩作賦者遂莫不以老莊玄論思想為
其內涵。由是彼時不乏文人詩風頗有流於玄言化之獨特一格。茲舉數例證之
如左：

　　嵇康〈與阮德如詩〉一首云：

　　　澤雉窮野草，靈龜樂泥蟠。榮名穢人身，高位多災患。未若捐外累，
　　　肆志養浩然。

又阮籍〈詠懷八十二首〉之三十五云：

　　　誰言萬事艱，逍遙可終身。臨堂翳華樹，悠悠念無形。彷徨思親友，
　　　倏忽復至冥。寄言東風鳥，可用慰我情。

又《全晉詩》卷五引錄郭璞〈答玉門子詩〉云：

　　　芊芊玉英，濟美瓊林。……遺物任性，兀然自縱。倚榮雕鸛，寓音
　　　雅弄。匪涉魏闕，匪滯陋巷。永賴不才，逍遙無用。

又《昭明文選》卷十一引錄孫綽（興公）〈遊天台山賦〉一首云：

　　　太虛遼廓而無閡，運自然之妙用。……於是遊覽既周，體靜心閑。
　　　害馬已去，世事都捐。投刃皆虛。目牛無全。……散以象外之說，
　　　暢以無生之篇。悟遣有之不盡，覺涉無之有間。泯色空以合迹，忽
　　　即有而得玄。釋二名之同出，消一無於三幡。……。

如上所引各例，頗知魏晉詩風固有偏尚老莊玄言之一格。唯以何晏詩今多不
傳，〔註3〕《文心》斥為浮淺，無由查證。而嵇康阮籍詩雖雜玄論之語，尚有
清峻遙深之情趣，誠屬可貴。至若東晉郭璞之玄言詩，幾全由道家之哲理組
成，不唯遒麗之辭，無聞焉爾；且勉力擬古之結果，實多有形成一歌訣之體
貌。及於孫綽之〈遊天台山賦〉，除舖敍老莊之玄理外，更加以佛理之色空義
說。如是詩風至此隨之益乏理趣矣。《世說新語》〈文學篇〉第八十五條注引

〔註2〕參見王更生《文心雕龍研究》，文史哲出版社，頁99。
〔註3〕按何晏詩除上章第一節引之一首擬古詩外，《詩紀》尚載其一首〈失題詩〉。
　　　據鍾嶸《詩品》評云：「何晏為老莊，崇尚虛無，讀〈鴻鵠之篇〉（〈擬古詩〉），
　　　風規可見。」是可知何晏詩亦雜有道家玄虛之思想。

檀道鸞《續晉陽秋》云：

> 正始中，王弼、何晏、好老莊玄勝之談，而世遂貴焉。至過江，佛理尤盛；故郭璞五言，始會合道家之言而韻之。(許)詢及太原孫綽，轉相祖尚。又加以釋氏三世之辭，而詩騷之體盡矣。

又鍾嶸〈詩品序〉云：

> 永嘉時，貴黃老，稍尚虛談。於時篇什，理過其辭，淡乎寡味。爰及江左，微波尚傳、孫綽、許詢、桓（溫）、庾（亮）諸公，詩皆平典似《道德論》，建安風力盡矣。

據檀道鸞說，是東晉之玄言詩，乃郭璞為之前導。蓋此說雖非必然之理。〔註4〕然郭璞之玄言詩特其才氣奇肆，遭逢險難，縱有道家哲理歌訣之體貌，亦不失假玄言以寫中情之韻致。〔註5〕是以《文心》譽為「挺拔而為峻」詢非無由。若孫許桓庾之詩，今雖多不傳，〔註6〕倘《詩品》所言屬實，則玄言詩發展至此，實已趨於末流矣。以致莫不寄言上德，託意於要妙之言，理過其辭，平典板滯者，固多有之。

　　再者，魏晉玄論既彌漫於詩學界，不唯玄言詩風蔚為一時代之特有現象，且由老莊玄論所闡發之離棄名教，追求自然之義說，亦有波及當時隱逸詩之內涵者。茲舉數例證之如左：

阮籍〈詠懷〉八十二首之七十三云：

> 猗歟上世士，恬淡志安貧。季葉道陵遲，馳騖紛垢塵。寧子豈不類，揚歌誰肯詢。棲棲非我偶，皇皇已非倫。咄嗟榮辱事，去來味道眞。道眞信可娛，清潔存精神。巢由抗高潔，從此適河濱。

又嵇康〈幽憤詩〉云：

> ……庶勗將來，無響無臭。采薇山阿，散髮巖岫。永嘯長吟，頤性養壽。

又《昭明文選》卷二十二引錄左思（太沖）〈招隱詩〉二首云：

> 經始東山廬，果下自成榛。……結綬生纏牽，彈冠去塵埃。連惠非吾屈，首陽非吾仁。相與觀所尚，逍遙撰良辰。

〔註4〕據近人劉大杰之說，自漢末仲長統起，曹植、嵇康、阮籍，以及西晉文人實已有不少《道德論》式之作品矣。參見《魏晉思想論》頁163，里仁書局。

〔註5〕參見黃季剛《文心雕龍札記》頁36，文史哲出版社。

〔註6〕按孫綽、許詢、桓溫詩，除近人丁福保纂輯《全晉詩》卷五各引錄一首不涉玄言之詠懷詠物詩外，餘則無可考矣。

又同書同卷引錄陸機（士衡）〈招隱詩〉一首云：

> 明發心不夷，振衣聊躑躅。……至樂所非假，安事澆醇樸。富貴苟
> 難圖，稅駕從所欲。

按隱逸之風固與時局變亂有密切之關係，然魏晉玄論思想所極力闡述之自然
眞諦，亦多有激發詩人追求道家遁世保眞之理念。觀如上所引諸例，知魏晉
高士之隱逸，實寄託於老莊超脫名教束縛之思想。故薄寧戚而慕巢許，非連
（少連）惠（柳下惠）首陽（伯夷叔齊）而不願降志辱身居仁者，固與一般
俗士矯情沽名之隱逸有別。由是執此一思想以表現於詩中之情致內涵者，乃
多明確呈顯其高蹈之隱逸閑趣也。

再者，溯自漢末以來，神仙之信仰亦普遍及於一般士人之間。故長生成
仙之觀念，至魏晉時期，一經配合玄風之結果，不唯思想界之嵇康、葛洪援
之以爲玄論之一端，且表現於當時詩風，即不乏遊仙之作。茲舉數例證之：

阮籍〈詠懷八十二首〉之三十云：

> 朝陽不再盛，白石忽西幽。去此若俯仰，如何似九秋。人生若塵露，
> 天道邈愁悠。齊景升邱山，涕泗紛交流。孔聖臨長川，惜逝忽若浮。
> 去者余不及，來者多不留。願登太華山，上與松子遊。漁父知世患，
> 乘流泛輕舟。

又嵇康〈遊仙詩〉云：

> 遙望山上松，隆谷鬱青葱。自遇一何高，獨立迴無雙。願想遊其下，
> 蹊路絕不通。王喬棄我去，乘雲駕六龍。飄飄戲玄圃，黃老路相逢。
> 授我自然道，曠若發童蒙。採藥鍾山陽，服食改姿容。蟬脫棄穢累，
> 結友家板桐。臨觴奏《九韶》，雅歌何邕邕。長與俗人別。誰能覩其蹤。

又《昭明文選》卷二十一引錄何劭（敬宗）〈遊仙詩〉云：

> 青青陵上松，亭亭高山柏。光色冬夏茂，根柢無凋落。吉士懷貞心，
> 悟物思遠託。揚志玄雲際，流目矚巖石。羨昔王子喬，友道發伊洛。
> 迢遞陵峻岳，連翩御飛鶴。抗跡遺萬里，豈戀生民樂。長懷慕仙類，
> 眩然心綿邈。

又同書同卷引錄郭璞（景純）〈遊仙詩〉七首之二云：

> 青谿千餘刃，中有一道士。雲生梁棟間，風出窗戶裏。借問此何誰？
> 云是鬼谷子。翹迹企潁陽，臨河思洗耳。閶闔西南來，潛波渙鱗起。
> 靈妃顧我笑，粲然啓玉齒。寒脩時不存，要之將誰使？

又之三云：

> 翡翠戲蘭苕，容色更相鮮。綠蘿結高林，蒙籠蓋一山。中有冥寂士，
> 靜嘯撫清絃。放情陵霄外，嚼藥挹飛泉。赤松臨上遊，駕鴻乘紫煙。
> 左挹浮丘袖，右拍洪崖肩。借問蜉蝣輩，寧知龜鶴年。

按神仙思想之起源本出於春秋戰國燕齊方士，其與道家思想本屬不同理論體系之一宗。然以方士所暢言之「不死說」，與老氏之「長生論」，原有字詞上之適合關係，故順依時勢之趨向，自有合而為一之契機。〔註7〕故不唯兩漢以來方士之恒言神仙方術，多引用黃老之說（如東漢道教大盛以後，老子莊周乃被託為神仙之祖），且《莊子》書中亦不乏借世外神仙之虛境寓言，以呈顯其逍遙思想者。由是此風相承，魏晉文士除溺心於道家玄論之哲理，尤頗能涵容世外神仙之思想，以其表現於詩中之內涵，亦多雜遊仙之成分。

如果本諸此一觀點以進窺如上所舉各例，頗知魏晉文士之遊仙詩，雖為俗世間對世外神仙之憧憬，實本有其老莊玄論思想之內涵。蓋魏晉文士既篤信老莊思想，彼輩所企慕者，乃一絕對離棄世俗禮法之理想境界。然則此一理想境界固於當時之紊亂不安之現實背景所不可求，遂祇能假設世外神仙之虛境，以為其個體之精神，獲致暫時之慰藉與依託。故遊仙之詩，彼輩所欣羨者縱為王喬、赤松、鬼谷、浮丘、洪崖諸人之長生久存，實乃影射其對老莊所提「萬物適性逍遙」之悠然嚮往，而彼所虛設之神仙幻境，即為其遐想道家具體生活之境界也。由此，吾人亦可知所謂正始以來「詩雜仙心」者，不唯其時詩風頗有流於玄虛哲理之特殊一格，且經由魏晉文士對老莊理想境界轉化為世外神仙具體之描述後，而「仙心」者，是亦兼容「滓穢塵網，錙銖纓紱，澮霞倒影，餌玉玄都」（《文選》李善《注》郭璞《遊仙詩序》）一類之內涵矣。

再者，魏晉以後南朝詩風又有所謂專門歌詠「山水」內涵之一格者。《文心雕龍》〈明詩篇〉云：

> 宋初文詠，體有因革，莊老告退，而山水方滋。儷采百字之偶，爭
> 價一句之奇，情必極貌以寫物，辭必窮力而追新，此近世之所競也。

按山水詩之起源問題，前人論斷皆據此判定謝靈運為開先之始創者。〔註8〕然

〔註7〕參見許地山《道家思想與道教》頁201，《中國哲學思想論集》──《兩漢魏晉隋唐篇》，牧童出版社。（按此文原載於《燕京學報》第二期）。

〔註8〕按清人王漁洋《帶經堂詩話》及沈德潛《說時晬語》皆持此說，然則近人王文進先生曾撰〈莊老告退，而山水方滋解〉一文駁斥之。（此文見載於《中外

則吾人若依前所引諸遊仙詩例，實不乏作者對世外仙境景物有極佳之描寫，蓋此或可知山水詩與遊仙詩固有相承銜契之影響關係。〔註9〕又彼時文人有者藉其對老莊理想境界之執著，既以塵俗之禮法社會爲排斥之對象，必然投其志趣於隱逸之出世作風，而徜徉於竹林山水之間，資以滿足其老莊逍遙自適之企慕心理。如是進而體察歌誦自然景觀之美，亦適足以呈顯其個體道家心靈之藝術觀照。茲舉《昭明文選》卷二十九引錄張協（景陽）〈雜詩十首〉之九爲例：

　　結宇窮岡曲，耦耕幽藪陰。荒庭寂以閑，幽岫峭且深。淒風起東谷，
　　有渰興南岑。雖無箕畢期，膚寸自成霖。澤雉登壟雕，寒猿擁條吟。
　　溪壑無人跡，荒楚鬱蕭森。投來循岸垂，時聞樵采音。重基可擬志，
　　廻淵可比心。養眞尚無爲，道勝貴陸沉。遊思竹素園，寄辭翰墨林。

觀此詩雖非純以刻劃自然景觀爲極致。然景陽於山水描摹之餘，頗能呈顯其靜觀萬物之自得境界。故「重基可擬志，廻淵可比心。養眞尚伏爲，道勝貴陸沉」者，乃是透過依託山水之自得形象，以返照個體心靈之虛靜狀態。而此一由虛一而靜之凝志工夫，所及於自然景觀之呈顯，則實是一藝術觀照之境界，並非一修養之境界。〔註10〕如是此詩之模山範水自有一分恬靜悠然之閑趣，溢於筆墨之閒者，此又不得不歸因於作者於意識上已全然涵容老莊思想之先決條件也。至若南朝宋謝靈運之山水詩，其詩篇雖以描摹山水爲極則，然亦時時參雜有莊老之哲理。如「居常以待終，處順故安排」（《登石門最高頂》）「矜名道不足，適已物可忽」（〈遊赤石進帆海〉）「寄言攝生客，試用此道推」（〈石壁精舍還湖中作〉），皆可見老莊玄論思想與山水詩之創作固有相當之影響關係，唯以謝詩原屬南朝詩學之範圍，己逸出本章所論，故於此姑且置之不多述焉。

　　要之，魏晉玄論思想對當時詩之創作，於內涵與韻致方面本有實質之影響作用。是以魏晉詩風之拓展，證之於前，不唯玄言詩，且隱逸詩、遊仙詩、山水詩，雖與時代之動盪不安有關（此尤爲一般文學史論者所強調），然則出於彼時文士對老莊玄論思想之執著者，豈吾人可忽之哉！

文學》第七卷第三期，頁4～17）。

〔註9〕按此一說法近人林文月先生〈從遊仙詩到山水詩〉一文，曾詳加分析郭璞遊仙詩至謝靈運山水詩之間寫作技巧之轉變歷程。（此文見載於《中外文學》第一卷第九期，頁35～52）。

〔註10〕此一觀點本得自近人牟宗三先生對向郭逍遙義之闡述啓發。參見《才性與玄理》頁182，學生書局。

第二節　對當時文論思想之影響

　　夫吾國文論思想之發展，周秦兩漢時代本偏重於文學之紀事載言也。且
溯自漢興以後，學術以儒家爲主流，教育文化以經學爲唯一內容。影響所及，
文學乃籠罩於濃厚之儒教思想下，不唯文學之效用已成爲「載道」之工具，
而文學之本質尤喪失其獨立之地位。故兩漢文人之評析如《詩經》與《楚辭》
等純文學之著作，亦莫不依據儒家倫理道德之觀點，賦予其實用之教化意義。
蓋此因大一統時代，儒術尚能維繫一般社會人心之所致也。

　　然自東漢中葉以後，朝政漸壞。再經漢末長期之戰亂結果，漢室式微，
儒學遂失其自武帝以來政治力量之支持而告衰落，且兩漢三百年來依儒術所
統治之社會亦徹底瓦解。由是人心乃逐漸對傳統士流之學術置疑。《後漢書》
〈儒林傳論〉云：

> 自桓靈之間，君道秕僻，朝綱日陵，國際屢啓，自中智以下，靡不
> 審其崩離。

蓋亂世之際，政教無常，人心轉而對既有之儒術產生不滿，原是理之必然。
然代之而起者乃道家哲學，此固有其相應學術演進之一定程續，前章論之已
詳，茲不贅述。故而文論思想亦隨之而遞變，乃有由脫離載道之實用功能而
傾向獨立之自覺意義者。曹丕〈典論論文〉云：

> 蓋文章經國之大業，不朽之盛事。年壽有時而盡，榮樂止乎其身。
> 二者必至之常期，未若文章之無窮。是以古之作者，寄身於翰墨，
> 見意於篇籍；不假良史之辭，不託飛馳之勢，而聲名自傳於後。故
> 西伯幽而演《易》，周旦顯而制禮，不以隱約而忽務，不以康樂而加
> 思。

按此一說雖與儒家立名後世之意略同。至於曹丕暢言文學與個人之關係，及
文學與事功等齊不朽之觀念，自是擺脫兩漢以來文學「載道」之傳統意義。
而據近人推證之結果，知丕此意乃多少是直接於王充之遺說。〔註11〕然則王
充原一帶有極濃厚道家色彩之學者，苟曹丕有受及王充之影響，是道家玄論
思想或亦有啓示對文學獨立價值之自覺認識，此又吾人不可不細心體察也。
且曹丕復頗引用道家超事物之直覺宇宙論，以充實文學之內涵者。〈典論論
文〉亦云：

> 文以氣爲主。氣之清濁有體,不可力强而致。譬諸音樂,曲度雖均,
>
> 簡奏同檢,至於引氣不齊,巧拙有素,雖在父兄,不能以移子弟。

按氣之問題,雖早出於《孟子》,而其養氣之說,乃本於知言之觀念一轉變而來者。所謂知言者,即足以知他人之言,而非於己之立言有準備。故養氣之爲說者,遂濟之配義與道之修養工夫,以爲己立言之積極致效也。然則此義說固與丕之所論者不能謀合。則其所取者何?蓋此實託自於道家宇宙論之道德自然說也。〔註12〕此又曹丕所論之氣亦與《莊子》〈天道篇〉所提之「數」說,於理論上尤爲接近:〔註13〕

> 輪扁曰:「……斲輪,徐則甘而不固,疾則苦而不入。不徐不疾,得
>
> 之於手而應於心,口不能言,有數存焉於其間,臣不能以喻臣之子,
>
> 臣之子亦不能受之於臣,是以行年七十而老斲輪。」

《典論》所論之文氣,不可力强而致,不能以移子弟者,實與輪扁不能以喻其子,其子亦不能受之於彼者,原有異曲同工之妙。今雖無據足資證明丕之論文氣即根源於《莊子》論數而來,然則其受自道家思想之啓示者,固不可排除此間之可能性。

再者,自曹丕《典論》〈論文〉標舉以文學具獨立價值之意義起,尚有曹植〈與楊德祖書〉,應瑒〈文質論〉、摯虞〈文章流別論〉、李充〈翰林論〉諸論文著述,但因諸論或沿襲傳統之舊說,或祇言文質之宜,無關文旨,或今多散佚,或多爲辨析文體及論述作者之性質,而非針對文論之根本問題者,茲不一一論述。唯以西晉陸機之〈文賦〉,與東晉葛洪《抱朴子》之文論思想猶可窺見其受玄論思想之影響也。

按正始年間王弼所倡之「得意忘言」,討論之動機,乃是針對漢儒繁瑣之章句經學而發,然其主旨則在明示言辭與意念之本末先後之關係問題。由是不唯將漢《易》象數一舉而擴清之,促使漢代經學轉爲魏晉玄學,而其後依此理念討論文論者,西晉陸機論文學創作之玄奧體認,頗得其神髓。〈文賦〉云:

〔註12〕按道家宇宙論之道德自然說者,可見《老子》五十一章云:「道生之,德畜之,物形之,勢成之,是以萬物莫不尊道而貴德。道之尊,德之貴,夫莫之命而常自然。」得知萬物之德乃道之寓於物者,而有其各順自然而莫之能變之道理存在。

〔註13〕按此一說,本承自黃錦鋐先生之發現。見〈曹丕典論論文對魏晉文風之影響〉,《書目季刊》第十七卷第三期,頁 12～13。

> 每自屬文，尤見其情，恒患意不稱物，文不逮意。……若夫隨手之
> 變，良難以逮意。

按所謂「意不稱物」「文不逮意」者，即是說明意（主觀意念，情志）文（言辭）及物（客觀事物）三者間不易契合之矛盾性。蓋此雖與王弼「得意忘言」之意象言本末先後之觀點略有出入，〔註14〕然則陸機藉此一言意之辯以自覺於文論之玄奧內涵，實託於玄論思想之基本認知，固無疑也。且又由其文學表現天地萬物之義旨，頗亦可見出深受玄論思想之影響者。〔註15〕〈文賦〉云：

> 佇中區以玄覽，……籠天地於形內，挫萬物於筆端。

據此，陸機以文學之表現，乃由漢儒載道之旨，一轉而為天地萬物之本體。然則天地萬物既以虛無為本體，如心居玄冥之處，即所以覽知天地萬物也。故〈文賦〉又云：

> 課虛無以責有，叩寂寞而求音。函緜邈於尺素，吐滂沛乎寸心。

陸機即據玄論中「有生於無」之理解以闡釋文學創作之玄奧問題。所謂「課虛無以責有」「叩寂寞而求音」兩句乃指出文學作品固從「虛無」「寂寞」中體會而得。故天地萬物之有形，若以虛無之心神馭之，則天地之大，實能涵容於一心，而挫之於筆端，函之於尺素矣。由是文學之創作，不唯是作者之意（主觀情志意念）須透過虛無寂寞之工夫，方得表現；即經由呈顯萬物本體之文學作品，亦所以冥合作者之意與客觀事物之矛盾距離。〈文賦〉又云：

> 伊茲文之為用，固眾理之所因，恢萬里而無閡，通億載而為津。俯
> 眙則於來葉，仰觀象乎古人，濟文武於將墜，宣風聲而不泯。塗無
> 遠而不彌，理無微而弗綸。配霑潤於雲雨，象變化乎鬼神，被金石
> 而德廣，流管絃而日星。

文學之表現既依於天地自然之本體，固為眾理之所因。由是自能超越時間空間之限制，冥合作者主觀意志與客觀事物之矛盾距離，而居於人文進展之樞紐地位，上觀象乎古人，下眙則於來葉，以負起歷史文化承傳之神聖使命者

〔註14〕按王弼「得意忘言」之說，固在明示言意間之矛盾性，然其所論之終極義旨，乃在於不滯於言而存諸意。而陸機或轉化之以論文者，即是闡明文、意、物三者之間，如何契合之根本問題。如是王弼陸機所論，於學理上雖有基本之共通性，實則終有不盡謀合之處。蓋此乃由哲學玄論過渡至文論思想不得不然之勢也。

〔註15〕參見王瑤《中古文學思想史》頁99，長安出版社。

也。據此吾人可知，陸機實頗有擷取玄論思想之基本精義，資以充實文論思想之內涵者，是以觀其提昇文學之創作與歷史意義，誠不難察知其用心也。

至若東晉葛洪之《抱朴子》，其文論思想亦頗受老莊玄論之影響，而表現其修正儒家傳統文學觀念之價值論者，一則文章德性並重說，一則文學進化說，尤有可觀焉。茲分述如下：

依儒家傳統之習見，德性爲本，文章爲末之觀念，自周秦以來實已深植人心，牢不可破。故不唯兩漢人士（除東漢王充外）視爲理之當然，即魏晉朝之曹植、摯虞、虞溥、傅玄諸輩亦莫不奉爲典訓。然則葛洪乃有異議之提出者。《抱朴子》〈尚博篇〉云：

> 德性爲有事，優劣易見；文章微妙，具體難識。夫易見者，粗也；難識者，精也。夫唯粗也，故銓衡有定焉，夫唯精也，故品藻難一焉。

據此，葛洪就德性與文章以粗（易見）精（難識）爲喻者，蓋其思想理路之基本架構，實與魏晉玄論之聖人迹冥義一命題相類。然則葛洪非有意輕德重文者，以其欲對傳統文論思想稍作修正而已，故首倡文章精微之奧義，乃有意彰顯德性文章並重不偏之基本性質也。《抱朴子》〈尚博篇〉云：

> 且文章之與德性，猶十尺之與一丈，謂之餘事，未之前聞。夫上天之所以垂象，唐虞之所以爲稱，大人虎炳，君子豹蔚，昌旦定聖謐於一字，仲尼從周之郁，莫非文也。八卦生鷹隼之所被，六甲出靈龜之所負，文之所在，雖賤猶貴；犬羊之鞹未得比焉。且夫本不必皆珍，末不必悉薄。譬若錦繡之因素地，珠玉之居蚌石，雲雨生於膚寸，江河始於咫尺爾。則文章雖爲德性之弟，未可呼爲餘事也。

按傳統儒家之所論，孔門四科，文學居末，以致歷來儒者遂多依此建立德本文末之基本觀念。然則葛洪乃由天地間之人文以至於萬物各有其德性與文采之觀點，轉而即論文章德性之對等性質者。蓋此一說仍是揉合老莊玄論之自然思想。〔註16〕如是依從人文與萬物自然呈顯之理解層面，過渡於德性與文章相互之關係者，固爲一體所涵容，不論重文章而輕德性，或重德性而輕文章，均非文論之所宜。故何者爲本？何者爲末？原無必然之區分，即或強有本末先後之別者，亦何得有輕重之偏乎？《抱朴子》〈循本篇〉云：

〔註16〕按天地間事物之存在，其自然之狀態，不外各有其德性（本質）及其文采之呈顯，此兩者固爲葛洪所兼涵而等論者。然則前引之文，所謂「文之所在，雖賦猶貴」，似有重文輕德之言，實則洪乃意在齊等文章與德性之基本價值，而絕非有偏至一方之論也。

> 德性文學者，君子之本也。莫或無本而能立焉。是以欲致其高，必
> 豐其基，欲茂其末，必深其根。

此乃言德性文學合一之旨。葛洪持文章德性並重說之文論思想，亦庶幾於此更確信矣。

又傳統儒家於文學進展所持之觀點，因受崇古思想之影響，致有往往堅執「今不如古」之退化文學觀者。然則此一論說葛洪尤表大為不然。首則就客觀條件破除常人以古為難之崇古心理。《抱朴子》〈鈞世篇〉云：

> 蓋往古之士，匪鬼匪神，其形器雖治鑠於疇囊，然其精神布在乎方
> 策，情見乎辭，指歸可得。且古書之多隱，未必昔人故欲難曉。或
> 世異語變，或方言不同，經荒歷亂，埋藏積久，簡編朽絕亡失者多，
> 或雜續殘缺，或脫去章句，是以難知，似若至深耳。

據此，葛洪乃就時移世異，語言變遷，簡牘殘缺之現象，以釋古書多隱難曉之緣由。蓋此一思路法則，頗能擺脫儒家人文遞承之傳統說法，轉而依時空漸變之觀點立論者，實得自老莊宇宙論之啟發也。故順此既變之法則，進窺文學之進展，後人之文原不必不如古人之作。《抱朴子》〈鈞世篇〉云：

> 且夫《尚書》者政事之集也，然未若近代之優文詔策軍書奏議之清
> 富贍麗也。《毛詩》者華彩之辭也，然不及〈上林〉〈羽獵〉〈二京〉
> 〈三都〉之汪濊博富也。然則古之子書能勝今之作者，何也？然守
> 株之徒，嘍嘍所翫，有耳無目，何肯謂爾。其於古人所作為神，今
> 世所著為淺。……是以古書雖質樸，而俗儒謂之墮於天也。今文雖
> 金玉，而常人同之於瓦礫也。……若夫俱論宮室，而《奚斯路寢》
> 之頌，何如王生之賦〈靈光〉乎？同說遊獵，而〈叔畋〉〈盧鈴〉之
> 詩，何如相如之言〈上林〉乎？並美祭祀，而〈清廟〉〈雲漢〉之辭，
> 何如郭氏〈南郊〉之艷乎？等稱征伐，而〈出軍〉(當作車)〈六月〉
> 之作，何如陳琳武軍之壯乎？

據此，可知葛洪對文學進展所持之論點，全然採自然進化之原則。古人之文雖語約意簡，自有其特殊之客觀背景；而後人之作縱清新淺顯而趨於華麗，亦有其時代變遷之必然理則。且若依後人實用觀點為標準，則後人之作以淺顯華麗者，實乃進步之象徵，絕非今不如古之趨勢也。然則此時代變遷者何？《抱朴子》〈鈞世篇〉云：

> 且夫古者事事醇素，今則莫不彫飾。時移世改，理自然也。至於屬

錦麗而且堅，未可謂之減於裘衣；輼軒妍而又牢，未可謂之不及椎
車也。書猶言也，若入談話，故為知有（疑作音）胡越之接，終不
相解。以此教戒人，豈知之哉？若言以易曉為辨，則書何故以難知
為好哉？若舟車之代步涉，文墨之改結繩，諸後作而善終前事，其
功業相次千萬者，不可復縷舉也。世人皆知之，快於囊矣。何以獨
文章不及古邪？

據此，雖以物質文明之漸次演進印證後世彫飾，不遜於古者之事事醇素，然
而葛洪亦強調此仍屬自然之理則，固非人事之所能轉變。由是文學隨之而遞
遷者，愈演愈縟，固無可厚非者也。至若此一觀點之自覺，據近人研究之結
果，皆以為洪乃承襲東漢王充之遺意而來，斯言甚是。〔註17〕實則彼既有老
莊玄論思想之涵養先決條件者，此尤不可不細心體察也。

　　總之，魏晉玄論思想對當時文論思想之影響，大致可就兩方面言之。一
者以消極而論，前引三家之文論思想，咸多轉移儒家之傳統立場，以論文學
之創作原則與基本理論；一者以積極而論，則莫不擷取玄論思想之精義與思
路理則，以充實文論思想之內涵者。蓋此一時期之文論思想原屬自覺之初萌
階段，雖多乏體大思精之論述，然其依玄立論之觀點，爾後南朝劉勰《文心
雕龍》與鍾嶸《詩品》亦頗有師其意焉。〔註18〕然茲以非本章所論範圍，故
略而不論矣。

〔註17〕按葛洪《抱朴子》〈喻蔽篇〉中，尤稱頌王充為「冠倫大才」「學博才大」者，
　　　　可知葛洪本極傾慕王充。且《論衡》〈自紀篇〉中亦多有反儒家之文學進化論
　　　　觀點，故葛洪承其遺意，實無庸置疑也。
〔註18〕按即如「自然」一義，尤為此兩書所延用。如劉勰《文心雕龍》〈原道篇〉：「夫
　　　　豈外飾，蓋自然耳」，〈明詩篇〉：「故人稟七情，感物吟志，莫非自然」，《麗
　　　　辭篇》：「高下相須，自然成對」「豈營麗辭，率然對爾」；而鍾嶸《詩品》亦
　　　　主「自然英旨」（〈詩品序〉）是皆擷取魏晉玄論中之自然思想以論文者也。

第七章　結論——魏晉玄論思想之歷史文化意義

　　茲就前文各章所述，吾人可知玄論思想既爲一時代學術活動之主流。而此一學術活動其帶予吾國歷史文化之意義，可歸納數點結論如下：

　　其一：治學方法理論之突破。夫兩漢經書注解之弊，原在章句之末流，已成爲分文析字之煩言碎辭。其結果一經說至百餘萬言，學者皓首亦蔽於所學。蓋此意雖經劉歆、班固指出，且歷東漢以來大儒省減章句浮辭之功夫，然終漢末之世，章句之學仍普受一般文士所沿用。及至魏晉玄論思想者繼起，因其立說之必要，乃盡棄漢人注書舊習，力倡闡明義理之治學方式。故彼輩之注書，遂多循個人之思想體系，以暢論一家說辭（此尤以何晏王弼向秀郭象爲然）。如是此一注書方式之特色，本著重於超越文字層面之義理創發，對於兩漢傳統之治學方法，於理論上，固未嘗不無突破之實質意義。

　　其二：擴充儒學內涵之範圍。夫儒學思想原與玄學思想恒維繫一消長之關係。唯以玄論思想固有其本質，初亦未嘗不有兼融儒學之基本內涵。故前期玄論思想之發展，王弼何晏所致力者乃是以道附儒之儒道調和論，何秀郭象所論者即是內聖外王之內道外儒說，而其結果則是皆於儒學益以老莊玄論化而已。然則此老莊玄論化之儒學，雖未能盡符儒學之原始本質，但一掃兩漢陰陽附會之陋習，轉而對於儒學形上哲理之闡發，以資影顯儒學聖人無心成化之實質意義，亦頗有點化後人於儒學更上層次之理解者（如宋儒對性與天道之體察與分析），如是魏晉玄論思想對於擴充儒學內涵之範圍，增加傳統儒學之延展性，實有鉅功焉。

　　其三：闡揚老莊玄理之義旨。夫玄論思想既以老莊玄理為主，雖則此一思路歷程，可追溯於兩漢以來玄論思想之潛流，然魏晉玄論所闡揚老莊玄理之義旨，實尤為精到且多面性。若統而論之，大致可區為五大類型。一、宇宙之生化問題：一者主由無生有之觀點，此乃依循老子之原旨順推而得，倡此說者，何晏王弼向秀諸人；一者主非由無生有之觀點，此義即郭象《莊注》所導主之自生獨化說；一者主由有生有之觀點，此為裴頠依具體形物立論者；又一者主調和何晏王弼向秀與郭象之說，此即張湛《列子注》之萬物生化義是也。二、形上之本質問題：蓋魏晉玄論思想者既標明道或自然為形上之本體，然諸家所偏重之實質意義，各有差異，如何晏之主無名，王弼之道德體用說，阮籍之萬物一體觀，嵇康之絕對性質理，郭象之獨化無待義，裴頠之萬有總和辨，葛洪之形質依存說，張湛之萬有從出論。三、自然與名教之問題：一者持反名教崇自然之觀點，如阮籍嵇康之冥化逍遙與順性自適是也；一者持名教與自然調和之觀點，如向秀郭象張湛之聖人迹冥與闡內弘外之本質說也；一者持崇名教反自然之觀點，如裴頠崇有之論者也。四、逍遙之境界問題：逍遙之境界原為《莊》學之一重要課題，而魏晉玄論思想之闡述者，實有三家之說，一者為阮籍無心任物之自然境界，一者為向郭之三層境界——一般說、分別說、融化說，一者為支道林之破除與超越於萬物依待之境界也。五、養生順性之問題：養生於《莊》學本為冥合形神之心靈修養，然魏晉玄論思想者之所論乃多有結合神仙方術與道教不死之說者，斯可舉嵇康與葛洪為例，至若張湛之肆情縱欲說者，實為其養生之論點，而其以「去自拘束之累」為鵠的者，實本由老莊順性以達生生之趣為宗旨也。

　　其四：引領佛學義理之開展。夫佛學之傳入吾國本可溯於兩漢，唯以初時或譯述不精而短缺，本不為玄論思想者所論及。然至東晉以後，釋徒高僧則每多資取老莊玄理以闡述佛義，而有所謂格義佛學者。由是般若三宗所論之「諸法」「空」「無」「色」諸觀念，遂多可與魏晉玄論思想之內涵本質相通。故依此可知，佛學義理之加速中國化，以致其後能普受文士所雅好者，此魏晉玄論思想頗有引導與促進開展之作用，當是不容否認之事實。

　　其五：提昇道家思想之生活化。夫魏晉之際，承漢末天下分裂以來，仍為政局混亂之時代。天下名士不唯見戮日增，且執政者復多假借嚴酷之禮法與虛飾之名教，以加強鞏固政權之目的。由是此一時期之玄論思想者，遂多依循對老莊玄理之體認，直接呈顯於現實之怪誕行為者，或如阮嵇之恣情任

性，用薄世俗；或如向郭之寄旨迹冥，棲志安身，或如張湛之雅癖自適，閒以自處，無不就其玄論思想提昇至生活化與世俗化也。雖則道家生活形質之塑造，殆自東漢以來略有迹象，然魏晉玄論思想所呈顯之生活層面，如證諸阮嵇向郭諸人之行迹，實亦不難察知具有多面性之實質意義矣。

其六：促進文學風氣之玄論化。夫兩漢文學之進展，本支配於傳統儒學之教化觀念，恆無法具有獨立發展之機會。及至魏晉時期，儒學式微，玄風大起，自是不唯文學脫離質實之載道觀念，且透過玄論思想之影響，尤促使當時文風乃有趨於玄論化之傾向。一則表現於詩風者，即內涵與韻致莫不依循老莊玄論之推衍，而拓展爲玄言、隱逸、遊仙、山水各類之題材；一則文論思想之建立，多取資於玄論思想之精義與思路理則，以充實其內涵者。如是吾人固可得知，魏晉玄論思想之發展，對吾國文學自有極爲深遠之影響，此乃治文學史者不可不詳察也。

重要參考書目

一、原典資料與用書

1. 《周易注疏》，魏王弼、晉韓康伯注，唐孔穎達疏，民國 54 年，藝文印書館影印十三經注疏本。
2. 《論語注疏》，魏何晏注，宋邢昺疏，同前。
3. 《史記》，漢司馬遷撰，宋裴駰集解，唐司馬貞索隱，張守節正義，民國 44 年，藝文印書館影印本。
4. 《漢書》，漢班固撰，唐顏師古注，同前。
5. 《後漢書》，宋范曄撰，唐李賢等注，同前。
6. 《三國志》，晉陳壽撰，宋裴松之注，同前。
7. 《晉書》，唐房玄齡等撰，同前。
8. 《資治通鑑》，宋司馬光撰，民國 44 年，藝文印書館影印本。
9. 《老子》，魏王弼注，民國 64 年，世界書局影印四部集要本。
10. 《莊子集釋》，清郭慶藩輯，民國 68 年，5 月華正書局排印本。
11. 《淮南鴻烈解》，漢劉安撰，民國 65 年，河洛書局影印本。
12. 《大玄經》，漢揚雄撰，民國 68 年，商務印書館影印本。
13. 《春秋繁露》，漢董仲舒撰，清凌曙注，同前。
14. 《潛夫論》，漢王符撰，清王繼培箋注，民國 44 年，世界書局影印四部叢刊本。
15. 《論衡》，漢王充撰，民國 67 年，中國子學名著集成影印本。
16. 《蔡中郎集》，漢蔡邕撰，民國 48 年，新興書局影印本。
17. 《典論》，魏曹丕撰，清孫馮翼輯，民國 51 年，世界書局影印本。

18. 《中論》，魏徐幹撰，民國 47 年，世界書局影印四部刊要本。

19. 《王侍中集》，魏王粲撰，明張溥輯漢魏朝一百三家集第廿五冊，民國 52 年，新興書局影印本。

20. 《阮嗣宗集》，魏阮籍撰，明范欽明陳德文同校刊，民國 68 年，華正書局排印本。

21. 《嵇中散集》，魏嵇康撰，民國 61 年，商務印書館排印本。

22. 《世說新語校箋》，楊勇著，民國 60 年，明倫出版社排印本。

23. 《顏氏家訓》，齊顏之推撰，民國 67 年，中國子學名著集成影印本。

24. 《抱朴子》，晉葛洪撰，同前。

25. 《列子》，晉張湛撰，民國 49 年，廣文書局影印鐵琴銅劍樓宋本。

26. 《全上古三代秦漢三國六朝文》，清嚴可均編，1975 年，京都中文出版社影印本。

27. 《文心雕龍註》，梁劉勰著，范文瀾注，民國 60 年，明倫出版社排印本。

28. 《詩品注》，汪中選注，民國 58 年，正中書局排印本。

29. 《全漢三國晉南北朝詩》，清丁福保編，1979 年，京都中文出版社影印本。

30. 《文選》，梁昭明太子編，唐李善注，民國 68 年，藝文印書館影印宋淳熙本。

31. 《藝文類聚》，唐歐陽詢編，民國 49 年，新興書局影印本。

32. 《大藏經》，日本大正一切經刊行會編，民國 48 年，中華佛教文化館景印大藏經委員會發行。

33. 《陰持入經》，後漢安世高譯，民國 65 年，佛教出版社影印本。

34. 《大明度無極經》，吳支謙譯，中央圖書館善本書室藏明萬曆刊本。

35. 《六度集經》，吳康僧會譯，同前。

36. 《高僧傳初集》，梁僧皎撰，民國 47 年，台灣印經處排印本。

37. 《弘明集》，梁僧祐撰，民國 63 年，新文豐出版社影印本。

38. 《出三藏記集》，梁僧祐撰，中央圖書館善本書室藏明崇禎刊本。

39. 《中觀論疏》，釋龍樹撰，唐吉藏疏，民國 66 年，新文豐出版社影印本。

40. 《肇論略注》，秦僧肇撰，民國 65 年，新文豐出版社影印本。

41. 《惠氏易學》，清惠棟撰，民國 60 年，廣文書局影印南菁書院本。

42. 《兩漢易學史》，高懷民撰，民國 59 年，香港龍門書店排印本。

43. 《兩漢十六家易注闡微》，徐芹庭撰，民國 64 年，五洲出版社排印本。

44. 《魏晉南北朝易學書考佚》，黃慶萱撰，民國 64 年，幼獅文化事業公司排印本。

45. 《魏晉七家易學之研究》，徐芹庭撰，民國 65 年，成文出版社排印本。

46. 《二十二史箚記》，清趙翼撰，民國 45 年，世界書局影印本。

47. 《十七史商榷》，清王鳴盛撰，民國 47 年，廣文書局影印本。

48. 《三國新志》，劉公任撰，民國 70 年，世界書局排印本三版。

49. 《兩晉南北朝史》，呂思勉撰，民國 66 年，台灣開明書店排印本五版。

50. 《魏晉南北朝史論叢》，唐長孺撰，坊印影印本。

51. 《中國政治思想史》，薩孟武撰，民國 58 年，三民書局排印本。

52. 《文獻通考》，元馬端臨撰，民國 47 年，新興書局影印本。

53. 《日知錄集釋》，清顧炎武撰，黃汝成集釋，民國 63 年，世界書局排印本。

54. 《朱子年譜》，清王懋竑撰，民國 68 年，商務印書館影印四庫全書珍本九集。

55. 《老子通》，明沈一貫撰，民國 54 年，老子集成初編影印本。

56. 《老子今註今譯及其評介》，陳鼓應撰，民國 59 年，商務印書館排印本。

57. 《老子的哲學》，王邦雄撰，民國 72 年，東大圖書公司排印本三版。

58. 《莊子新釋》，張默生撰，民國 66 年，洪氏出版社影印本。

59. 《莊子及其文學》，黃錦鋐撰，民國 65 年，東大圖書公司排印本。

60. 《老莊思想論集》，王煜撰，民國 68 年，聯經出版事業公司排印本。

61. 《中國思想史綱要》，范壽康撰，民國 53 年，台灣開明書店排印本。

62. 《中國歷代思想家》第三冊，王壽南撰，民國 67 年，商務印書館排印本。

63. 《中國思想史》，韋政通撰，民國 70 年，大林出版社排印本。

64. 《中國哲學史》，馮友蘭撰，坊印影印本。

65. 《中國哲學史》，勞思光撰，民國 71 年，三民書局排印本。

66. 《中國哲學批判》，韋政通撰，民國 57 年，水牛出版社排印本。

67. 《中國哲學原論（原道論）》，唐君毅撰，西元 1973 年，香港新亞書院排印本。

68. 《中國歷代哲學文選（兩漢隋唐篇）》，北京大學哲學系中國哲學史教研室編，民國 69 年，木鐸出版社影印本。

69. 《兩漢思想史》，徐復觀撰，民國 68 年，學生書局排印本。

70. 《兩漢經學今古文評義》，錢穆撰，民國 67 年，東大圖書公司排印本。

71. 《三國時代之經學研究》，汪惠敏撰，民國 70 年，漢京文化事業有限公司排印本。

72. 《魏晉清談思想初稿》，賀昌羣撰，民國 73 年，里仁書局編入魏晉思想

甲篇五種之一，排印本。

73. 《魏晉的自然主義》，容肇祖撰，同前。

74. 《魏晉思想論》，劉修士撰，同前。

75. 《魏晉玄學論稿》，湯錫予撰，同前。

76. 《魏晉玄學中的言意之辨與中國古代文藝理論》，袁行霈撰，同前。

77. 《魏晉思想與談風》，何啓民撰，民國 71 年，學生書局排印本四版。

78. 《論魏晉以來崇尚談辯及其影響》，牟潤孫撰，西元 1966 年，香港中文大學出版社排印本。

79. 《才性與玄理》，牟宗三撰，民國 67 年，學生書局排印本修訂四版。

80. 《魏晉玄學析評》，呂凱撰，民國 69 年，世紀書局排印本。

81. 《魏晉自然思想》，盧建榮撰，民國 70 年，聯鳴文化有限公司排印本再版。

82. 《中華文化百科全書第一輯玄學章》，民國 73 年，黎明文化事業出版社排印本。

83. 《漢魏兩晉南北朝佛教史》，湯用彤撰，民國 51 年，商務印書館影印本；又民國 71 年，鼎文書局排印本三版。

84. 《中國佛教哲學概論》，李世傑撰，民國 48 年，台灣佛教月刊社排印本。

85. 《中國佛教史》，蔣維喬撰，民國 65 年，草葉出版社影印本。

86. 《佛教各宗大意》，黃懺華撰，民國 62 年，新文豐出版社排印本。

87. 《中國佛教史略》，黃懺華撰，民國 72 年，木鐸出版社排印本。

88. 《讀經示要》，熊十力撰，民國 49 年，廣文書局影印本。

89. 《老子周易王弼注釋》，樓宇烈撰，民國 72 年，華正書局排印本。

90. 《王弼及其易學》，王麗真撰，民國 66 年，台灣大學文史叢刊排印本。

91. 《嵇康年譜》，莊萬壽撰，民國 70 年，三民書局排印本。

92. 《嵇康研究論文集》，楊國娟撰，民國 71 年，光啓出版社排印本。

93. 《郭象莊學平議》，蘇新鋆撰，民國 69 年，學生書局排印本。

94. 《向郭莊學之研究》，林聰舜撰，民國 70 年，文史哲出版社排印本。

95. 《支道林思想之研究》，劉貴傑撰，民國 71 年，商務印書館排印本。

96. 《抱朴子內外篇思想析論》，林麗雪撰，民國 69 年，學生書局排印本。

97. 《抱朴子研究》，藍秀隆撰，民國 69 年，文津出版社排印本。

98. 《列子集釋》，楊伯峻撰，民國 60 年，明倫出版社排印本再版。

99. 《列子辯誣及其中心思想》，嚴靈峯撰，民國 72 年，時報出版公司排印本。

100. 《竹林七賢研究》，何啓民撰，民國 73 年，學生書局排印本四版。

101. 《中國文學批評史》，郭紹虞撰，民國 71 年，文史哲出版社排印本。

102. 《中古文學史》，劉師培撰，民國 61 年，文海出版社影印本。

103. 《中古文學史論》，王瑤撰，民國 64 年，長安出版社影印本。

104. 《魏晉南北朝文學思想史》，張仁青撰，民國 67 年，文史哲出版社排印本。

105. 《文心雕龍研究》，王更生撰，民國 68 年，文史哲出版社排印本。

106. 《文心雕龍札記》，黃侃撰，民國 62 年，文史哲出版社排印本。

二、重要期刊與論文

1. 〈漢儒與漢法〉，傅樂成撰，《食貨月刊》（復刊）第五卷第十期（民國 65 年 1 月）。

2. 〈兩漢經濟問題的癥結〉，韓復智撰，《思與言》第五卷第四期（民國 56 年 11 月）。

3. 〈漢晉之際士之新自覺與新思潮〉，余英時撰，《新亞學報》第四卷第一期（西元 1959 年 8 月）。

4. 〈三國政權之社會基礎〉，毛漢光撰，《史語所集刊》第四十六本第一份（民國 63 年 12 月）。

5. 〈漢晉變局中的中原士風〉，何啓民撰，《中國歷史學會史學集刊》第五期（民國 62 年 5 月）。

6. 〈秦漢經學變遷大勢〉，曾子友撰，《建設雜誌》第二卷第九期（民國 43 年 2 月）。

7. 〈陰陽五行對兩漢經學的影響〉——易說部分，李漢三撰，《幼獅學誌》第三卷第三期（民國 53 年 12 月）。

8. 〈兩漢經學思想的變遷〉——易禮春秋，戴君仁撰，《梅園論學續集》（民國 63 年藝文印書館）。

9. 〈先秦漢魏易例述評（上）〉，屈萬里撰，《學術季刊》第六卷第四期（民國 47 年 6 月）。

10. 〈先秦漢魏易例述評（下）〉，屈萬里撰，《幼獅學報》第一卷第二期（民國 48 年 4 月）。

11. 〈荊州學派對於三國學術之影響〉，王韶生撰，《崇基學報》第四卷第一期（民國 53 年 11 月）。

12. 〈兩漢儒學研究〉，夏長樸撰，民國 63 年，台灣大學中國文學研究所碩士論文。

13. 〈魏晉新學與佛教思想之交涉〉，張曼濤撰，《道安法師七十歲紀念論文

集》（民國 65 年，大乘文化出版社）。

14. 〈中國哲學史上佛學思想之地位〉，張東蓀撰，《中國哲學思想論集》（兩漢魏晉隋唐篇），民國 65 年，牧童出版社排印本。

15. 〈漢代佛教思想之發展〉，東初撰，《佛教文化》第十一期（民國 57 年 12 月）。

16. 〈魏晉南北朝佛學之中國化〉，東初撰，《佛教文化》第九期（民國 57 年 5 月）。

17. 〈魏晉南北朝的佛教與趨向〉，陳悌賢撰，《中國佛教史論集》（一）（民國 65 年，大乘文化出版社）。

18. 〈中國佛教史稿（三）〉，于凌波撰，《菩提樹》第一二五期（民國 52 年 4 月）。

19. 〈魏晉玄學的主題以及玄理之內容與價值〉，牟宗三講述，《中國文化月刊》第十五期（民國 71 年 1 月）。

20. 〈探究天人的魏晉思想〉，林顯庭撰，《鵝湖月刊》第二卷第七期（民國 66 年 1 月）。

21. 〈魏晉清談及其玄理究要〉，林顯庭撰，民國 63 年，東海大學中國文學研究所碩士論文。

22. 〈王弼何晏的經學〉，戴君仁撰，《孔孟學報》第二十期（民國 59 年 9 月）。

23. 〈何晏及其周易解〉，簡博賢撰，《孔孟月刊》第十七卷第二期（民國 67 年 10 月）。

24. 〈何晏玄學論略〉，韋應洲撰，《新亞中文系年刊》第一期（民國 52 年 7 月）。

25. 〈正始名士王弼〉，林麗真撰，《中華文化復興月刊》第十二卷第十二期（民國 68 年 12 月）。

26. 〈王弼易述評〉，徐芹庭撰，《孔孟月刊》第十七卷第十期（民國 68 年 6 月）。

27. 〈王弼易注對孔老之體認〉，林聰舜撰，《孔孟月刊》第十八卷第十期（民國 69 年 6 月）。

28. 〈王弼注易老的觀念造詣（下）〉，金忠烈撰，《大陸雜誌》第二十八卷第七期（民國 53 年 4 月）。

29. 〈正始之音與魏晉學風〉，林耀增撰，《幼獅月刊》第四十七卷第二期（民國 67 年 2 月）。

30. 〈王弼易學研究〉，簡博賢撰，《孔孟學報》第三十七期（民國 68 年 4 月）。

31. 〈王弼易學之研究〉，侯秋東撰，民國 60 年，政治大學中國文學研究所碩士論文。

32. 〈阮籍和他的達莊論〉，黃錦鋐撰，《師大學報》第二十二期（民國 66 年 6 月）。

33. 〈莊子自然主義研究〉，顏崑陽撰，《師大國文研究所集刊》第二十號（民國 65 年 6 月）。

34. 〈阮籍研究〉，徐麗霞撰，《師大國文研究所集刊》第二十四號（民國 69 年 6 月）。

35. 〈嵇康研究〉，黃振民撰，《大陸雜誌》第十八卷第一期（民國 48 年 1 月）。

36. 〈嵇康養生思想之研究〉，李豐楙撰，《靜宜文理學報》第二期（民國 68 年 6 月）。

37. 〈嵇康研究〉，蕭登福撰，民國 65 年政治大學中國文學研究所碩士論文。

38. 〈魏晉論辯散文之研究——以嵇康為中心的試探〉，范瑞珠撰，民國 71 年政治大學中國文學研究所碩士論文。

39. 〈莊子思想之研究〉，吳豐年撰，《師大國文研究所集刊》第十八號（民國 63 年 6 月）。

40. 〈郭象莊子注是否竊自向秀檢討〉，楊明照撰，《燕京學報》第二十八期（民國 29 年 12 月）。

41. 〈由經典釋文試探莊子古本〉，壽普暄撰，《燕京學報》第二十八期（民國 29 年 12 月）。

42. 〈莊子為善無近名為惡無近刑新解〉，王叔岷撰，《南洋商報》1973 年新年特刊第三十七版。

43. 〈崇有論駁議〉，龔鵬程撰，《鵝湖月刊》第四卷第三期（民國 67 年 9 月）。

44. 〈崇有論駁議質疑〉，林顯庭撰，《鵝湖月刊》第四卷第五期（民國 67 年 11 月）。

45. 〈崇有論駁議釋疑〉，龔鵬程撰，《鵝湖月刊》第四卷第九期（民國 68 年 3 月）。

46. 〈魏晉清談轉變之研究〉，張釟星撰，民國 72 年，政治大學中國文學研究所碩士論文。

47. 〈東晉之般若學〉，何啟民撰，《海潮音》第四十二卷第一期（民國 50 年 2 月）。

48. 〈格義佛學之史的開展〉，林傳芳撰，《華岡佛學學報》第二期（民國 61 年 8 月）。

49. 〈玄學思想與般若思想之交融〉，劉貴傑撰，《國立編譯館館刊》第九卷第一期（民國 69 年 6 月）。

50. 〈支道林在玄學興盛之地位〉，劉果宗撰，《中華文化復興月刊》第五卷第七期（民國 61 年 7 月）。

51. 〈逍遙遊向郭義及支遁義探討〉，陳寅恪撰，《清華學報》第十二卷第二期（民國 26 年 1 月）。

52. 〈葛洪養生思想之研究〉，李豐楙撰，《靜宜文理學報》第三期（民國 69 年 6 月）。

53. 〈抱朴子的道教思想〉，尤信雄撰，《師範大學國文學報》第七期（民國 67 年 6 月）。

54. 〈葛洪學術思想研究〉，葉論啓撰，《師大國大研究所集刊》第二十四號（民國 69 年 6 月）。

55. 〈列子辨僞〉，朱守亮撰，《師大國文研究所集刊》第六號（民國 51 年 6 月）。

56. 〈列子與佛經〉，蕭登福撰，《成功大學學報》第十七期（民國 71 年 3 月）。

57. 〈列子天道觀——兼論魏晉之自生說〉，蕭登福撰，《中華文化復興月刊》第十五卷第七期（民國 71 年 7 月）。

58. 〈魏晉清談名士之類型及談風之盛況〉，林麗真撰，《書目季刊》第十七卷第三期（民國 72 年 12 月）。

59. 〈論魏晉名士之政治生涯〉，馮承基撰，《國立編譯館館刊》第二卷第二期（民國 62 年 9 月）。

60. 〈魏晉史學的思想與社會基礎〉，逯耀東撰，《中華文化復興月刊》第八卷第六期（民國 64 年 6 月）。

61. 〈論魏末政爭中的黨派分際〉，劉顯叔撰，《史學彙刊》第九期（民國 67 年 10 月）。

62. 〈何晏與魏晉學術之關係〉，王韶生撰，《崇基學報》第三卷第一期（民國 52 年 11 月）。

63. 〈名教危機與魏晉士風的轉變〉，余英時撰，《食貨月刊》（復刊）第九卷第七、八期合刊（民國 68 年 11 月）。

64. 〈魏晉思想與士族心態〉，何啓民撰，《政大歷史學報》第一期（民國 72 年 3 月）。

65. 〈魏晉士大夫的生活藝術〉，吳天任撰，《大陸雜誌》第四十二卷第六期（民國 60 年 3 月）。

66. 〈魏晉任誕人物的分類與行爲的探究〉，古苔光撰，《淡江學報》第十二期（民國 63 年 3 月）。

67. 〈魏晉任誕人物的研究（上）〉，古苔光撰，《淡江學報》第十六期（民國 67 年 11 月）。

68. 〈魏晉任誕人物的研究（下）〉，古苔光撰，《淡江學報》第十七期（民國 69 年 6 月）。

69. 〈魏晉清談家評判〉，戴君仁撰，《幼獅學誌》第八卷第三期（民國 58 年 9 月）。

70. 〈道家思想與道教〉，許地山撰，《燕京學報》第二期（民國 16 年 12 月）。

71. 〈魏晉文學思想的述論〉，臺靜農師撰，《文學雜誌》第一卷第四期（民國 45 年 9 月）。

72. 〈魏晉六朝的文學觀〉，高準撰，《大學生活》第三卷第十期（民國 47 年 2 月）。

73. 〈魏晉玄學對詩的影響〉，黃永武撰，《幼獅月刊》第四十八卷第三期（民國 67 年 9 月）。

74. 〈魏晉南北朝文學之發展（上）〉，王夢鷗師撰，《中華文化復興月刊》第十四卷第七期（民國 70 年 7 月）。

75. 〈曹丕典論論文對魏晉文風之影響〉，黃錦鋐撰，《書目季刊》第十七卷第三期（民國 72 年 12 月）。

76. 〈曹丕典論論文析論〉，蔡英俊撰，《中外文學》第八卷第十二期（民國 69 年 5 月）。

77. 〈抱朴子的文學批評〉，尤信雄撰，《師範大學國文學報》第六期（民國 66 年 6 月）。

78. 〈陸機論文學的創作過程〉，張亨撰，《中外文學》第一卷第八期（民國 62 年 1 月）。

79. 〈莊老告退而山水方滋解〉，王文進撰，《中外文學》第七卷第三期（民國 67 年 8 月）。

80. 〈從遊仙詩到山水詩〉，林文月撰，《中外文學》第一卷第九期（民國 62 年 2 月）。

81. 〈論魏晉遊仙詩的興衰與類別〉，康萍撰，《中外文學》第三卷第五期（民國 63 年 10 月）。

82. 〈魏晉遊仙詩研究〉，康萍撰，民國 59 年，輔仁大學中國文學研究所碩士論文。

83. 〈六朝詩學研究〉，李瑞騰撰，民國 66 年，文化大學中國文學研究所碩士論文。